名师名校新形态通识教育
"十三五"规划教材

U0742482

黄彦辉——著

智能时代下的创新创业实践

配慕课

人民邮电出版社

北京

图书在版编目（ＣＩＰ）数据

智能时代下的创新创业实践 / 黄彦辉著. -- 北京：
人民邮电出版社，2020.10（2021.6重印）
名师名校新形态通识教育"十三五"规划教材
ISBN 978-7-115-54544-2

Ⅰ．①智… Ⅱ．①黄… Ⅲ．①大学生－职业选择－高
等学校－教材 Ⅳ．①G647.38

中国版本图书馆CIP数据核字(2020)第137233号

内 容 提 要

本书共 9 章，从内容上可划分为 3 个部分。第一部分由第 1 章、第 2 章和第 3 章组成，主要讨论创新创业内容。这部分提出了"创新创业能力模型"，并对如何提升读者的创新创业能力进行了深入探讨，给出了切实可行的创新创业能力提升训练方法，帮助读者进行自我训练与提高。第二部分由第 4 章、第 5 章和第 6 章组成，主要讨论智能时代与智能技术。这部分从"人机协同"视角揭示了智能技术，尤其展示了深度学习的原理及应用。通过"增强智能"，智能机器终将成为人类的助手。第三部分包括第 7 章、第 8 章和第 9 章，主要讨论专创融合的相关内容。这部分对如何通过"项目驱动"方式来生成项目与实践项目进行了探讨。作者给出了 3个画布作为项目和团队生成与引导的工具，还介绍了大量专创融合的实践案例。

本书适合所有希望提升自我创新创业能力的读者、想了解智能时代和智能技术发展趋势的读者、希望了解创新创业并进行创业实践的读者阅读，同时也适合高等院校的创新创业课程教师和学生作为教材使用。

◆ 著　　　　黄彦辉
　　责任编辑　楼雪樵
　　责任印制　王 郁　陈 犇
◆ 人民邮电出版社出版发行　　北京市丰台区成寿寺路 11 号
　　邮编　100164　　电子邮件　315@ptpress.com.cn
　　网址　https://www.ptpress.com.cn
　　涿州市京南印刷厂印刷
◆ 开本：720×960 1/16
　　印张：14.25　　　　　　　　　　　2020 年 10 月第 1 版
　　字数：228 千字　　　　　　　　　2021 年 6 月河北第 2 次印刷

定价：49.80 元

读者服务热线：**(010)81055256**　印装质量热线：**(010)81055316**
反盗版热线：**(010)81055315**
广告经营许可证：京东市监广登字 **20170147** 号

序

2008 年，苹果公司创始人乔布斯创新地把手机与互联网结合在了一起，智能手机的出现开启了移动互联网的新时代。因为 LBS（Location Based Service，基于地理位置的服务）技术的应用，移动网络可以随时获取人们的位置信息并分享，这个时代也被称为"互联网 +"时代。虽然在"互联网 +"时代，LBS 技术催生了许多新的商业模式，但本质上，"互联网 +"仍然只是解决人们信息不对称的痛点，并没有切入行业的核心环节去解决生产效率问题。

我们现在仍然处在移动互联网时代，并且会在今后相当长的时间停留在这一阶段。当人们还沉浸在移动互联网中享受着这个时代带来的种种便利时，一个更伟大的时代——智能时代已经拉开了序幕，智能时代将开启互联网时代的新篇章。数据爆炸式的增长产生了一个重要的资源——大数据，而正是大数据催生了智能时代。智能时代的核心是数据和智能算法，这个时代的重点不再是解决信息不对称的问题，而是通过智能算法对行业数据进行分析，从而对行业的核心环节进行再造，改变行业既有的模式，大幅度提升行业效率。当智能技术被应用在医疗、教育、工业等领域时，这些领域就开始发生翻天覆地的变化，而且这些变化几乎是一日千里的，这是智能时代与其他时代的巨大差异。可以预见的是，在"大众创业，万众创新"的时代背景下，智能时代的到来必将掀起更大的创新创业浪潮。

我感受到了智能时代的召唤，同时希望能让更多的人了解这个时代、投身这个时代。2017 年，我在四川大学教务处的部署下开发了在线慕课《智能时代下的创新创业实践》，在智慧树平台运行了 4 个学期后，选课人数就超过了 10 万人次，并被全国 200 余所高校作为选修课程引入，获得了学生的广泛好评。2019 年，该课程被评选为四川省精品慕课，同时已经有学校把该课程列入全校学生的教学培养方案。

目前，该课程已经作为通识课程以 SPOC（小规模在线课程）的形式在四川大学运行，四川大学有包括法律、中国语言文学、数学、化学、电子与信息等十多个不同专业的学生把本课程作为自己的选修课程。依托智慧树的"知到"平台，课程组也摸索出线上线下结合的教学模式。我本人非常希望能通过书与选课学校的教师分享这些经验和方法，这让我产生了写作本书的念头，我想把线下积累的教学经验融入本书，让选课的院校一线教师可以依据本书更好地开展线下教学，最终形成线上线下互动的良好教学闭环系统。

在这样的想法下，我于 2020 年春着手写作。但由于受到新冠疫情的影响，快递系统一度中断，我有相当长的时间无法网购所需的写作资料，也无法到学校查找相关的内容，这给本书的写作带来了一些困难。另外，由于儿子的学校推迟开学，我也就加入了"神兽护卫队"，这对写作的进度也造成了影响。但在家人和许多朋友的关照与支持下，我和写作助手们最终还是克服了困难，圆满地完成了写作。

本书得以顺利出版，我要感谢我的家人：我的妻子杨淼对孩子的照顾让我能够安心写作；我的父母在我沮丧的时候鼓励我；我的儿子在我疲惫的时候给我快乐，他们的爱是支持我写作的最大动力源泉。本书的撰写还得到了我的 3 位学生的大力支持，他们是四川大学文学与新闻学院的刘怡狰、王瑞、靳静波同学。他们把这本书的写作与编辑看成了一次项目实践，对本书提供了许多创造性的建议，使本书更具可读性。这些年轻人表现出的团队精神与创造性，以及一丝不苟的专业精神，一定能够为他们敲开成功的大门。最后，本书在撰写过程中还得到了智慧树平台张远见和刘利花两位老师的大力支持，在此一并向他们表示感谢。

黄彦辉

2020 年 4 月

于四川成都

前言 ‖

　　第四次工业革命引领了以智能计算为特征的"智能时代"，这个时代正以"肉眼可见"的速度改变着我们的生活。从"适者生存"的角度来看，创新创业不仅仅是国家战略，提升创新能力更不应该只是个口号，具备创新创业能力是在这个时代"优雅"生存的不二法则。目前，市场上关于创新创业、智能技术的书很多，但是从智能时代切入创业，介绍如何培养人们的创新意识与创新思维的书并不多，介绍如何用"专创融合"作为创新创业的项目引领来提升人们创新能力的书更加稀少。本书从与"智能时代"和"专创融合"相关的项目切入创新创业实践，希望通过对项目、技术等内容的解读给读者带来新的视角与思考。

本书主要内容

　　本书包括引言和 9 个章节的内容，下面分别对引言和每章的主要内容进行简要介绍。

　　• 引言通过分析 AlphaGo 获胜所依靠的 3 个重要"法宝"，揭示了机器学习的核心本质，并从构造、驱动力等方面深入比较人脑和机器脑的区别，最终得出一个大胆的结论：人和机器的本质区别在于人可以创新。机器脑不可能取代人脑，机器不会取代人，更不会统治人，人类应对智能时代的关键方式之一就是增强自身的创新能力。

　　• 第 1 章提出了纲领性的模型——创新创业能力模型，并以该模型为引领，对创新创业过程中各个阶段的内容逐一分析，覆盖了从提出创新想法开始直到创立公司需要的所有能力素质，并对其中的核心能力——创新能力进行了重点讲解。

　　• 第 2 章通过对创新能力进行分解，将创新能力总结为 3 个能力要素：培养创新思维方式、培养创新心智模式、储备和积淀学科或行业的知识。本章还针对创新心智与创新思维模式开发了 6 个独特的练习单元，这些练习有的基于心理学，有的基于思辨的批判性思维。读者通过这些练习会对创新有更深入的认识，并能够通过训练切实提高自身的创新能力。

- 第 3 章从创业者自身素质以及创业团队的角度来探讨创新创业需要的相关能力。另外，本章还着重讨论了团队在创业中的重要性，以及如何组建团队并提高团队的战斗力。最后，本章从 3 个不同的角度对创业者提出了增强创业能力的建议，以增加创业成功的机会。

- 第 4 章通过对"图灵测试"的讨论揭示了机器的"智慧"；通过对"渡河问题"的讨论阐释了如何建立问题解决模型。本章的重点是理解机器与人如何协同工作，帮助读者建立解决问题的"人机"整合系统。这一章通过分析有趣的机器智能案例，对人类利用计算机解决问题的两次映射以及算法等重要概念进行了深入讨论。读者可以通过这些讨论对人机如何协同解决问题以及人工智能的基本原理建立清晰的概念框架。

- 第 5 章在上一章的基础上对人工智能进行了更深一步的探讨，尤其是机器学习的本质。这一章讨论了 3 个有趣的话题：第一，机器到底能不能学习？第二，机器学习的本质是什么？第三，机器学习的局限是什么？本章通过对机器学习具体过程的剖析和对实际项目案例的分享解答了这些问题。

- 第 6 章探讨了智能时代中人和智能机器的关系，并对人与智能机器的和谐之道——增强智能进行了探讨。这一章涉及一些有争议的话题，例如，人与智能机器的关系到底是竞争关系还是帮助关系？智能机器到底是人类的朋友还是敌人？这一章讨论了这些问题，并且通过分析增强智能给出了笔者的答案。

- 第 7 章通过零距离贴近创业"实战"，指导读者一步步找到适合自己的创新项目并推进下去。这一章通过"项目驱动"的方式着重对读者的"项目能力"以及"团队能力"进行了训练，并且利用 3 个画布来引导项目的深入。

- 第 8 章是笔者与一些创业伙伴关于投资与创业的心得体会和讨论，对话中总结了初创者常见的一些问题，以帮助新手创业者们尽可能绕过"陷阱"。笔者就人工智能技术、创新能力、创业者素质、医疗领域创业、军工安全领域创业等前沿问题与他们进行了开诚布公的讨论，他们所分享的经验和观点对于创业者们极具建设意义。

- 第 9 章包括了笔者对智能时代面临的机遇和挑战，从数据科学及人工智能时代的视角思考总结的较为典型的 7 个问题，作者也一一给出了自己的观点和答案。

本书特色

第一，本书首次明确提出了具有创新性的"创新创业能力模型"和"核心创新能力"概念。"创新创业能力模型"是笔者在对超过 50 个创业项目的指导过程中形成的，是通过亲身创业实践不断验证的智慧总结。通过该模型，读者将对创新创业所需的能力建立一个整体印象，并能够进一步明晰如何提升创新创业能力。"核心创新能力"则是对创新理论的重要补充与创新应用。通过寻找并培养核心创新能力，读者可以思考自己的核心优势，让创新项目聚焦于对核心竞争力的打造。

第二，本书提出了独特的创新创业能力训练方法，根据"创新创业能力模型"将创新创业能力进行分解，形成具体的创新创业能力模块，并针对每种能力提出了具体的训练方法与实操方案。本书还创新性地开发设计了一系列独特的方法和活动来提升读者的创新心智模式和创新思维方式。

第三，本书提出了专创融合的项目训练模型，以提升读者的创新创业能力。本书专门设计了项目从无到有的训练路径，并独创了"创新创业项目构思画布""创新创业团队生成画布""核心创新探索画布"，引导读者进行深入的专创融合思考和实践，打造核心创新能力。本书有专门的章节对专创融合项目进行指导，以帮助创业导师指导学生提升创业项目的价值，更好地将学科专业知识融入创新创业实践。

第四，本书有大量的项目案例讲解与指导。案例分为扩展案例与项目案例两类，例如第 3 章有帮助创业者提升创业成功率的扩展案例，第 7 章有关于专创融合的项目案例。这些案例都来自笔者的教学实践或创新创业实践，以提升读者的创新创业能力为目的而撰写，极具指导价值。另外，在大部分章的开篇和结尾，笔者加入了"开篇案例"与"延伸阅读"，以补充自己的观点，开阔读者的视野。

第五，本书提供丰富的教学资源和拓展资源。本书配套了智慧树平台的在线慕课《智能时代下的创新创业实践》，读者可以通过扫描书中二维码的方式学习部分课程，也可以到智慧树平台搜索课程名字学习全套慕课。与本书配套的其他资料（教学资源、拓展资源等）可以到人邮教育社区（www.ryjiaoyu.com）搜索本书书名下载。

由于笔者水平有限，书中难免存在一些问题，敬请读者批评指正。

黄彦辉

2020 年 4 月

目 录 ‖

引言：用创新应对智能时代的到来　　　　　　　　　　　1

第 1 章　创新与创新创业能力模型　　　　　　　　　　11

1.1　开篇案例与概述　　　　　　　　　　　　　　　11
1.2　创新是人类的本能　　　　　　　　　　　　　　12
1.2.1　创新是什么　　　　　　　　　　　　　　13
1.2.2　创新能力是天生的吗　　　　　　　　　　15
1.2.3　创新能力能够培养吗　　　　　　　　　　18

1.3　创新创业能力模型　　　　　　　　　　　　　　20
1.3.1　创新创业过程观察　　　　　　　　　　　20
1.3.2　创新创业过程思考　　　　　　　　　　　25
1.3.3　创新创业能力模型框架　　　　　　　　　26

1.4　核心创新　　　　　　　　　　　　　　　　　　28
1.4.1　什么是核心创新　　　　　　　　　　　　28
1.4.2　寻找核心创新　　　　　　　　　　　　　29

1.5　延伸阅读与思考　　　　　　　　　　　　　　　31

第 2 章　创新能力培养   34

2.1　**开篇案例与概述**   34

2.2　**创新过程探索**   36

2.2.1　创新过程是怎样的   36

2.2.2　创新需要哪些能力   38

2.3　**培养创新思维方式**   40

2.3.1　什么是创新思维方式   40

2.3.2　一切皆有可能：突破思维框架   42

2.4　**培养创新心智模式**   46

2.4.1　好奇心   46

能力训练　好奇心训练：孩童视角   **47**

2.4.2　洞察力   48

能力训练　洞察力训练：专注呼吸   **50**

2.4.3　思考力   51

能力训练　思考力训练：问题剖析   **54**

2.5　**典型的创新思维方式**   55

2.5.1　"跨界叠加"的组合思维   55

能力训练　组合思维训练：16 个圆圈   **56**

2.5.2　"迁移学习"的类比思维   57

能力训练　类比思维训练：用类比描述学科   **59**

2.5.3　"反其道而行之"的逆向思维   59

能力训练　逆向思维训练：用逆向思维切入创业   **61**

2.6　**延伸阅读与思考**   **61**

第 3 章　创业者与创业实践　　63

3.1　开篇案例与概述　　63

3.2　创业者素质能力模型　　65

3.3　创业动机与创业团队　　67

3.3.1　为什么需要团队　　67

3.3.2　如何促进团队合作　　68

3.3.3　如何构建创业团队　　69

3.4　增加创业成功机会　　70

3.4.1　充分利用内外部资源　　70

3.4.2　做科技创新型创业　　71

3.4.3　延长创业的酝酿期　　73

3.5　延伸阅读与思考　　73

第 4 章　机器的"智慧"　　76

4.1　开篇案例与概述　　76

4.2　机器有"智慧"吗　　77

4.2.1　机器有没有所谓的"智慧"　　78

4.2.2　"渡河"问题——用算法建立对象模型　　80

4.2.3　"渡河"问题——人和机器的分工合作　　84

4.3　机器智能　　85

4.3.1　图灵机与冯氏机　　85

4.3.2　现实世界映射到数学世界　　87

4.3.3　数学世界映射到机器世界　　　　　　　　　　90

4.4　延伸阅读与思考　　　　　　　　　　　　　94

第 5 章　人工智能与创新思考　　　　　　　　　96

5.1　开篇案例与概述　　　　　　　　　　　　96

5.2　机器学习发展史　　　　　　　　　　　　97

5.2.1　人工智能的发展态势　　　　　　　　　　97

5.2.2　1980 年前的人工智能发展史　　　　　　　99

5.2.3　联结主义的新思路　　　　　　　　　　　100

5.2.4　"机器学习"的提出　　　　　　　　　　　101

5.2.5　人工智能、机器学习和深度学习之间的关系　　102

5.3　机器学习的本质　　　　　　　　　　　　103

5.3.1　机器能不能学习　　　　　　　　　　　　103

5.3.2　从数据中学习——Learning from Data　　　104

5.3.3　深度学习——"胶囊咖啡机"　　　　　　　111

5.3.4　机器学习路线图　　　　　　　　　　　　114

5.3.5　机器学习的局限　　　　　　　　　　　　117

5.4　智能技术带来的认知升级　　　　　　　　119

5.4.1　数据思维：从以计算为中心到以数据为中心　　119

5.4.2　逆向思维：一定要"知其所以然"吗　　　121

5.4.3　去中心思维：从中心计算到边缘计算　　　123

5.4.4　智能思维：从互联网思维到智能思维　　　125

5.4.5　降维思维：从高维到低维　　　　　　　　128

5.5　延伸阅读与思考　　　　　　　　　　　　129

第 6 章　智能时代的和谐之道　132

6.1　开篇案例与概述　132

6.2　人与机器的关系　134

6.2.1　人工智能正在全面超越人类　134

6.2.2　人工智能：竞争者还是帮助者　135

6.2.3　智能机器：敌人还是朋友　137

6.3　人与智能机器的和谐之道——增强智能　138

6.3.1　感知能力　139

6.3.2　认知能力　143

6.3.3　生存能力　144

6.4　人工智能赋能　146

6.5　延伸阅读与思考　147

第 7 章　专创融合创新项目指南　150

7.1　"项目驱动式"的专创融合训练　150

7.2　项目指南一：从无到有进行创新项目实践　151

7.2.1　激发创新创业热情　151

7.2.2　宣讲并组建项目团队　153

7.2.3　审视项目核心创新　154

7.2.4　专项融合项目案例　156

7.3　项目指南二：如何找到好的项目　166

7.3.1　项目的价值在创新　167

7.3.2　马斯洛心理需求模型的启示——痛点　169

7.3.3　马斯洛心理需求模型的启示——痒点　171

7.3.4　选择项目时的"陷阱"　173

7.4　项目指南三：创新项目的开发　174

7.4.1　创新项目开发流程：如何开始一个创新项目　174

7.4.2　创新心智模式与思维方式对项目的启发　177

7.4.3　创新项目和产品开发的几点提示　179

第 8 章　投资者和创始人的经验　184

8.1　项目指南概述　184

8.2　创业者特质与创投风险　185

8.3　创新创业的年轻化趋势和人工智能在新零售中的应用　190

8.4　医疗领域的创新创业和人工智能在医学创新中的应用　192

8.5　军工安全领域的创新创业和人工智能在军工安全领域中的应用　196

第 9 章　关于智能时代的 7 个问题　198

1.　人工智能是不是人类社会进步的必然结果？　198

2.　人工智能的核心是什么？　201

3.　人工智能技术有哪些应用案例？　203

4.　数据的"天花板"会给人工智能带来什么影响？　206

5.　人工智能和人类的关系是怎样的？　208

6.　什么样的数据叫作"大数据"？　209

7.　如何从人工智能的角度切入创业？　210

附　录　创新创业能力模型对应知识点与能力提升训练表　212

参考文献　213

引言：用创新应对智能时代的到来

2016 年，由谷歌旗下 DeepMind 公司开发的智能围棋机器人 AlphaGo 打败了世界顶级围棋九段棋手李世石，由此，棋力强大的"阿尔法狗"横空出世。第二年，AlphaGo 又以 3 ∶ 0 的战绩打败了当时世界排名第一的中国棋手柯洁。至此，人工智能在围棋领域全面超越人类已经成为一个不争的事实。

这并不是智能游戏机器人第一次战胜人类了，自 1956 年人工智能（Artificial Intelligence，简称 AI）这一概念被提出至今，人工智能的发展已经走过了 60 多个年头。早在 1997 年，IBM 公司的超级计算机深蓝就已经在国际象棋领域战胜了人类顶尖棋手，但围棋领域仍一直是人类的天下。此次 AlphaGo 战胜两位人类顶级棋手的意义在于：大众在这一刻终于意识到一个时代的到来，一个智能时代的到来。

然而这一革命性的突破并没有带来全民性的兴奋和激动，反而造成了一些人的不安甚至恐慌。为什么人工智能的强大会让人们感到恐惧呢？笔者曾和很多非计算机专业的人聊过这个话题，交流之后发现大家担心的并不是智能机器会战胜人，而是担心智能机器最终会控制人。这种情形在很多科幻电影里都出现过。例如，在电影《黑客帝国》（图 0-1）中，人类受智能机器大脑控制，被放在营养液里，每个人的生活不过是超级智能大脑编造的梦境，人类沦为了智能机器的奴隶。

在一些科幻电影中，人类被智能机器人统治，并最终被消灭。有人担心这样的场景会真的出现，而 AlphaGo 战胜人类棋手似乎证实了下面的猜想：机器脑会战胜人脑，而且机器脑的智慧一定会超过人脑。害怕被智能机器控制，害怕被消灭，这是对人工智能感到焦虑和恐惧的最大原因。因此我们不妨从计算机科学和心理

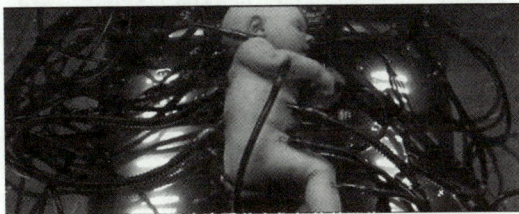

图 0-1　科幻电影中人类被人工智能控制

学的角度来探讨以下 3 个问题：第一，AlphaGo 为什么胜利？第二，智能机器脑能否取代人脑？第三，机器脑和人脑的区别意味着什么？

首先来看第一个问题：AlphaGo 为什么胜利？

上文讲到在 1997 年深蓝就战胜了国际象棋世界冠军，但是直到 2016 年人工智能才战胜了人类的围棋冠军，为什么两者之间相隔多年？因为 AlphaGo 战胜围棋冠军的难度更大，在计算机领域，围棋问题比象棋问题要难得多。首先，象棋的规则比较简单，相对来说局面也比较少。国际象棋可能出现的局面数大概是 10^{47} 种，相对的解也就比较少，这对计算机而言是个可计算问题。从算法上讲，可以用穷举法算出所有的可能性来解决国际象棋的问题；从计算复杂度来讲，国际象棋问题是当时的超级计算机深蓝可以解决的。

相比之下，围棋的局面要多得多。围棋棋盘是由 19×19 的交叉点构成的（图 0-2），一共有 361 个节点。每一次落子，棋手可以选择其中任意一个节点。而每一个节点又有 3 种不同的落子方式，分别是落黑子、落白子和不落子。一盘围棋可能出现的局面数大概是 3^{361} 种，也就是 10^{170} 种可能。宇宙中的原子数量总共才 10^{80}，围棋的解法比宇宙中的原子数还要多无数倍。从计算机科学的角度，我们可以认为围棋问题是解空间趋近于无限的不可解问题。因此，用算法解决围棋问题不能采用深蓝用的穷举方式。

围棋问题比象棋问题困难很多，它们在算法上还是计算复杂度上都不是一个等级，这也是一直以来计算机无法解决围棋问题的原因。也正是如此，围棋领域本是人类棋手的天下，也不难理解此次 AlphaGo 击败人类棋手的胜利为何会引起如此大的轰动了。

那么 AlphaGo 是如何战胜人类棋手的呢？**AlphaGo 获胜依靠了 3 个重要"法宝"：第一是算力**，也就是超强的计算能力；**第二是算法**，也就是机器学习中的算法，主要是深度神经网络和增强学习；**第三是大数据**。

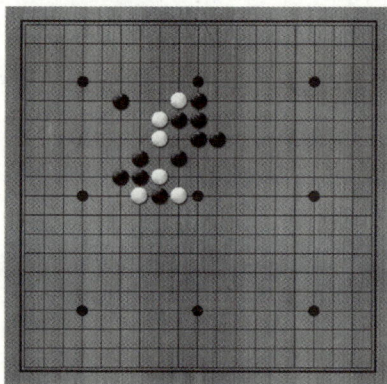

图 0-2　围棋局面

强大的计算能力是 **AlphaGo 获胜的第一大法宝**。AlphaGo 的"大脑"由 120 块强大的 CPU（Central Processing Unit，中央处理器）和 170 块 GPU（Graphics Processing Unit，图形处理器）组成，它的算力比当年的深蓝要强得多：深蓝的运算能力是每秒计算 113.81 亿次，而单机版的 AlphaGo 计算能力就已经达到了深蓝的 1000 倍以上，网络版 AlphaGo 的计算能力更是深蓝的 25 万倍。此外值得一提的是，AlphaGo 的运算设备里运用了大量的 GPU，GPU 是非常擅长并行计算的处理器，能够高度适配并支持机器学习算法，这是计算机的运算能力对算法的支持。

AlphaGo 获胜的第二大法宝是算法。 上文提到，在计算机的世界里，围棋问题是一个不能用穷举来解决的问题。而 AlphaGo 的核心算法就是通过机器学习尽可能地压缩解空间，并尝试取得局部最优解。AlphaGo 使用了两个深度学习网络：一个叫策略网络，可以根据局面给出走棋策略，还可以计算落子点的获胜概率，通过对概率的比较得到最佳落子点；另一个叫价值网络，用于做增强学习，通过它可以训练出越来越强的走棋策略，是一种策略升级网络。另外，AlphaGo 运用蒙特卡洛树算法来计算可能的落子区域，这种方法也能压缩解空间，减少运算次数。

AlphaGo 利用机器学习方法，通过对深度神经网络进行样本训练得到一套应对策略，并以此来进行对弈。当实时对弈时，AlphaGo 会通过算法来计算当前局面，并对当前局面做出一份获胜概率评估，之后计算出获胜概率最大的落子点。也就是说 AlphaGo 的每一次落子从理论上说都是最优的策略，也是最接近胜利的策略。

AlphaGo 获胜的秘诀是监督学习与增强学习的配合。打个通俗的比方，大家都看过金庸先生的《倚天屠龙记》，书中的主人公张无忌是怎样从一无所知的"菜鸟"变成武林绝顶高手的？张无忌习武是从拜师学艺开始的，起初他什么都不懂，就从基本的武功招式开始学起。AlphaGo 最开始的学习叫监督学习，和这个过程很相似。张无忌从学习拳谱开始，AlphaGo 则从已知的 16 万盘人类棋谱开始，训练策略网络。通过训练，AlphaGo 已经获得了相当不错的应对策略，算是小有所成。

第二个步骤是增强学习。AlphaGo 通过 3000 万盘棋的自我对弈来增强自己的能力，得到更优秀的应对策略，这个过程就像张无忌在学会了基本招式后做了 3000 万次的双手互搏练习，使他的能力获得了很大提升。AlphaGo 通过增强学习，每一次训练后都能进化出比之前更好的获胜策略。这时的 AlphaGo 已经是超越绝大部分人类棋手的顶尖棋手了。

AlphaGo 最后的实时对弈过程，就像是张无忌与敌人的对决过程。AlphaGo 是用已经练好的招数来击败对手的，利用训练好的策略网络，结合蒙特卡洛树进行实时预测和胜率判断，给出最佳落子策略，最终击败对手。

通过深度学习，AlphaGo 的开发团队用算法极大地压缩解空间，让围棋问题变成了计算机可以解决的问题。AlphaGo 的设计者们成功地把围棋问题变成了一系列数学问题，例如概率问题、预测问题和路径选择问题。计算机是最擅长做数学计算的，这就使计算机在围棋领域战胜人类成为可能。本书之后的章节会讨论计算思维，大家将了解怎样通过抽象和建模让计算机帮助人类解决实际问题。

通过以上内容我们可以发现，算法才是 AlphaGo 能够战胜人类棋手的关键，从压缩解空间的角度来说，神经网络更是其中最关键的部分。神经网络是一种能够得到近似解的算法，它并不需要计算出问题的精确解，这种方法能够极大地压缩解空间，帮助 AlphaGo 减少计算次数。策略网络和价值网络通过卷积神经网络来排除概率较小的区域，AlphaGo 只需要找到获胜概率比较大的地方落子就可以了。可以说，AlphaGo 的胜利是算法的胜利，是数学的胜利。

AlphaGo 获胜的第三个法宝是大数据。 AlphaGo 是从学习人类的 16 万盘棋谱开始的，正是 16 万盘已知的人类棋谱成就了 AlphaGo 的"最强大脑"。没有这些数据，AlphaGo 的监督学习和增强学习根本无从谈起，更不能训练出能够战胜人类顶尖围棋棋手的棋力。AlphaGo 战胜人类的三大法宝——计算能力、算法和大数据也是智能技术的关键，我们会在之后的章节中逐渐深入讲解。

既然以 AlphaGo 为代表的智能机器已经发展到了如此强大的程度，**那么在未来智能机器会不会取代人脑呢？** 要想解答这一问题，首先要搞清楚以 AlphaGo 为代表的智能机器脑和人脑的区别。不妨先来看看这一领域内的专业人士是如何看待这个问题的。浙江大学神经管理学的汪磊教授认为：智能机器棋手和人类棋手最大的差别在于它不具备情感，也没有情绪波动。棋手柯洁也在赛后的采访中谈到："我还是更喜欢和人下棋，你感受不到智能机器对围棋的热爱，它只是一种算法而已。"他们都说到了情绪，一种只有动物才具备的东西。那么，除了情绪外，人脑和智能机器脑在结构上有差别吗？

首先来看图 0-3 所示的两幅"智能机器脑"工作方式的示意图，我们称之为冯氏机[①]。它的计算核心是 CPU，而 CPU 最基本的构成单位是加法器，是一种具有判断和计算能力的逻辑门电路。智能机器脑的计算实际上是电信号的变化，如果在输入端输入不同的 0 和 1 的组合，输出端就会得到相应的结果。从这个意义上说，计算机只能做最简单的事，就是信号的翻转：从"0"翻转成"1"，或反过来把"1"

---

① 也叫冯·诺依曼机，根据冯·诺依曼提出的原理制造的计算机被称为冯·诺依曼结构计算机，现代计算机虽然结构更加复杂，计算能力更加强大，但仍然是基于这一原理设计的。

变成"0"。而且每一次的结果都是可重复、可预测的。

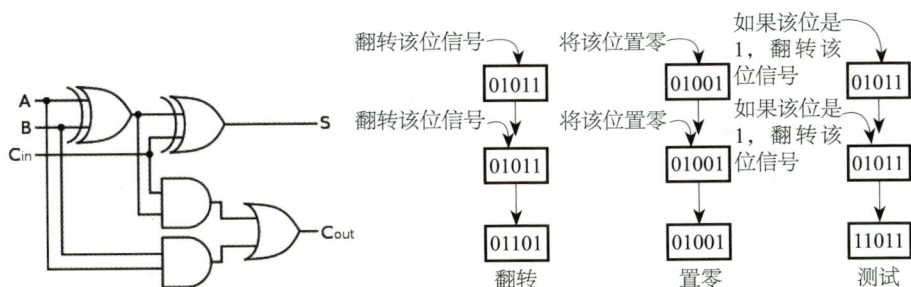

图 0-3　图灵机结构与工作方式示意图

　　而人脑的基本构成是神经元（图 0-4），人的思考需要经过一系列非常复杂的生化反应，这一过程靠的是神经系统化学递质的传递，充满了不确定性。因此到目前为止，即使是全世界最顶级的脑科学家也不能准确描述人在思考时大脑中究竟发生了什么。由此我们可以得知，智能机器脑和人脑的构造和工作方式是完全不同的。**构造的不同造成了人脑和智能机器脑在 3 个方面的差异：第一，驱动方式；第二，决策系统；第三，自我概念。**

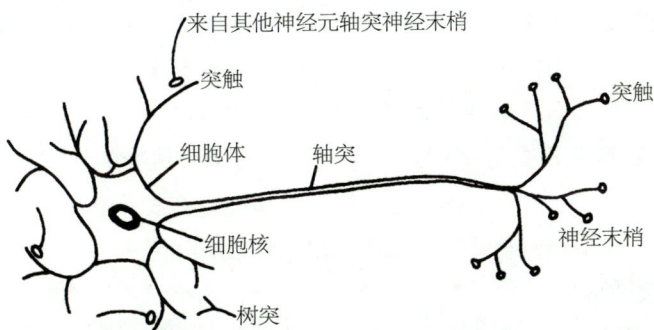

图 0-4　人脑神经元的结构

　　第一，驱动方式的差异。上文谈到，人脑的活动是由一系列生化反应驱动的，这种生化反应来自神经系统，它会让人的情绪产生变化。而人的本能欲求操纵着这一切，人的一切行为本质上都是被生存的欲望所驱动的。我们说的每一句话，做的每一件事，肢体的每一个动作，大脑的每一个念头，全都是欲望驱动的结果。比如，人类会有害羞、自卑的情绪，有爱和被爱的感觉，这一切都源自生存的欲望。这些欲望是人类上百万年进化的结果，它们的存在是为了让人类更好地生存和繁衍下去。

　　欲望会驱使人产生情绪并导向某种行为，这些行为的结果则会让人产生相应的身体感受或积累某些生活经验，这些身体感受和经验反过来又会强化或减弱欲望，因此人类的情绪和行为都具有强烈的不确定性和随机性。比如，一名学生原本计划晚上要去教室复习功课，但却因为和女朋友吵了一架，心情很沮丧，于是放弃了去复习的计划，决定自己看电影调节心情。

　　智能机器和人类完全不同。智能机器是由硬件电路组成的，它完全由人事先设计好的程序驱动。智能机器的每个动作都是加法器的一次准确执行，它不会因为今天心情不好就计算出一个截然不同的结果。事实上，智能机器根本就没有所谓的"情绪"，它的执行结果都是确定的。

　　第二，决策系统不同。人脑的决策系统是一种直觉系统，其决策方式同样是非常情绪化的，而且具有很大的不确定性。人们基本上都有过这样的体验：当我们准备做出一个选择时，却莫名感到有些不对劲，于是改变了自己的选择，但我们自己却不知道什么原因，这实际上就是直觉系统在工作。同样的道理，老练的股票交易员有时也会依靠直觉卖出或买进股票，尤其是当数据已经无法支持他做出判断的时候。而且这些依靠直觉系统做出的决策往往最终被证明是正确的。

　　智能机器脑则是由指令系统控制的，这些指令已经被事先设计好并且无法更改，它的结果是完全可以预见的。比如，AlphaGo 对落子点的选择是通过概率计算得到的。对智能机器而言这些计算都是有具体结果的，不存在不确定性。

　　第三，自我概念建立的区别。人是一种具有自我概念的动物，人们很早就通过心理学实验证明了这一点。实验是这样的：研究者在婴儿额头上点一个红点，让他对着镜子去摸这个点，婴儿不会摸镜子里的红点，而是去摸自己额头上的红点。这说明人类在成长的早期就已经有"我"的概念，这个"我"就是自我意识，有时我们也称之为"灵魂"。而这一点显然是智能机器所不具备的。

　　有了自我意识后，人就会思考自身价值的问题。比如，我们会问自己：我是谁？我为什么活着？我该怎么活着？这些所谓的"灵魂拷问"会困扰我们人类，并直接影响我们的决策。如果一个人找不到自己活着的意义，就可能会崩溃。但是智能机器不会这样，它没有自我意识，也从不关心意义和价值的问题，它只是接受指令并执行，你让它做什么它就做什么，你给它什么样的指令，它就给你反馈什么样的结果。智能机器是不能独立思考的，这个问题我们会在以后的章节中谈到。

　　智能机器脑和人脑有着各个方面的区别，那么这样的差异意味着什么呢？上文谈到，人脑和智能机器脑在驱动方式、决策方式和自我意识上都是不同的。人的主要特征是欲望驱动，具有思想、情绪和行为的不确定性；而智能机器是事先设计好的硬件和指令的集合，它的计算能力比人类快很多，但没有情绪，得到的答案也是确定的。

　　从这个意义上讲，人脑是更适合创新的。**创新一定是在不确定性中产生的，而人脑恰恰因为情绪和欲望而有了种种的不确定性，产生了随机的思想和行为。这些特质都是创新的源泉**，新想法、新思考就是在这些不确定中诞生的。智能机器的世界里没有不确定，也就没有创造新事物的可能，因此在创新这一点上，智能机器永远无法取代人。另外，因为拥有自我意识，人类还会产生爱与被爱的心理需求以及对死亡的恐惧。实际上爱与被爱以及死亡焦虑都是人类创新的强大驱动力，这个话题我们会在创新能力的相关部分中详细讨论。

　　智能机器不会产生自我意识，它不需要爱或被爱，也没有控制任何东西的欲望，更不可能产生控制人类的欲望，它只是人类创新思维的执行者。智能机器不害怕死亡，也就失去了创造的可能。我们可以把以 AlphaGo 为代表的智能机器看成人类解决具体问题的超级工具，从这个意义上讲，它和榔头、扳手等工具没有本质区别。我们不会担心一把榔头想要统治世界。到这里相信大家都很清楚，现在以图灵机为主的智能机器是不可能取代人的，它们也没有控制人的欲望。

　　通过从构造、驱动力、自我意识方面深入比较机器脑和人脑的区别，我们可以得到一个大胆的结论：**人和机器本质的区别在于人可以创新，机器脑不可能取代人脑，机器不会取代人，更不会统治人。**

　　当然，在智能时代，确实有部分工作正在被机器和算法取代。**那么，在智能时代，什么样的工作容易被机器取代？我们应该如何应对正发生的挑战呢？**

　　首先来看看容易被智能机器取代的工作都有什么特点：卡车司机可能很快就会被无人卡车取代；无人超市会淘汰售货员和收银员；智能制造业会淘汰流水线上的工人；美国股市日常 80% 以上的交易是计算机完成的，股票交易员的人数会大大降低。智能机器之所以能够代替人进行股票交易（图 0-5），是因为在股票交易行业有大量完备的数据，并且这些数据积累到了一个临界点，利用机器学习算法就可以实现对一般交易的买卖操作。

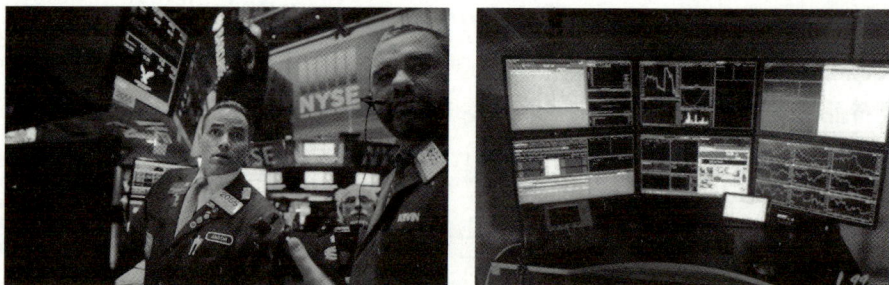

图 0-5　股票交易员和自动交易程序

　　这些工作具有以下共同特点：**第一，机械重复性高**，工作技能可以通过简单的训练获取，比如驾驶技术和客服问答，也就是说工作本身对创新的要求不高；**第二，情感参与度不强**，这些工作大都是知识性工作，无须或是很少需要情感参与，比如股票交易员的工作；**第三，相关行业有大量历史数据，可以通过智能算法训练出智能化的机器人**，比如银行业和医疗业。当一份工作具备以上某个特点或同时具备多个特点时，这样的工作就容易被智能机器替代。

　　各位读者认为影像诊疗医生（图 0-6）的工作容易被机器替代吗？乍一看这是一个相当高端的职业，需要经过多年的学习和大量的经验积累才能胜任。但从本质上讲，影像诊疗也属于知识技能型工作，有大量医疗数据可以使用，能通过大量训练得到经验，而且诊断过程不需要情感的参与，这也就意味着病情诊断能够用机器学习的

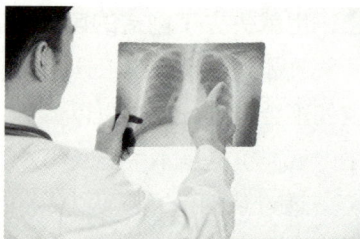

图 0-6　医生进行影像诊疗

方式来进行。因此，影像诊疗是很可能被机器代替的。现在 IBM 公司研发的肿瘤诊断系统沃森（Watson）[1]对肿瘤的诊断准确度已经接近甚至超过了人类。

　　再来看什么样的工作不容易被机器取代。**首先是高创新性的工作**，这些工作对原创性有着极高的要求，比如作家、画家、建筑设计师、算法设计师等，这些高创新性的工作难以被智能机器代替。有人可能会反驳，现在智能机器也有创新能力，也可以进行创作，比如通过人工智能技术开发出的机器诗人就可以写诗。在这里我们不妨来欣赏一首诗：那繁星闪烁的几天苍色／那满心的红日／看万里天使在世界／

---

[1] 沃森是认知计算系统的杰出代表，也是一个技术平台。认知计算代表一种全新的计算模式，它包含信息分析、自然语言处理和机器学习领域的大量技术创新，能够助力决策者从大量非结构化数据中揭示非凡的洞察。

我就像梦 / 看那星 / 闪烁的几颗星 / 西山上的太阳 /
青蛙儿正在远远的浅水 / 她嫁了人间许多的颜色。这
是微软开发的机器诗人小冰的诗歌作品之一——《她
嫁了人间许多的颜色》（收于图0-7所示作品集中）。
如果不提前告知大家，其实很难分清这是人的作品还
是机器的作品，但这能说明智能机器真的具备了创新
能力吗？

图 0-7　人工智能创作的"诗集"

　　要想明白机器写诗的性质，首先要清楚人是怎
么创作诗歌的。中国当代著名女诗人余秀华本人是一
位脑瘫患者，当人们问她是如何创作出感人的诗歌时，她回答说：是我残疾的身体
给了我灵感。人类写诗本身就是一种情绪表达，是生活经历和心路历程让人们产生
了创作的欲望。正是诗人独特的经历让他们能够创作出独一无二的诗。而机器因为
没有自我意识，根本没有作诗的欲望和冲动。所谓的机器写诗不过是通过人类设计的
算法自动生成"诗歌"。换句话说，这些所谓的诗不过是模仿和拼凑的结果，根本没
有"灵魂"，只不过拼凑的方法比较高明罢了。因此机器不可能在创新领域替代人。

　　第二类不可替代的工作是高情感参与的工作，比如心理咨询师、医生等。上
文提到影像诊疗工作可以被智能机器替代，但医生的工作不仅仅是诊疗，还需要面
对病人、安抚病人情绪，有时候还需要根据直觉给出治疗方案，这部分工作内容都
需要大量的情感参与，是机器不能完成的。在一些科幻作品中，智能机器真的有了
情感，甚至可以和人谈恋爱，但这些都是只存在于想象中的情景。事实上，情感产
生的先决条件依旧是自我意识，没有自我意识就不可能产生爱与被爱的需求。人工
智能中有所谓的情感计算，方法是给情绪贴上标签并建立情感模型，但为情感建立
数学模型是非常困难的，人类至今仍没有较好的办法。

　　此外，**难以被数学建模的问题也是智能机器无法解决的**。某些领域的高级决策，
比如战争决策、高级商业决策等，就无法由机器来完成。这些复杂的决策实际上是
需要人的直觉系统和情感系统参与的，这个过程因为高度复杂、维度过多以至于无
法被数学建模，智能机器面对这样的工作是无能为力的。

　　以上部分我们谈到了智能机器的崛起和人类大量工作有被取代的风险，**那么
在智能时代，人们应该如何应对发生的挑战呢？** 有的人认为只要选择在那些智能技
术永远不能进入的领域工作，就可以规避被淘汰的风险。这样的看法存在很大误区，

事实上，**任何领域在将来都可能会被智能技术改造或颠覆，区别只是时间的早晚。**看看我们身边日新月异的变化就能明白：交通出行可能被无人驾驶改变；金融服务可能从银行信用变为虚拟信用；医疗方式可以被智能诊疗系统改变。智能技术对行业的渗透可谓无孔不入，智能时代已经让人类生活中的绝大部分有了改变或正在改变。

因此，回避问题不是正确的思路，要解答如何应对挑战的问题，还是需要回到问题的原点：**人与机器最大的区别是什么？人与机器最关键的不同在于人能够创新，而机器不能。**社会的各个行业无论怎样被智能技术改变，对创新人才的需求是绝不会变的。虽然一般的股票交易会被智能机器替代，但是能做出高级决策的永远是人；虽然自动驾驶会替代司机，但是写出自动驾驶算法的永远是人。所以，**唯有不断提高自己的创新能力才是应对挑战的办法。**我们可以看到，对时代产生巨大影响的公司都是不断创新的公司，比如谷歌、华为、IBM（图 0-8）等。在智能时代中，只有这样的公司才能更好地生存，只有拥有创新能力的人才能更好地发展。在智能时代，创新不是我们的备选项，而是必选项。

在智能时代，财富的衡量标准可能不是一个人拥有的实物财富，甚至不是货币财富，更不是用货币衡量的购买力财富，而是一个人的

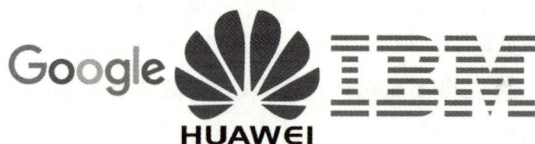

图 0-8　领跑世界的创新公司

创新财富，比如算法能力、专利数量等。从这一意义上讲，人工智能的相关知识不应该是某些高科技专业人士独享的，而应当是所有生活在智能时代的人都可以获得的，就好比所有受过教育的人都会认字一样，在智能时代，每个人都应该能够了解甚至掌握人工智能相关的知识和技能。

要想更好地面对智能时代的挑战，需要具备一些特定的能力和知识结构。首先要注重培养自己的 3 种能力，分别是**创新思维能力、计算思维能力和数据思维能力**；此外还需要注意建立自己的复合型知识结构，也就是信息学科加上其他领域学科的交叉知识结构。在本书之后的章节中，我们将会逐步讲解如何建立这些能力和知识结构。

通过引言部分对热点议题和案例的探讨和讲解，相信各位读者一定对智能时代创新的重要性有了全新的理解。总而言之，唯有创新能应对智能时代的到来。带着自己的思考，开始本书的阅读和学习吧！

第 1 章
创新与创新创业能力模型

　　当下，我们每个人都处在一个充满机遇的历史性关口，面对不断靠近、并且已经悄然到来的智能时代，每一个向往一展身手的"追梦者"都会坚定地选择用创新来应对随时可能出现的机会。作为一名创业者，生活在这样的时代是幸运的。在拥有不断开拓的勇气和魄力的同时，作为"追梦者"也应该不断提升自身的能力。本章就聚焦创新创业能力这一核心内容，以能力模型为框架和切入点，逐个击破自我提升中的各种挑战，帮助读者扎实提高各项创新创业能力。

1.1　开篇案例与概述

人类的创新本能

　　美国作者约翰·波拉克在探讨人类的创新本能时是这样说的：

　　"类比思维就如人类物种一样古老。实际上，没有类比思维，人类就不可能存在。想象几百万年前东非一个炎热的中午，我们的祖先停下来到小溪边喝水的情景，可以推测出，有些人能够更快、更准确地区分潜在水下的多节棕色鼻子的鳄鱼与多节棕色突出的木头之间模糊又不完整的图案，便能更好地探测到危险，从而享有明显的优势并获得更多生存机会。有些人看不出木头和鳄鱼之间的差异，陷入缺失的视觉间隙中，意味着这些潜在的危险会使他们成为鳄鱼的午餐。"

　　"人类不是唯一能辨认图案或能对随之发生的事情做出快速反应的动物。能辨认图案是因为伪装普遍存在于自然界中，一些动物已经适应与周边环境融为一体，其他的动物则采取相反的战略，模仿那些没有吸引力或有可能吃掉它们的具有威胁的动物的外表。但是，尽管许多动物都擅长这样的比较，证据表明只有人类才能使用深层次的类比思维，鉴别或发现超越表面概念的相似性。"

"研究者探索类比在人类思维中的作用时发现，类比可能是所有决策的核心。《表现和本质》的作者、心理学家道格拉斯·霍夫斯塔特和埃马纽埃尔·桑德是研究类比的专家。他们认为，不管我们是在一家新餐馆点菜、过马路前看两边，还是认为一条靠近的黄金猎犬没有以前看到的罗特韦尔犬有威胁性，我们都是在与过去已经分类且易于参考的经历进行一系列的类比。"

"这样的类比太普遍，以至于我们意识不到自己在进行类比，甚至当输入的数据要求我们做出较高层次的决策或在刚要执行传递到的有意识的评估前，无意识状态会做许多筛选和组织。为了更好地了解这种情况，你可以想象一下美国白宫是如何加工、评价、过滤那些想引起总统注意而不断抗议的人群拨打的成千上万的电话和发送的信件、电子邮件的。只有小部分信息可以被传递到美国总统办公室，得到总统的查看、考虑并采取可能的执行行动。那些涉及关键立法或国家安全的紧急事务会在议事日程中优先处理。"

"事实上，这就是大脑运作的过程。每天，我们所有人都在不断评估大量来自视觉、听觉、触觉、嗅觉的数据，找到广泛存在的因果事件之间的相关性和实用性，从而指导我们的决策。"

波拉克对人类创新思维进行了观察与思考，但是这种思考并没有涉及创业。当创业的想法开始在创业者头脑中萌芽时，他们会进一步思考创新与创业之间的关系。他们会问"创新与创业到底是什么关系？""什么样的人适合创业，我适不适合创业？""在大学阶段该不该创业？""创业成功的最重要的因素是什么？"等诸多问题。

为了帮助大家进一步思考创新以及创新与创业的关系，本章接下来将这些疑问归纳为3个话题进行讨论：第一个话题是创新创业能力，这是创新创业能力模型中最重要的能力，这个话题会讨论创新能力是否是天生的以及能否后天培养；第二个话题是创新创业能力模型，这个模型会告诉我们创业时创业者需要具备哪些能力，这一点对技术创业而言尤为重要；第三个话题会谈及核心创新以及如何找到项目起点。

1.2　创新是人类的本能

在进入本小节的学习之前，你可以观看一下《辉煌中国》纪录片第一集"圆梦工程"（图 1-1），思考片中的创新以及创新与社会生活的关系。

在《辉煌中国》相关短片里我们可以了解到创新在引领社会发展中的重要地位，创新驱动作为一项基本国策，将在国家的振兴中发挥越来越显著的战略支撑作用。

在创新创业能力模型中，创新能力是最关键、最核心的能力，如果没有创新能力，是谈不上创业的，创新是我们在智能时代不被淘汰的关键应对策略。

图 1-1　《辉煌中国》视频资料

1.2.1　创新是什么

在讨论创新时首先要明白创新指什么，因为必须知道什么是创新，创新需要满足什么条件，才不至于失去创新的方向。那么，什么是创新，或者创新要满足哪些条件？

创新的第一个要素是新颖性。 创新要满足的首要前提一定是新颖性，也就是一个点子或一个解决方案是否和以前是不一样的，至少有一部分是以前没有的，这才能叫创新。图 1-2 中这辆车是一辆创新的电动摩托车，它在外观上和我们传统意义上的摩托车不大一样。它之所以能够被称作创新产品，当然不仅仅体现在外观上，更在于它的驱动力不是燃油而是电，它是纯电力驱动的摩托车，充电一次可以续航一千多公里，这相比传统燃油摩托车是一个非常大的进步。此外，它实现了计算机控制，安装了 GPS（Global Positioning System，全球定位系统），车上的显示屏可以显示驾驶者所在的位置，也可以帮驾驶者规划线路。此外它的灯光系统也是创新的，它配备了一个多点 LED 灯源系统，这个照明效果比传统的摩托车照明要好得多。

图 1-2　电动摩托车

在创新时只做到新颖就够了吗？当然不够，**创新还需要具备第二个要素，就是这个创新产品或内容必须是有价值的。**那么怎么才能算有价值呢？

世人认为伟大的艺术大师达·芬奇的作品《蒙娜丽莎的微笑》是有价值的，因为它能够打动很多人，这代表了一种艺术价值；特斯拉的无人卡车（图1-3左）是一个了不起的发明，它用电力驱动，而且利用人工智能技术实现了无人驾驶，它是有技术价值的；在成都，有一个新概念书店叫"方所"（图1-3右），"方所"把图书、服饰、美食结合在了一起，创造了一个开放的文化交流空间，它开启了一种新的商业模式，它是有商业价值的；如果我们发明了一种新的智能算法，并为这种算法申请了专利，这种算法是基于神经网络做语音识别的，这当然是创新，是基于智能技术的创新，它是有技术价值的。

图1-3　特斯拉无人卡车（左）、"方所"书店（右）

所以，创新的价值有很多种，有艺术价值、技术价值、社会价值、政策价值等。总的来说，如果一种思想或产品能把人类的文明往前推进，哪怕一点点，那么为之付出的任何一次努力其实都是有价值的，都是创新。

当然，创新对人类文明贡献的大小是不一样的，有的可能改变或颠覆现有的某个领域，比如电、量子力学或人工智能技术，我们称这类创新为**颠覆性创新**。大部分创新并不具有如此大的影响力，比如对某个算法进行了一点改进，或发明了一种节约能源的新型电池，我们称这些创新为**跟随性创新**。

图1-4中的网球帽上面安装了一个风扇，目的是让

图1-4　带有风扇的网球帽

风扇转动起来达到降温的效果。这算是有价值的创新吗？或者说这个发明的价值大吗？稍作思考就不难想到，在一个烈日当空的夏日，这样的风扇起到的作用是非常有限的，戴起来也是个累赘。所以它的创新价值就是有待商榷的。

除了新颖性和有价值这两个要素以外，还有没有其他的要素是创新必须要具备的呢？如果一个创新有超前的构思和惊艳的设想，却只能停留在概念阶段而完全无法落实，这样所谓的"创新"还是真正的创新吗？显然不是的。**由此我们可以发现创新的第三个要素就是可实现。所谓可实现就是在人类现有的科技和资源约束条件下能够实现的创新产品或创新内容。**

在上文列举的例子里，特斯拉的无人驾驶卡车就是在现有的技术支持下可以实现的创新，事实上特斯拉已经正式发布了这一款产品。但是科幻电影中出现的一些想象的东西，比如不仅具有自我意识而且可以跟人谈恋爱的情感机器人，或是能够在太空中任意穿梭的飞船，这些是现有的人类科技不能实现的，它们只存在于想象当中、科幻当中，还不能算是创新。

所以创新要满足 3 个要素：新颖性、有价值和可实现。这 3 个要素是创新的基石，我们可以拿这些要素来检验自己的项目是不是真正意义上的创新。创新创业者在做每一次新尝试、每一个新项目前都需要先问一问自己，所做的工作是不是满足了上面的 3 点要求。如果满足，那么从方向上讲就是对的。

另外，在这里我们要强调科技创新，也就是通过智能技术、算法和专利进行创新。关于科技创新的重要性，我们在引言中已经讨论过了。**在这里我们要强调的是科技创新对创新创业项目的意义非常重大。**

1.2.2　创新能力是天生的吗

创新能力是不是人人都有？这个问题也是本书所讨论内容存在的基础。试想如果创新能力并非人人具备，那么对没有创新能力的人来说，本书内容就没有意义了。但其实，事实证明人人都有创新能力。那么创新能力是天生的吗？

扫码看视频

我们来看一些关于创新的考古学证据。考古发现，人类史前就发明了一种手斧，叫燧石手斧（图 1-5 左），斧头上的痕迹是非常粗糙的。人类进入原始社会以后使用的斧头（图 1-5 右）就变得精致多了，不仅有方便手握的手柄，而且锋利了很多。

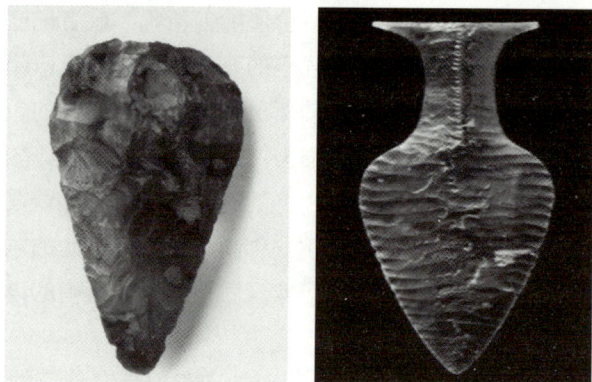

图 1-5　燧石手斧（左）、原始社会斧头（右）

再来看两把匕首，图 1-6 中左边这两把匕首的上面一把是我国战国时期的匕首，它是青铜制成的，比较粗糙，图 1-6 中右边的图是现代军用匕首，由纯钢材料制成，不仅非常锋利而且兼具美观，宛如一件艺术品。这些考古学证据至少说明了两个问题：第一，创造是人类的本能；第二，人类的创造能力是持续的，是螺旋上升的。

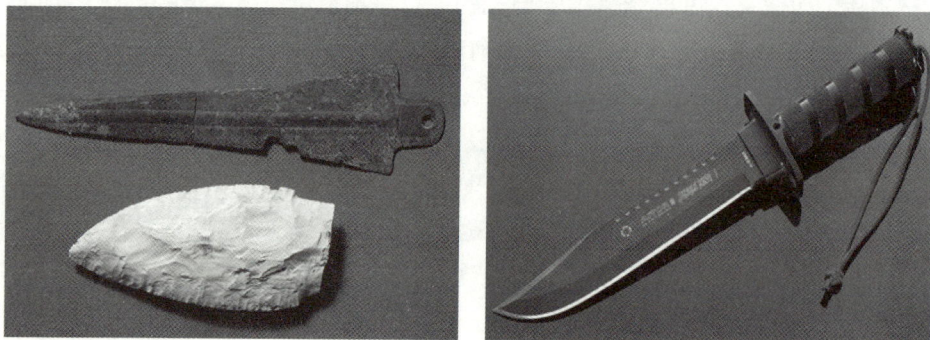

图 1-6　战国时期匕首（左）、现代军用匕首（右）

在这里我们不妨思考一下：退回到 10 万年以前，人类并不是这个星球上最具有竞争能力的物种，同时期有许多物种都比人类力气更大，适应环境的能力也更好。但到了 10 万年后的今天，为什么人类成为这个星球上"最成功"的物种？**其实在大自然物竞天择的残酷竞争中，人类能够取得如今在生物界的地位，就是因为创新。**关于这点，人类学家和考古学家有许多论述。智人之所以成功，首先是因为智人有其他物种没有的创新能力。另外，智人还进化出了语言功能，这让大规模协作成为可能。而文字的出现帮助智人把思想和方法记录下来，供后人使用和迭代，这就让更深层次的创新成为可能。

　　达尔文说，人类的文明史实际上就是不断创造的历史，人类生活的本质就是创造，人类文明的源泉就是创造，创造是生命的根本属性与内在驱动。为什么这样说呢？因为人总是在不断地追求更美好的生活，而这必须通过不断地创新创造来实现。在此我们可以做一个设想：如果人类没有创新能力，那现在的世界会是什么样的？或许所有的人类文明都将不复存在。所以我们应该庆幸我们人类具有创新天性。

　　接下来我们再从人脑的生理学角度解释人类的创新。美国的心理学家斯佩里对人脑的功能进行了研究，他认为人脑的左右两个半球担负的功能是不一样的。左边的大脑负责逻辑，语言、数学、文字、推理和分析；右边的大脑则负责图画、音乐、韵律、情感、想象和创造，如图 1-7 所示。斯佩里把左边主要用于计算和逻辑推理的脑叫理性脑，右边主要用于艺术创造的脑叫情绪脑。

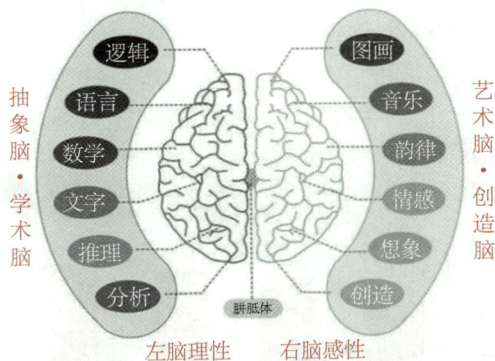

图 1-7　"左右脑分工"示意图

　　斯佩里的研究有两个结论：第一，人的右脑具有许多高级功能，比如理解能力、综合能力、直觉能力、想象能力。创造力主要蕴藏在右脑当中，并亟待开发。第二个结论在后面的内容中再介绍。

　　事实上，**关于人类创新创造的天性还有一个心理学的解释，就是死亡焦虑。**人自出生那天起就无时无刻不伴随着对死亡的恐惧。因为大家都知道，肉体总是要死亡的，没有人能长生不老。那怎么克服这种焦虑呢？其中一个办法是繁衍后代。通过生育，人类可以把自己的基因传递下去。那除了繁衍还有没有其他的方法？答案是肯定的，即便我们的身体总不免要走向死亡，我们依然可以留下一些对世界有用的创造。所以人本能地会通过写作、绘画、音乐，通过生产产品、不停地创造，去克服这种焦虑感，这是心理学对创新的解释。通过以上的讨论我们可以得出一个结论：**人类天生就是具备创新能力的。**

1.2.3 创新能力能够培养吗

经常会有人抱怨说："我就是创新能力很低的那种人。"抱有这种观点的人往往有一个错误的假定，他们误认为创新能力对每个人来说都是一个恒定的值，无法通过后天的学习来改变，穷其一生也不会发生变化，所以就没必要再去培养了。然而事实真的是这样吗？

我们不妨从另一个问题开始探讨：有一种观点认为，中国人只会学习而不会创新，是这样吗？假设这种说法是正确的，再结合上一段中那些人的观点，结论就应该是：中国人的创新能力一直是很低的，而且从古至今都是如此。而事实并非这样，且不说古代中国的种种发明，来看一看中国近 10 年来专利和论文的情况，显然总量和增速都是相当可观的。当然，这里也有一个前提：那就是专利和论文的数量和质量是可以代表中国人创新能力的。

我们来看一下专利数量的变化，从图 1-8 中可以看到中国本土的发明专利授权数量是逐年递增的，从 2014 年的 23.3 万件增长到 2019 年的 45.28 万件。

数量（单位：万件）

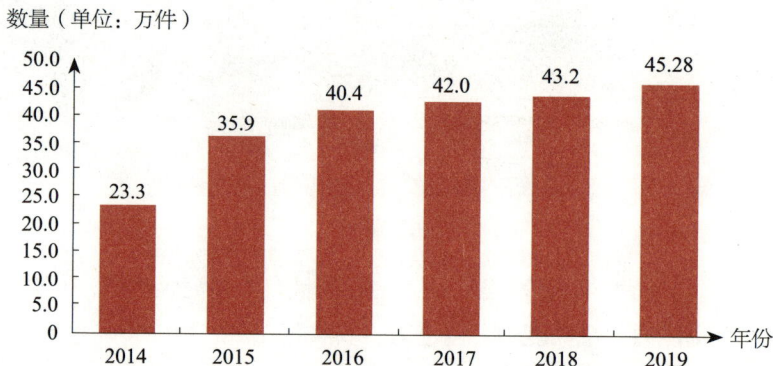

图 1-8 2014 ~ 2019 年我国发明专利授权数量统计

专利合作条约（Patent Cooperation Treaty，简称 PCT）是专利的技术信息在国际上传播与合作的广泛性标志性条约。PCT 专利是专利国际化的指标，被认为是该领域进行国际合作最具有意义的进步标志。图 1-9 的数据显示 2019 年 11 月，我国的 PCT 专利申请数量达到了 7181 件，远超美国等传统 PCT 专利大国，位居全世界首位。

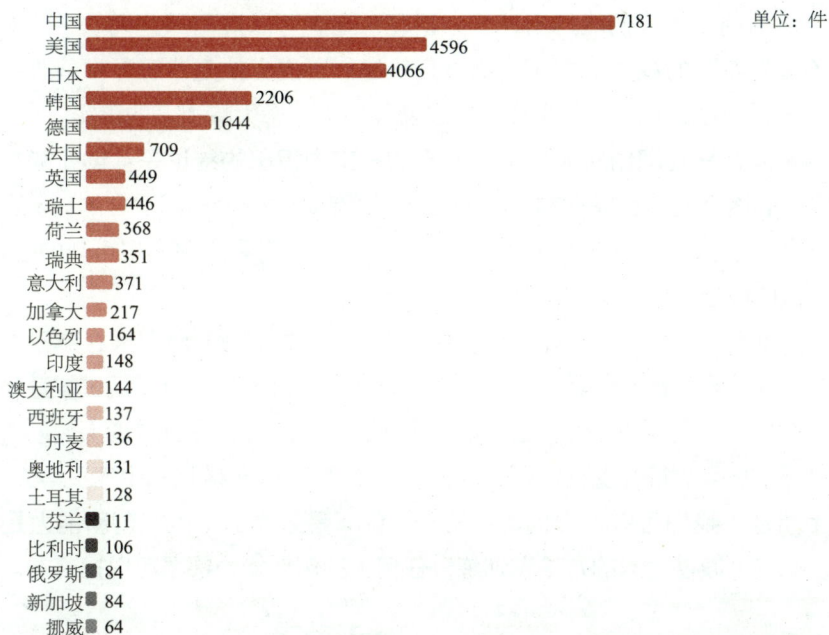

图 1-9 2019 年 11 月全球 PCT 专利申请数量 50 件以上国家排行榜

图 1-10 描述了中国发表的 SCI 科技论文的数量和变化情况，以及中国论文占全世界论文总科技论文数量的比例。可以清楚地看到，中国发表的 SCI 论文数量从 2007 年到 2017 年总体呈现增长态势，从 2007 年的不到 10 万篇增长到 2017 年的 32 万余篇，论文占全世界论文总数的比例也从原来的不足 8% 增长到现在的 17% 左右。

图 1-10 SCI 收录中国论文数及其占世界论文总数比例

从上面的例子中我们能得出什么结论呢？至少可以推翻那些说"中国人只会学习而不会创新"的观点。事实上如果真如他们所说，就无法解释中国改革开放30多年取得的成就，也无法解释中国的创新能力近年来大幅提高的事实。

恰恰相反，从我国创新能力不断提高的事实中得出的结论是：创新能力是可以通过学习等途径培养和提升的。一个民族的创新能力一旦遇到适合的环境，就会被释放出来。同样，一个人的创新能力也是可以通过教育和学习实现可观的提升的。人们需要做的就是用适当的方法唤醒它，释放它。

在上一小节中我们提到斯佩里的研究有两个重要结论，现在来看斯佩里研究的第二个重要结论：在硬件具备的情况下，人的创新潜能完全可以通过教育和学习来开发。斯佩里从人脑的功能构造上解释了人脑的创造性，并且告诉人们创新能力完全可以通过学习进行开发，斯佩里也因此获得了1981年诺贝尔生理医学奖。

综上所述，我们可以得出结论：第一，创新是人类的本能，创新能力是人人都有的；第二，通过适当的方法和训练，任何人的创新能力都是可以提高的。

1.3　创新创业能力模型

这一节，我们来探讨以下3个问题：第一，创新和创业之间的关系是什么？第二，创业的过程中有没有所谓的"关键期"？如果有，哪个时期是最关键的？第三，你认为影响创业成功最核心的因素是什么？

1.3.1　创新创业过程观察

本节的重点是探讨创新创业能力模型。这个能力模型是在观察创新创业公司的创新创业历程以及通过指导创新创业公司获得的经验的基础上，思考提炼出来的。

如同种子的生长，创新创业过程也是在不断观察之中探索需要的条件。最开始，播下一粒种子，种子在地底下慢慢地孕育，如果土壤适合，给它浇水，种子就会破土而出。种子破土后如果持续有适合生长的条件，比如光照充足、水源充沛，就会慢慢地枝干粗壮，长成一棵大树。创业的过程非常像种子成长的过程，可以分成3个时期：第一个时期是酝酿期，是从出现创业想法到开发出创新产品并进行市场探索的时期；第二个时期是破土期，是成立创业公司并开始初创的时期；第三个时期是成长期，是公司成长壮大、逐渐走向成熟的时期（图1-11）。

酝酿期　--------→　从出现创业想法到做出创新产品并进行市场探索的时期

↓

破土期　--------→　成立创业公司并开始初创的时期

↓

成长期　--------→　公司逐渐成熟并长大的时期

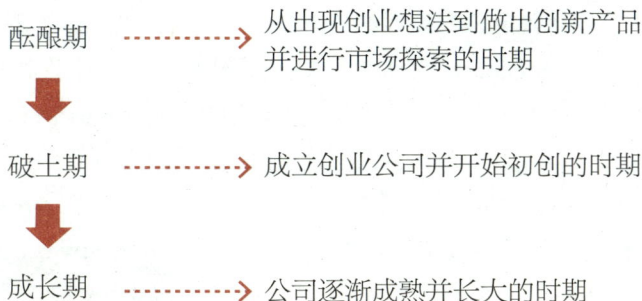

图 1-11　创业过程

　　我们不妨思考一下，种子的成长需要什么样的条件呢？首要条件是这是一粒健康的种子，这是成长最核心的内部条件；第二个条件是有肥沃的土壤；第三个条件是有充足的阳光和水，土壤、阳光和水是成长不可或缺的外部条件。类似的，创业的条件也可分为内部条件和外部条件。创业最核心的内部条件是什么呢？其实就是创新产品，也就是说需要一个很具有创新性的想法并且能够把它产品化。

　　另外还要有合适的外部条件。创业的土壤就是创业面临的外部条件，比如创业环境和市场环境，创业需要的阳光就是政府的支持政策，创业需要的水就是资金。当然还需要一个协作紧密的团队去执行创业想法。在这些条件都具备的情况下，创业就很有可能会成功。

　　酝酿期、破土期、成长期 3 个时期是所有创业团队都需要经历的。以苹果公司为例，首先经历的是酝酿期：1976 年，史蒂夫·乔布斯和他的小伙伴在车库里创建了苹果公司，由此开启了一个传奇（图 1-12）。

　　1976 年时基本上还没有像样的个人计算机，那个时候都是大型机的天下，比如 IBM 公司的大型机。如果个人需要使用计算资源，就需要登录到 IBM 公司的大型机，这时，这个主机会分出一小部分资源给用户使用。这有点像现在所说的云计算，这

图 1-12　1976 年史蒂夫·乔布斯等人在车库里创办苹果公司

个过程需要使用者懂得大量的计算机知识，一般人很难掌握。乔布斯发现，如果每个人都有属于自己的计算资源和平台，并把使用资源的难度降低，就可以让许多人

从繁重的计算工作当中解脱出来，让他们的工作效率大大提高，这个解决方案就是个人计算机（Personal Computer，简称 PC）。而且他们也知道个人计算机肯定是有市场的，为什么呢？他们在前期做了大量市场调研，当他们把个人计算机的想法告诉大家时，大家都认可并且希望马上拥有这个产品，也就是说他们找到了充足的市场需求。

单有想法还不够，必须要做出像样的产品来。当他们决定研发产品时，技术就开始发挥作用了。显然他们的团队里有这方面的技术天才，乔布斯本人也是技术发烧友，而且在艺术、销售等方面也非常有天赋。他们在车库里做出了苹果公司的第一代产品，Apple I（图 1-13）。当时的产品非常粗糙，没有屏幕和鼠标，也没有扬声器，除了能打字和进行简单的计算，其他的好像什么也做不了。

图 1-13　Apple I

这个在现在看起来非常原始的设计，却是一款划时代的产品。它让人们第一次在家里拥有了自己的计算资源。而且非常幸运的是，他们找到了销售这个产品的渠道：在离家不远的一个街区，乔布斯找到一家商店，这家商店看好他们的设计，慷慨地定了 50 台设备，每台 500 美元。Apple I 最终共生产了 200 台，这就是苹果公司的第一桶金，这笔资金也解决了苹果公司最初的资金问题。

再来看一下苹果公司当时面临的外部创业环境。20 世纪 70 年代的硅谷创业氛围非常好，有一个原因大概是受嬉皮士文化的影响，嬉皮士文化是反主流的，大家喜欢打破传统，做一些出格的事，乔布斯就是一个非常喜欢打破常规的人，这实际上是非常有利于创新的。而且那时的市场环境对于苹果公司的扩张也非常有利，因为像 IBM 这样的大型公司看不起个人计算机，他们不认为每个家庭里都需要放一台计算机，只有大公司和国家的研发机构才需要这样的设备，而且个人计算机的利润太低了，他们根本不愿去做。这无形中给了乔布斯创新的空间，也让苹果公司有机会在激烈的市场竞争中存活下来。

对苹果公司而言，"种子"有了，"土壤"适宜，"水"和"阳光"都很充分（图 1-14），创业的小伙伴们都很团结，乔布斯自身的运气也十分不错，可以说，苹果公司有一个非常完美的酝酿期。

图 1-14　苹果公司当时的外部环境

第二个时期是破土期。初创公司在这个时期获得成功的关键是快速迭代产品，快速占领市场，找到自己的资金支持。苹果公司成立以后，1977 年，乔布斯迅速发布了公司的第一款正式产品，Apple Ⅱ（图 1-15），这是全球首台真正意义上的个人计算机。可以看出，这款产品从技术、外观和制作工艺上更现代化，也更成熟了。这款产品计算能力更强大，而且已经有了声音外设，它的外观和设计工艺已经领先同时代的产品了。Apple Ⅱ 定价 1298 美元，在市场上获得了巨大的成功。

图 1-15　Apple Ⅱ

这个时期，乔布斯找到了他的第一个天使投资人：迈克·马尔库拉，他向苹果公司投资了 25 万美元，这笔钱为苹果公司迅速扩大规模奠定了基础，让公司能够更加快速地扩展市场。一般来说，初创公司生存能力还比较弱，在这个时期持续开发创新产品，快速打开市场，得到资金的支持并建立起稳定的团队是非常关键的。当然，在破土期还需要探索一些公司运行的内部机制，比如合伙人机制、股权激励机制等。这些机制可以帮助公司建立比较稳定的团队，可以让大家齐心协力，这个时期的团队合作能力也是非常重要的。

第三个时期就是成长壮大时期了。在这个时期，由于可能面临更激烈的市场竞争，公司继续研发创新产品并开辟新的市场非常重要。与此同时，公司还可能面临团队成员因为经营理念不同产生分歧或因利益分配不均而出现冲突的状况。

无论公司发展到哪一阶段，不断创新、开发出更好的产品都是永恒的使命，唯有如此才有可能让公司长久地保持旺盛的生命力。苹果公司一直在推出新的产品，1983 年 Apple III 上市，1984 年第一款 Mac 个人计算机的诞生更是惊艳全球（图 1-16）。这款个人计算机超越了当时所有对手，有最好的操作系统 Mackintosh，和最友好的 UI（User Interface，用户界面）；另外，他们还开发了第一款鼠标，这让计算机操作的门槛大大降低了。

图 1-16　第一款 Mac，配鼠标和图形 UI 操作系统

随着公司发展，产品不断增多，员工数量也越来越多，如何管理这么大一个团队，以及如何做好品控，是非常关键的。在这个阶段，公司的商业整合能力同样十分重要，苹果公司就在这一时期开始完善自己的内部管理机制。乔布斯从别处挖来了一个能力非常强的员工：当时百事可乐公司的 CEO（Chief Executive Officer，首席执行官）斯卡利。乔布斯在说服斯卡利的时候问他的话成了经典："你是想卖一辈子糖水还是想改变世界？"

树大招风，随着苹果公司的崛起，来自老牌行业巨头的竞争不可避免。1983年 IBM 公司就注意到苹果这样的公司做出来的个人计算机卖得非常好，利润非常高，于是他们也开始生产个人计算机。市场中大公司的进入当然会给像苹果这样的初创公司带来很大麻烦。虽然苹果公司在不停地发布新品，但市场份额仍然在不断萎缩。1985 年，苹果公司推出的新产品 Mac 2 没有获得市场成功，大家把失败的原因归结为乔布斯的管理风格，认为他自负、挑剔、刚愎自用。就这样，乔布斯被自己亲手创立的公司辞退，黯然离场。苹果公司失去乔布斯灵魂人物后，公司的经营理念开始混乱。在乔布斯出局的时期，苹果公司做了一些现在看来很差的决定，比如把当时公司的优势即图形界面技术的部分专利卖给了微软。随后微软崛起了，1993 年微软实际上垄断了全球的个人计算机市场，直到今天，市场份额最大的个人计算机品牌仍然是微软。

乔布斯回归以后的故事大家都知道了，他推出了一个又一个跨时代的产品，例如 iPhone、iPod 等。时至今日，苹果公司的市值已经超过了一万亿美元。乔布斯本身就是创新精神的代名词，大家之所以认可和尊重他，这么多年来始终纪念他，就是因为他的创新精神和创业火种点燃了许多公司，照亮了许多人的人生。

1.3.2　创新创业过程思考

前一小节中提到的乔布斯的创业故事可以带给我们怎样的思考呢？我们回顾一下在本节最开始提出的 3 个问题。

问题一：创新与创业的关系是什么？

第一，创业过程的发端是创新，但创业不仅仅只有创新。创业过程往往是从一个创新的点子开始的，比如苹果公司的 Apple I，这是从 0 到 1 的过程，是开发出创造性产品或服务的过程，也就是从无到有的过程。如果要把这个产品或服务固定下来，让更多的人享受到产品或服务，就需要成立公司，并且找到更多的需求、发布更多的产品，这是从 1 到 100 的过程，是把创新产品发展成具有市场竞争力的商品的过程。

第二，创业的每个阶段都需要创新，但每个阶段对创业者能力的侧重是不一样的。从苹果公司的案例中我们可以清楚地看到，在公司的每一个阶段，产品创新都没有停止过，即使是在公司成熟以后，依旧需要大量的创新作为支撑。从苹果公司的个人计算机 Apple I，到笔记本电脑 MacBook 和手机 iPhone，创新始终贯穿在整个创业过程中，没有停止。但公司在不同的时期，对创业者能力要求侧重是不一样的。在酝酿期，最重要的是从无到有的创新能力以及产品技术开发能力；破土期需要快速开发产品和市场，因此开发能力和融资能力就显得非常必要；在成长期，需要对公司加强管理并进一步开拓市场，与之对应的管理能力和市场能力就变得更重要了。

第三，并不一定人人都需要去创业，但是创新精神和创新能力是人人都需要具备的。试想，难道只有创业的人才需要创新能力吗？当然不是，我们做任何事情都需要创新精神和创新能力的参与。实际上把创新精神和能力运用到自己的学习和工作中对大多数人来说更有价值，这不仅能让工作效率得到有效提升，还有可能给工作和学习带来新的方向。

因此，创新是必需品，创业是奢侈品。

问题二：在整个创业过程中有没有所谓的"关键期"？如果有，是哪个时期？

酝酿期实际上是创业过程里最关键的时期。为什么这样说？因为创办一个公司就好比播下一粒种子，许下一个愿望。在酝酿期，一定要想清楚公司要为哪些人服务，要做什么样的服务或产品。比如马云的愿景是让天下没有难做的生意。愿景清楚了，公司才有可能做得长久，同时也要注意地下的种子很多，但是能够破土的很少。另外，创业的心理准备也是在这个时期完成的。创业者需要对创业动机深入思考，把自己为什么创业、创业方式是不是契合自己的人生目标和价值观等问题都想清楚。

酝酿期还要解决两个关键问题：**第一是找到真实的市场需求**，也就是说要找到一个大家都关心的、有价值的实际问题；**第二就是对这个问题提出行之有效的解决方案**，这个方案有可能是一种产品或一种服务。这是决定创业能否成功的最核心的两个问题，这两个问题都是在酝酿期完成探索的。当然核心产品的开发和初创团队的组建也是在这个时期完成的。

问题三：创业过程最核心的因素是什么？

创新产品或创新服务，是创业过程中最核心的因素。产品才是问题的解决之道，是达成企业愿景的唯一方法。创业公司需要为市场提供一款好的产品，并且要持续不断地改进来推出更好的产品，让用户得到更好的服务，这是所有创新创业的核心。苹果公司从来没有停止过产品创新，如 iPhone 系列产品现在已经迭代到了 10 代以上。一个创业公司需要通过一次又一次的产品革新来让自己走向强盛，虽然渠道和商业模式也非常重要，但这些都是围绕产品这个核心的辅助元素。

这里还涉及另外一个问题：创业过程应该先有公司还是先有产品？一般来说应当是先做出产品，再考虑成立公司。从已有的数据来看，如果还没有产品就盲目成立公司，那么这个公司的命运是显而易见的。

1.3.3　创新创业能力模型框架

在上一节中，我们以苹果公司为例对创新创业过程进行了观察和思考，根据苹果公司的创业过程，我们可以从中提炼出创新创业能力的模型框架，如图 1-17 所示。

扫码看视频

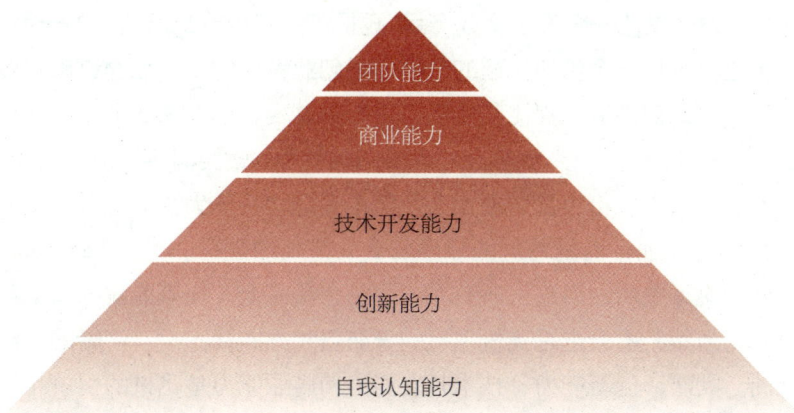

图 1-17　创新创业能力模型

接下来我们将对这一模型进行解析。创新创业能力模型一共分为 5 层。

最底层是自我认知的能力，包括创新创业者的价值观和目标愿景的澄清等，比如为什么要创业、要创立什么样的企业。有的人认为自我认知不算是一种能力，但是事实上对自身能力的判断和对自己价值观的探索是一种非常宝贵的能力。如果人对自己有比较清晰的自我认知，那么是否选择创业就成了一件比较明确的事。但是这种能力并不是所有人都具备，因此盲目创业的行为时有发生。

第二层能力是创新能力，这也是创新创业的核心能力。创新能力由创新心智模式、创新思维方式以及知识积淀构成。创新创业者需要创新能力去发现市场需求并想出好的解决方案，这是所有创业的开端。

第三层能力是技术开发能力，因为创新最终是需要做出产品的。如对于科技创新，只有具备了计算思维和智能技术开发能力，才能把一个创新想法变成一个实际的产品或服务，这是创业落地的能力。我们在后面部分会着重讨论如何在智能时代进行科技创新。

第四层能力是商业能力，包括管理、融资、渠道和市场的经营开拓等能力，还包括行业的经验积累。如果要把一款好的产品推向市场，变成为大家服务的商品，这些商业能力是必要的。

第五层能力是团队能力。在创业的所有阶段，团队都是必不可少的。有了团队才能够将创新的想法开发成像样的产品，并持续提供更好的产品和服务。团队是所有过程的执行者，把大家聚在一起、齐心协力向前走，这个能力是每个阶段都需要的。本书将在第 3 章详细讨论团队的重要性以及团队的建设。

这5个能力就是把一个设想变成产品，再把产品变成商品所需要的一系列能力。同时，这个过程也是一个价值传递的过程，是创业者把创新产品通过市场传递给使用者的过程。如果把创业过程比喻成飞机飞行的过程，那么这5个能力就是飞机从起点飞到终点的保障。首先，做创业心理准备的过程，就类似飞机点火启动的过程。飞机能飞多远取决于油箱容量，创业公司能走多远取决于大家的愿景有多大，愿景越大，目标就越长远，也就越可能做出一个大格局的公司。比如 Facebook 的创始人扎克伯格的愿景是用网络连接所有人，这个想法完全实现可能需要几十年甚至上百年的时间。当然，愿景也是飞机飞行的导航器和方向标，没有清晰的目标是到不了目的地的。其次，创新能力、技术开发能力和商业能力是飞机的引擎和翅膀，它们共同决定了创业公司能飞多高。最后，团队就像机组乘务员，团队成员能够通过合作，通过技术创新和商业创新让飞机飞到想去的目的地。这5种能力加在一起，就能让飞机更有可能到达目的地。

1.4　核心创新

关于创新的概念有很多，例如颠覆式创新与渐进式创新，科技创新与商业模式创新等。这里我们要提出一个关于创新的非常重要的概念：核心创新。"核心创新"概念之前没有人提出过，但它在众多相关概念中尤其重要。在这一节，我们会向大家介绍"核心创新"的概念以及寻找"核心创新"的方法，帮助大家更好地理解创新过程。

1.4.1　什么是核心创新

为什么要提出"核心创新"这个概念呢？首先是基于一个基本的事实。当我们需要完成一个创新性的工作时，往往需要把整个过程分解为多个环节，在逐个解决这些环节时可能多多少少会遇到一些问题，这种情形在创业过程中尤为明显。创业的过程就是创业者解决一个接一个问题的过程，在这个解决问题的过程中，其实会出现大大小小的创新，有的是技术角度的，有的是模式上的，还有的是政策上的。那么，在这大大小小的创新中有没有一个创新是所谓的"关键"点呢？换句话说，**如果没有这个"核心创新"，整个工作是否都会变得没有意义，整个创业项目是否都会随之失败呢？**

根据笔者对创新创业过程的观察、理解、总结，认为"核心创新"是存在的。比如谷歌是当今创新技术公司的代表，在谷歌公司内部有大量的先进技术，如语音识别翻译技术、领先的智能机器人技术、优秀的搜索引擎技术。谷歌公司还有基于搜索引擎的商业广告系统以及由此构造的商业模式。但在其中，搜索引擎技术作为底层技术支撑着其他所有的创新。如果抽掉这个技术，谷歌公司的商业模式将不复存在。再比如，阿里巴巴作为一个网络公司，在技术专利、员工激励、管理模式上有诸多创新。但是，如果抽掉"担保—支付"的第三方支付体系，阿里巴巴的整个商业模式都将无法实现。

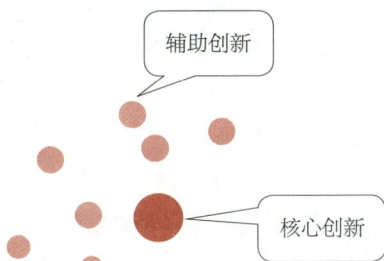

图 1-18　核心创新和辅助创新

而其他的创新可以统一称为"辅助创新"，这些创新当然也很重要，但是它们都是为了保证核心创新的实现而存在的（图 1-18）。

1.4.2　寻找核心创新

下面，我们根据一个真实的案例来讲述如何找到一个项目的核心创新。

2017 年夏天，北京工业大学 4 位学生利用百度 PaddlePaddle 开源平台上的深度学习模型，用一些桃子的照片，通过机器学习和模型训练，制造了一台智能桃子分拣机，从形状、大小、色泽、光洁度等多个维度，对桃子进行自动分级，从而实现机器对桃子的自动多维度分拣。

这个装置的结构如图 1-19 所示，它包括软件和硬件两部分。软件涉及数据集采集与算法训练，硬件部分分为算法和下位机主控，包括传感器和动力部分，下位机主控用于完成对计算机数据和传感器数据的接收，实现对硬件电路的控制。

具体来说，整个系统主要包含传送带、推拉装置、控制电路和计算机主机 4 个部分。传送带上装有位置传感器，用于监控桃子在运动

图 1-19　智能桃子分拣机

过程中几个关键时刻的位置；推拉装置采用气动的方式，由一个气泵给 5 个气缸供气，利用电磁气动阀控制气源的通断；控制电路包含一个主控芯片和电磁阀的驱动电路；计算机主机则采用一个小巧的 Mac mini 运行 PaddlePaddle 的分类算法。

从技术创新的角度来讲，这个装置的每个部分都有创新点。但是，它的"核心创新"是什么呢？我们知道，这个装置的核心目标是利用神经网络实现多维度的桃子分拣。它的"大脑"正是运行在计算机中的智能系统。团队首先将 6400 张桃子照片按照红、大、中、小等元素分档建立图片数据集，然后将图片数据集放入图 1-20 所示的卷积神经网络（Convolutional Neural Network，简称 CNN）中进行训练，自动提取用于分级的影响要素并形成分类逻辑。在实际分拣时，通过向智能系统中输入桃子的外观、大小、颜色等多个参数，就可以实现对桃子的自动分列、判断和分装，准确率达到 90% 以上。如果没有这个系统，其他的传送系统、推拉装置、位置感应装置都将失去存在的意义。整个系统围绕"智能分拣神经网络"这个"核心创新"实现了桃子的智能多维分拣任务。

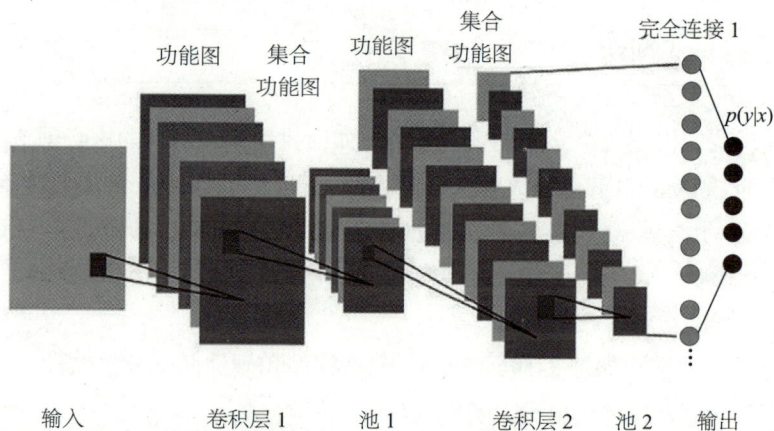

图 1-20　卷积神经网络

还有许多公司，其成功依靠的不仅仅是科技创新，模式创新对这些所谓的"独角兽"公司也尤为重要。例如，滴滴公司作为一家从事共享出行的公司，拥有多项智能技术。但是，其成功的核心却是把社会上冗余的出行资源（包括出行工具与司机资源）释放出来匹配大量的出行需求。这个核心创新保证了滴滴公司商业模式的合理性，从而成就了这家共享出行公司。

更为关键的是，"核心创新"指明了项目开发的方向与重点。

当我们进行一个创新项目的时候往往感到千头万绪，不知道从何做起，尤其是科技创新项目。我们知道一个科技系统往往由多个开发模块组成，在这个时候，保持清醒的头脑，把注意力集中在"核心创新"部分是项目能够成功的关键。

例如，"我是大美人"这个学生项目，是通过深度学习来建立虚拟口红着色算法的。整个项目由 4 个模块组成，如图 1-21 所示。

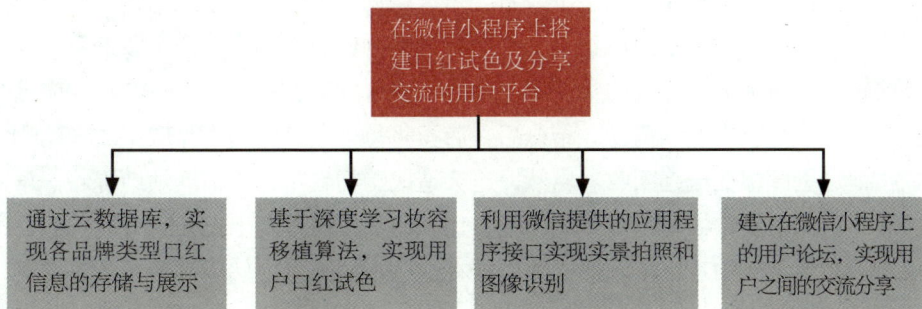

图 1-21 "我是大美人"项目模块

第一个模块：通过云数据库，实现各品牌类型口红信息的存储与展示。

第二个模块：基于深度学习的妆容移植算法，实现用户口红试色。

第三个模块：利用微信提供的应用程序接口实现实景拍照和图像识别。

第四个模块：建立在微信小程序上的用户论坛，实现用户之间的交流分享。

很显然，这 4 个模块中，是由第二个模块，也就是基于深度学习的妆容移植算法来实现用户口红试色的。当这个小组在犹豫是否先实现部分其他模块功能时，笔者建议他们从第二个模块开始，建立这个项目的"基地"，因为这才是整个项目成功的关键，也是这个创新项目能建立起"护城河"的关键。

因此，当我们开始创新项目的时候，一定要想清楚什么是创新项目乃至创业公司的核心创新是什么，这决定了你的项目能走多远，你的根基能有多稳。

1.5 延伸阅读与思考

关于创新，一辆购物车能够告诉我们什么 [1]

人们感知创新，往往是通过创新的成果，而对创新的过程却知之甚少。1999

---

[1] 来源：21 世纪经济报道，文章有删改。

年 7 月，美国广播公司著名晚间节目《夜线》决定制作一档特别节目，让观众可以管窥创新究竟是如何发生的。他们联系了位于硅谷的世界上最优秀的设计公司之一 IDEO，给他们提出了一项挑战：在 5 天时间里重新设计人们日常使用的购物车。IDEO 接到挑战后一点也不含糊，立刻组建了一支由跨领域人士组成的设计团队。

5 天后，在节目现场，一辆全新设计的购物车（图 1-22）出现在全美观众面前。它不再是我们常看到的 4 个轮子上装着一个大购物筐的模样。新型购物车有一个充满未来感的金属车身，上面放着 5 个小型标准购物筐，它们像一个个收纳盒一样，方便购物者分门别类地存放购买的不同商品。同时，购物者可以把购物车停在一边，手提其中一个小筐去继续购物。结账后，店员将每个小筐中的商品取出放入购物袋里，再把这些筐摞在一起回收。当然，这会造成购物者不得不很麻烦地提着一堆购物袋离开。为了使购物者有更好的体验，这款购物车在车身上设计了一些挂钩，即使没有了小筐，购物者也可以把购物袋挂在这些小挂钩上，然后推着车去停车场。

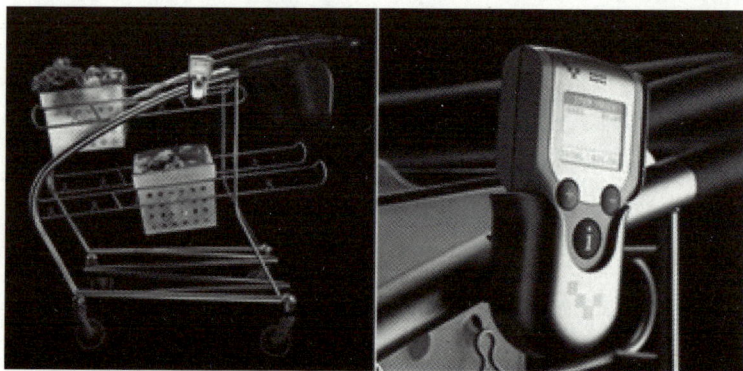

图 1-22　新型购物车

这种设计的额外好处是能够减少偷盗购物车的情况。美国每年被偷窃的购物车多达百万辆。一部分是被人（比如流浪汉）偷去当移动储物空间，还有一部分则被人偷去当作烧烤架。新型的购物车取消了原来的大购物筐设计，5 个小购物筐又都是分体的，可以被取下来单独存放。一个孤零零的车架子对偷窃者的吸引力非常有限，于是无须在具体的防盗措施上下功夫，就能有效地减少偷盗。

这款购物车还有一些其他巧妙的设计。比如，购物车上装有儿童座位，借鉴了游乐园的相关设计，儿童可以开心又放心地坐在车上被推着走。车上还安装有两个咖啡杯座和一个用来快速结账的扫描仪，会大大优化购物者的购物体验。

随着新型购物车的揭幕，节目组也将整个设计的全过程拍摄下来并剪辑播出。

这一期《夜线》节目成为该栏目有史以来最受欢迎的一期。无数机构买下这期节目的录像带，作为学习创新和设计的经典教程。

思考

　　IDEO 对创新设计的贡献是巨大的，这个团队还直接催生了大名鼎鼎的斯坦福创新设计学院 D.School。请查阅关于 IDEO 的资料，尝试阐述并讨论创新过程大致可以分为几个阶段？另外，创新设计有哪些核心因素？

第 2 章
创新能力培养

　　创新能力不仅是创业未来发展的重要因素之一，也是能让每个人终生受用的一种宝贵能力。要想系统地培养创新的习惯和素养，就要理清思路，明白"创新"这一关键过程究竟是如何发生的，在明白其中的机理之后，再针对能力的各个方面查漏补缺，最终形成属于自己的创新思维方式，并塑造一个完整的创新心智模式。本章将沿着这一思路对创新中涉及的内容逐一讲解，帮助读者提升创新能力。

2.1　开篇案例与概述

美国基因学家克雷格·文特尔的基因梦

　　创新能力是人类的本能，但不同的人的创新能力差异很大，这往往是由于人们具有的创新精神不同。创新精神在下面这位美国科学家身上得到了淋漓尽致的体现。

　　美国基因学家克雷格·文特尔被很多人称为生物学界的"坏小子"。他挑战过"国际人类基因组计划"，想将人类基因组图谱申请成专利并从中谋利；他还想利用基因技术制造自然界前所未有的新物种。文特尔并不理会人们的指责，因为他一直相信："基因没有好坏之分。"

挑战国际人类基因组计划

　　1990 年 10 月，"国际人类基因组计划"启动，美、英、日、法、德、中六国相继加入。按最初的设想，该项目将耗资 30 亿美元，在 2005 年完成全人类基因组的测序工作。

　　然而，1998 年 5 月，"国际人类基因组计划"的原有步调却因克雷格·文特尔的介入而被打乱了，借助帕金·埃尔默公司的资金力量，文特尔组建了一个私营性质的基因研究机构——塞莱拉公司。文特尔声称要在 3 年内完成人类基因组的序列测定，目的是抢在"国际人类基因组计划"前完成，以便将人类基因组图谱申请成专利，靠垄断人类基因组信息来谋利。由政府支持的"国际人类基因组计划"工程项目组花了 8 年时间，仅排定了 3% 的基因组，所以大部分科学家对文特尔的话持怀疑态度。迫于压力，"国际人类基因组计划"也宣布将于 2003 年提前完成基因组测序工作。

文特尔领导的研究小组很快向全世界证明了自己的实力。一年过去，塞莱拉公司在基因组研究方面取得了一个又一个突破。2000 年 4 月 6 日，塞莱拉公司突然宣布完成了基因组测序工作。4 天后，美国国家人类基因组研究所所长弗朗西斯·科林斯发表声明，称塞莱拉的测序结果值得怀疑，因为其本该对基因组测序数据核查 10 次，却只核对了 3 次。

无论塞莱拉的测序结果是否足够成熟，它"有如神助"的进度迫使"国际人类基因组计划"宣布，基因组测序工作的完成时间将再度提前，从原定的 2003 年 6 月提前到 2001 年 6 月。"公""私"两组研究人员之间的竞争日趋白热化。

用霰弹枪法为基因组测序

文特尔之所以敢与"国际人类基因组计划"叫板，其实是有备而来的。虽然在此之前文特尔并不广为人知，但他已经在基因组测序方面积累了相当的科研实力，并掌握了一种独特、快速的基因组测序方法。主流的测序方法是"链终止"测序法，效率极低，主要通过加入链终止核苷酸，将一条 DNA 上的几千万甚至上亿个碱基对逐一测出来。1995 年，文特尔首先对一个完整的细菌基因组进行了测序，并破译了一种被称为"流感嗜血性杆菌"的细菌的 DNA，这种细菌会引起肺炎和常会致命的小儿脑膜炎。这项工作让他超越对手走在了前面，也让国家卫生研究院的官员感到难堪，这些官员曾拒绝为这个项目提供资助，因为他们曾对文特尔想利用的新奇方法——"完整基因组霰弹枪法"嗤之以鼻。

事实证明，完整基因组霰弹枪式测序法是一种强有力的方法，这个方法把一个细胞的所有基因粉碎成无数个 DNA 小片段，以供测序机"破译"。计算机处理由此产生的琐碎数据，并把密码一点点地拼接成完整的基因组序列。这种方法只是对以往"快速标签测序法"的一种改进，但他把大量工作交给计算机后，大大提高了基因测序工作的速度。诺贝尔奖得主詹姆斯·沃森对文特尔有很多批评言论，但他也承认文特尔的此项发现是"科学上的伟大时刻"。

通过上一章的学习，我们了解到创新与创造是人类的天性，即每个人都具备创新能力，而且创新能力是可以通过培养和训练提高的。那么怎样通过科学合理的方法训练和提高自己的创新能力，如何把自己的创新能力从原来的"40分"提高到"70分"、甚至"85分"呢？这将是本章的重点学习目标。针对这一学习目标，下文将讨论以下3个问题。

第一，创新过程是怎样的？

第二，什么是创新思维方式？

第三，如何通过训练来提高自己的创新能力？

2.2 创新过程探索

2.2.1 创新过程是怎样的

在阅读下文之前，请大家思考一个问题：创新活动需要有哪些过程？

为了展示一次创新的全过程，下面选取一项来自以色列的技术发明案例来分析。众所周知，虽然以色列的人口不多、土地面积不大，却是一个拥有多位诺贝尔奖得主的创新大国。现在的以色列瓜果满园（图 2-1），很难想象以色列以前几乎是一块不毛之地。以色列国土大多是荒漠和沙地，而且气候干燥，一年的降水量不到我国江苏省的 10%，这样的自然地理条件非常不适合农业种植。而如今的以色列供应的蔬菜水果占欧洲进口份额的 40%，享有"欧洲果园"的美誉。以色列是怎样产生如此巨大的改变的？秘诀就是通过强大的创新能力研发的新技术——滴灌技术。

首先我们来了解一下滴灌技术的研发过程。在 20 世纪 60 年代，以色列还是一片荒漠，沙砾满地。在这般贫瘠的土地上，植物枯萎，甚至寸草不生。面对这样的情景，有一位农夫依旧坚持在花园中劳作，悉心打理其中的一草一木。偶然间，他发现花园中有一片植物长势很好，在惊奇之余，农夫仔细观察并探究了它们茁壮成长的原因。最终，他发现

图 2-1　以色列的土地

浇水用的塑料水管上破了一个非常小的孔，水通过这个小孔慢慢往外渗，正好浸湿了这一小块土地，使这块土地上的植物长势喜人。水渗得很慢，以至于不仔细观察根本就发现不了，但就是那一点点渗出的水，让这一块土地上的植物活了过来。就是这样一次观察和思考促成了之后滴灌技术的发明。

通过这个故事大家不妨想一想：创新的起点是什么？有的人说是思考，有的人说是观察，那么到底是思考还是观察，或是其他？有一个细节值得一提，当农夫看到那片生长得很好的植物时，他非常好奇，正是这种好奇心驱使他去探究其中的原因。所以笔者认为：任何一次创新的起点，都是好奇心。对一件事产生好奇，是所有创新的出发点。

当然，光有好奇心是远远不够的，还必须进行非常细致的观察。就像那个农夫，他通过仔细观察发现塑料管上有水从小孔中流出来。农夫仔细观察后产生了疑问：是不是就是因为从水管漏出来的这点水，才使这块地上的植物长得比其他地方好？这个时候就要去验证观察的结果和与之相关的想法。要想验证自己通过观察得到的结论是否正确，需要结合深度的思考与实践，逐步证明想法的合理性。农夫在橡胶水管上每隔一段距离打一个小孔（图 2-2），用这种方法灌溉土地。通过一些尝试和改进，农夫成功地将滴灌技术运用到了自己花园的种植和打理中，并取得了非常好的效果。这一创新到此似乎就告一段落了，然而农夫并没有停止思考，他心中有个更宏大的愿景：将滴灌技术普及到以色列大面积的农业种植中去。

图 2-2　滴灌技术示意图

为了实现这个想法，农夫开始做一些农田实验来验证滴灌技术是否适用于大面积的农田。这时农夫发现，如果带孔的胶管达到一定长度，当水经过小孔后水压就会慢慢减小，最终导致小孔无法出水。解决一个问题的同时往往会出现新的问题，这是常态。如果不解决新出现的水压问题，就无法把滴灌技术应用到大规模的农田种植中。所以农夫又开始了下一轮新的思考，这个过程就是迭代并再次创新的过程。

为了解决水压不够的问题，农夫重新设计了水管厚度的分布，通过在水压不足处增加水管厚度的方式来保持水管里压力的均衡。这样一来，不管水源离小孔有多远，小孔都可以顺利出水。同时，农夫发现这项技术运用在沙地种植上还有个好处，就是可以控制土壤的湿度。反复的试验证明，滴渗灌溉法可以减少蒸发，实现高效灌溉，是控制水肥农药的有效方法，在沙地上运用滴灌技术是一种非常好的选择。

通过周而复始的思考与实验，农夫和他的团队解决了所有的问题。之后他们将技术产品化，专门成立了一个公司来进行滴灌技术相关事务的处理。现在这家公司提供世界上 80% 左右的滴灌产品，每年有两三亿美元的收入。这就是把点子转化为产品，再把产品转化成商业的过程。

这次创新活动经历了以下过程：首先是好奇心驱使农夫进行观察，其次是在观察的基础上进行思考。系统性地思考问题会得到阶段性的答案，阶段性的答案又需要新一轮的观察和验证，这就是创新的迭代过程——通过反复验证和不断解决问题做出更成熟的产品。最后是市场化，把产品推向世界。综上所述，创新的过程包括 5 个步骤：好奇心驱动，观察，思考，获得阶段性答案和不断迭代验证。

专创融合过程中往往涉及创新产品的开发，我们也需要把握上述创新过程，将整个创新过程贯穿于创新产品的开发中。尤其是在创新思考后，一般需要结合多方面的知识给出问题的解决方案，也就是"产品原型"，这个过程包含一系列的创新实践。另外，产品推向市场后，研发者需要不断地从产品的使用者那里得到反馈意见，并在后面的迭代方案中不断完善。总的来说，这就是创新过程在产品设计与开发中的应用。

2.2.2　创新需要哪些能力

在 18 世纪，一种名叫"天花"的烈性传染病肆虐欧洲，使欧洲的人口减少了四分之一，人们惶惶度日。现在，天花病毒已经被彻底消灭了，天花疫苗的发现同样是因为一次偶然的观察。

爱德华·詹纳（图 2-3）是英国乡下的一个社区医生，他发现挤奶工因为手不停地接触牛的乳头，很容易感染牛痘并产生应激性发烧，这种情况在当时非常困扰挤奶工人。在他生活的教区里，天花病毒很容易传染给其他人群，但是挤奶工却不容易被传染。于是他开始思考，是否因为挤奶工得过牛痘

图 2-3　爱德华·詹纳

才不容易感染天花。为了验证自己的想法，詹纳找了一些感染过牛痘的孩子，把天花病毒种在他们体内，发现他们并没有感染天花。经过 20 年的观察，通过不同的对比实验，詹纳最终证明了他的想法的正确性。这也印证了创新是不断思考和验证后得到的结果。

通过这个例子可以看到，詹纳有很强的好奇心，而好奇心是许多伟大发明的驱动力。同时詹纳还有观察能力和思考能力。**好奇心、观察能力与思考能力相结合，这是一种典型的创新心智模式，许多伟大的科学家都具有这样的心智模式。**这里使用的"心智模式"一词特指与创新相关的思考方式和思维习惯。

我们通过牛顿（图 2-4）发现万有引力的例子来继续探讨创新的相关要素。人们常说是因为苹果掉到了牛顿的头上才促使他发现了万有引力，但被苹果砸到的人有很多，一定有一些特别的原因让牛顿成为那个发现者。牛顿曾经说过："如果我能看得更远，那是因为我站在巨人的肩膀上。"在牛顿之前，已经有哥白尼、伽利略等科学家对宇宙进行了细致的观察，而且已经有很多的科学实验和数据，比如丹麦的第谷用了 20 年时间观察星星的位置；开普勒总结出行星运动的三条基本规律。牛顿是熟知这些科学成果的，这些都为他发现万有引力打下了基础。

图 2-4　牛顿

牛顿是站在前人的肩膀上，在前人知识积累的基础上进行创新的。而且他本人对离心力、向心力和质量这些概念已经有了非常深入的思考。在充分的思考和积累的情况下，苹果掉下来的那一刻就像纸被捅破的瞬间，让他一下子想通了之前无法融会贯通在一起的那些问题。或许牛顿并不是天才，但他在一个领域的知识积累比其他人更多，思考也比其他人更深，有了这些思考他才可能有所创新。所以，我们认为知识积累在创新中也是非常关键的。

通过以上的探究，我们可以把创新需要的能力总结为以下 3 个要素：一是创新思维方式，二是创新心智模式，三是具有学科或行业的知识储备。

这三者相辅相成，不可偏废。针对前两种要素，本书做了大量论述，同时还给出了具体的训练方法。在这里，笔者想提醒读者尤其要注意第三个要素：学科能力和知识储备。因为创新是需要素材和载体的，如果没有相关的专业知识和经验作为基础，创新从何谈起呢？专创融合中的"专"强调的就是这个。

2.3 培养创新思维方式

美国哈佛大学的前校长陆登庭认为，成功者与失败者之间的差距并不在于知识经验的不同，而在于思维方式的不同。这个观点阐明了思维方式的重要性，好的思维方式可以让我们的创新过程变得更有效率。

接下来我们将会探讨以下两个问题。第一：什么是创新思维方式？厘清这一问题有助于我们找到培养创新思维的方向。第二：如何突破思维的局限？创新思维方式是一种突破局限的能力，对创新有着至关重要的作用，如何突破思维的局限是培养创新思维的关键。在 2.5 节我们还会具体介绍 3 种典型的创新思维方式，这些创新思维方式对于大家提高创新效率非常有帮助。另外，我们也会在本书的项目指南中谈谈这些思维方式在项目中的运用。

2.3.1 什么是创新思维方式

创新思维方式是相对于一般思维方式而言的。当我们了解一个知识性的问题时，我们调用的是一般学习思维，这个问题在客观上是已有研究结论、有标准答案的，我们只需要查阅资料，就可以回答这个知识性的问题。比如我们要搞懂"地球为什么是圆的"这个问题，就是用一般学习思维方式进行思考的。这种思维是我们训练最多的思维方式。在中国的教育体系中，应试教育是非常重要的组成部分，人们会用大量时间来训练找到问题的标准答案的能力，这与本节我们要介绍的创新思维有一定区别。当然，这种能力也是非常重要的，可以帮助我们积累知识。

除了一般思维方式，我们在思考的时候还会用到另一种思维方式——批判性思维。在此处为了帮助理解仅作简单介绍，下文会在帮助大家提升批判性思维能力时做详细叙述。其实批判性思维在现实中很常见，我们在与他人就某种观点进行交谈的时候，会不断以此观点的合理性为出发点进行更深入的思维碰撞，而其间经历的思维过程，就是批判性思维的思考过程。比如，当有人在发表自己的观点时谈到中国人的创新能力不如西方人，我们会思考这样的结论有什么依据，这些依据是否客观、来源是否可信，这些依据又是否能够支持这样的结论。也就是说，当我们需要搞清楚一件事是否合理、一个论断是否正确之前，必须经过一个小心求证的过程，基于事实和证据，用严密的逻辑来判断其真伪。批判性思维是一种理性和科学的态度，对一个问题的结论一定是经过仔细思考和求证的，不会人云亦云。在我们的创新过程当中，批判性思维方式是必不可少的，这种思维方式体现了通过思考和实验得到事物真相的科学求真精神。例如我们在前文谈到牛痘接种疫苗法的发明人詹纳在看到挤奶工因为得牛痘而减少了患天花的概率时，并没有立刻认定牛痘一定能够预防天花，而是经过了 20 年的反复实验和观察来验证这件事情的真伪。

批判性思考的能力是许多人不具备的，因为大部分人总是习惯于听从权威，习惯于别人告诉自己答案，然后不假思索地接受，但是对于这个答案是否正确、是否适合自己的情况，却没有经过严谨的思考。批判性思维的核心是严谨的逻辑和科学的求真精神，但这仍然不是创造性思维。

那么，到底什么才是创新思维方式呢？

我们通过一个游戏来更好地理解什么是创新思维方式。如图 2-5 所示，图中有 9 个点，规定只能用直线来连接这 9 个点，而且一笔只能画一条直线，请思考最少需要几条直线才能把这 9 个点全部连起来。

有人说最少用 5 条，还有的说 4 条就可以了。4 条已经是非常好的答案了。图 2-6 所展示的就是用 4 条直线连接 9 个点的方案。这个答案为什么好呢？我们来看，用 5 条线连接的方案是局限在这 9 个点组成的方框内的，但用 4 条线的方案时，有的直线是没有受到这个框的局限的。当直线开始突破方框的局限，我们的思维也就开始突破这 9 个点组成的局限。这个 4 条线的方案最后成了美国创造协会的会标，因为它象征着思维突破局限。

这种突破局限的思维方式就是创新思维方式。也就是说当我们思考一个问题的解决方案时，并没有受到这个问题本身的限制或自身原有思维模式的限制，而是突破原来的思维模式，用一种新的方式来看待问题，给出一个新颖的解决方案，这就是创新思维。

接下来请大家开动脑筋，想想能不能用 3 条直线通过这 9 个点呢？确实是有方法的。如图 2-7 所示，如果每一条直线都足够细，且可以向外无限延伸，我们就

图 2-5　9 点示意图

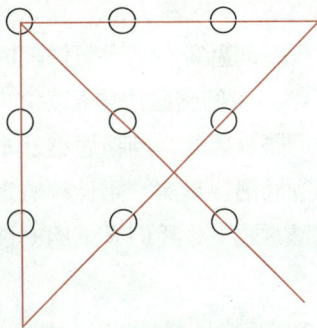

图 2-6　美国创造学会会标示意图

可以画出 3 条直线来连接这 9 个点。这个方案运用了极限的概念，因为我们假设直线可以往外无限延伸，那么只要开始的时候几条直线之间稍微有点角度，就可以实

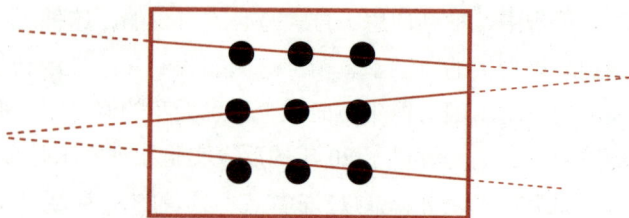

图 2-7　3 条线的解决方案

现用 3 条线连通 9 个点的想法。这种方案也是一种突破，突破了原来有限的平面，把问题的解拿到了无限延伸的平面上来思考。

最后，请大家继续思考 3 条线是否是解决此问题的最优解呢？似乎不大可能再有比 3 条线更少的方案了。但如果我们大胆突破，是能够用一条直线连接 9 个点的。如果我们把这张图折叠两下，让上中下 3 排的 3 个点对齐叠在一起，这样就可以用一条线轻松地穿过这 9 个点。这种思维方式突破了刚才的二维思维局限，把问题的解决空间放到了三维空间里。

在计算机芯片设计领域，多核芯片的概念就是把计算机处理器从一维空间扩展到了二维的空间阵列。而现在出现的堆叠式 CPU 处理器，就是把多个内核叠在一起组成立体计算空间。这是把原来的多核概念向三维延伸的结果，因为这种突破性思维，人们做出了 3D 芯片。而且，这种新颖的设计方式可以大大缩短核与核之间的通信距离，对于提高计算机的计算速度非常有帮助。量子力学和虫洞理论也来自这样的思维方式，在这些理论里，空间甚至时间都已经不是局限，我们不仅可以把空间折叠，甚至可以把时间折叠起来，产生多维空间和平行宇宙的概念。

每当我们突破思维局限的时候，往往能找到更好的解决方案，从而更高效地解决问题。因此，创新思维从本质上来讲是突破局限，其中最重要的是突破我们头脑里的局限。其实，用计算机来解决现实中的问题也是一次思维局限的突破。在这种思维方式下，我们尝试用一种超出人脑计算能力数倍的方式来解决一个问题。

2.3.2　一切皆有可能：突破思维框架

相信通过上一小节的讲解，你们一定迫切地想要知道突破自身思维局限的方法。在学习如何突破思维局限之前，大家不妨思考一下我们大脑中的这些局限是怎样产生的。

扫码看资料

为了解释局限形成的原因，相关研究人员曾经做过一个实验。实验过程是这样的：找来一些不同年龄段的测试者，先把这些测试者分成三组，分别是 5 ~ 6 岁的学龄前儿童、12 ~ 14 岁的中学生和 25 ~ 27 岁已经工作的员工。实验的内容是玩一个需要小组合作的游戏，用意大利面和棉花糖这两种工具搭起一座塔（图 2-8），塔的形状和工具数量没有限制，只要搭起来的塔能够维持平衡，哪一组搭起来的塔最高，哪一组就获胜。你认为会是哪一组获胜呢？

图 2-8　搭塔实验

让大家感到意外的是，最后的获胜者是 5 ~ 6 岁的学龄前儿童。其实原因很简单，中学生和员工们的头脑里早已形成了关于"塔"这一概念的思维定式，在他们的概念里，塔的形状就应该是下面宽上面窄的。而且他们在搭建的时候一定要从下面开始，一层一层地往上搭。但是，因为意大利面和棉花糖不像砖和水泥，所以用这样的思维方式是搭不高的。再看学龄前儿童，他们的头脑里并没有多少塔的概念，也没有学习过任何造塔的方法，换句话说，他们没有受到既有概念的限制和束缚，对他们而言"一切皆有可能"，他们可以用各种方法进行尝试，这样反而搭出了最高的塔。

从这个实验中我们了解到，我们的创造力有可能受到自己所学知识和经验的限制；年龄越大，受到的科学训练越多，可能给自己思维加的限制越多。心理学是这样解释大脑思维局限的形成的：我们的大脑神经元的连接是通过不断强化完成的，在大脑发育的初期，两个神经元之间的连接是很弱的，而当我们开始对一件事物形成概念，就会在大脑中慢慢建立起这个领域内神经元之间的连接。如果我们不停地使用这个领域的知识，不断地强化神经元之间的连接，神经元之间的连接就会变得越来越粗、越来越牢。当这个连接达到一定程度，就会变成我们的思维习惯，甚至形成思维定式。当我们遇到类似的问题时，我们往往倾向于用已经建立起的这种思维定式来解决。这种机制有利于种族的生存，却容易阻碍创新的发生。

成年人要想突破这种来自人类固有生理机制的限制，就要向 5 ~ 6 岁的儿童学习"一切皆有可能"的思维。下面向大家介绍 3 种思维训练方法，通过这些训练，可以让我们用更灵活的方式来思考问题的解决方案。

　　第一种方法是刻意限制使用我们已经有的知识经验。我们以解鸡兔同笼问题为例向大家说明。一个典型的鸡兔同笼问题是这样的：在一个笼子里关着若干只鸡和兔，笼子里共有 50 个头和 140 只脚，问鸡和兔各多少只？如果我们让一位高中生来解答问题，他会怎么解呢？他一定会建立一个二元一次方程组来解这个问题。只要把鸡和兔设为 x 和 y，列两个方程就能得到这个问题的解。

　　但如果不能用二元一次方程组，又该如何思考这个问题呢？这里提供一个解题思路：想象所有的鸡和兔都站在笼子里，如果这时候一声令下，让鸡和兔同时抬起一只脚，会发生什么呢？好像什么事情都没发生。那如果再次命令鸡和兔抬起一只脚呢？这时兔子抬起了两只脚，还有两只脚是在地板上的，但是鸡就没那么幸运了，所有的鸡都会一屁股坐在地板上，因为它们只有两只脚。也就是说，当 50 只动物一共抬起 100 只脚的时候，所有的鸡就坐在地板上了。那么剩下站着的 40 只脚当然全是兔子的。而且，这个时候兔子只有两只脚站在地板上。所以，有 20 只兔子，30 只鸡。也就是说，如果我们不受二元一次方程的限制，仍然可以用其他的方法来思考这个问题，而且可能得到更有趣的方法。

　　第二种方法是训练自己突破式的提问能力。在提问的时候，尽量不要给自己的问题设限，并且尽可能将问题设置为开放式的、启发式的。比如谈到西瓜的形状时，我们可以试问西瓜一定是圆的吗？在一般人的固有观念里，西瓜确实是圆的，但是当我们抛出这样一个反常识的问题时，会让大家看到突破的方向。如果西瓜不一定是圆形，它可以是什么形状呢？当然，可以是正方形的、金字塔形的等等。

事实上，人们已经种出了图 2-9 所示的正方形西瓜，而且这种西瓜已经面向市场销售了。通过这种打破常规的提问方式，我们往往可以突破限制，得到意想不到的答案。

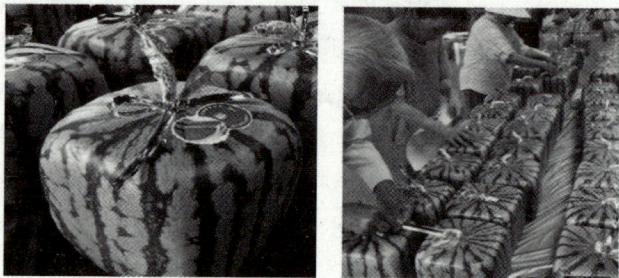

图 2-9　方形西瓜

　　爱因斯坦曾说过："对一个问题提出新的看法和新的可能性，从新的角度去看旧的问题，都需要有创造性的想象力，这种看问题的新角度也标志着科学的真正进步。"有时人们对自己身份和所学学科的固有认知也会限制自己的创造性思维，撕掉这些固有的身份和专业的标签可以让我们获得更开阔的视野。**因此，突破思维局限的第三种方法就是撕掉标签。**

我国当代著名艺术家蔡国强是中国在世界上最有影响力的前沿艺术家之一，也是亚洲身价最高的艺术家。他的作品《APEC 景观焰火表演十四幅草图》（图 2-10）以 7000 多万港元的价格在当时创下中国当代艺术拍卖的世界纪录。

他的作品创作过程是这样的：先用传统中国画的方式创作出作品的大致轮廓，然后把烟花按一定的排列方式嵌在上面，与线条结合在一起。之后再点燃

图 2-10　《APEC 景观焰火表演十四幅草图》之一

烟花，当烟花在画作上燃烧时会在画布上留下特别的痕迹和颜色，这个燃烧的过程就是蔡国强创作的关键过程。我们都知道，烟花在燃烧时有很大的不确定性，所以他创作出的作品完全不像传统的画作，他的每一幅画绝对都是独一无二的。

蔡国强之所以能够创造出这样一种结合绘画和烟花的独特创作方式，与他本人的成长经历息息相关。他本人在国内受过严格的绘画和舞美训练，后来他在日本留学的时候，希望在创作上有所突破。当时有多种艺术形式摆在他面前，如中国画派、日本画派，还有来自西方的画派。他说这有点像是在饭店用餐的时候，餐桌上有中餐、日料和西餐供人选择。如果顾客是你，你会选择其中的哪一种呢？蔡国强没有选择其中的任何一种，他的想法是把桌布抽掉。抽掉桌布意味着完全放弃原来的参考系，不往自己身上贴中国画派、日本画派或西方画派的标签。撕掉标签的蔡国强打破了既有画派的限制，创造了另外一种全新的艺术形式。这种独特的创作方式为他赢得了极高的赞誉。

突破思维局限的第三种方法是撕掉标签，这要求我们撕掉自己的学科标签。学科标签往往会把人的思维局限在某个学科内，使人们在解决问题时很难取得突破。在 20 世纪 70 年代，机器翻译是通过对语义和语法规则的研究来实现的，这个领域里的研究者都是语法和逻辑学方面的科学家。当时机器翻译的相关研究一度陷入停滞，直到科学家贾里尼克到 IBM 公司的机器翻译实验室领导工作，机器翻译领域才再度取得跨越性的突破。贾里尼克试图从通信学和机器统计的角度来看待机器翻译的问题，这样的思维方式撕掉了机器翻译必须由语法学家和逻辑学家来解决的标签，最终他利用统计学和机器学习的相关原理解决了机器翻译的问题。

创新就是从撕掉标签的那一刻开始的。撕掉自己身上的标签，特别是学科标签，

是激发自己创新思维的非常好的方式。希望大家通过学习本书提供的方法，能够撕掉自己的学科身份标签，跳出局限，从解决问题的角度来看待和整合自己的知识体系，这种不受限制的思维方式一定能帮助你在更广袤的思维空间找到问题的答案。

2.4　培养创新心智模式

前文所举的例子都说明，创新首先需要创新者对新事物充满好奇心，这是驱动力。第二点就是要善于观察，善于发现问题，找到解决问题的关键。第三是要善于进行系统思考，善于通过思考找到问题的根本，以知识积累为基础进行不断的思考，才能真正解决问题。因此，我们把创新心智模式总结成具有好奇心、洞察力和思考力。

培养自己的创新心智模式是从创新要素的几个方面来着手训练的，即好奇心训练、洞察力训练和思考力训练，以提升自己的创新能力。

2.4.1　好奇心

好奇是人的天性，这和前文中提到的创造是人的天性相一致。我们发现，婴儿的眼睛非常明亮，总是对周围的一切充满了好奇，对周遭事物的好奇是每个人生来就有的特质。从生存的角度讲，好奇是人生存的基础。因为我们人类作为生物要在这个星球上生存，就必须识别危险，这个过程需要好奇心的参与。试想在远古时代，我们的祖先在森林里生活，那里每时每刻都充斥着各种野兽和危险因素。如果人类没有好奇心，就会对危险视而不见，那么可能连生存都成问题了。好奇会让我们发现危险，避开危险，从而增加生存的可能性。另外，如果没有好奇心，人类是不可能在物种竞争中胜出的。例如钻木取火（图 2-11），那是因为人类看到闪电点燃了枯木，从而产生了好奇：为什么大自然能制造火？我们能不能制造出火呢？诸如此类的好奇心使人类在不断反问自己中变得愈发强大。

但是好奇心是可能停止的，有个成语叫"四十不惑"。许多成年人对世界慢慢失去了好奇心，他们会觉得所有的事情都

图 2-11　钻木取火

是理所当然的，对他们来讲，"天底下无新鲜事"。我们不禁疑惑，与生俱来的好奇心为什么会停止呢？答案很简单，因为我们要养家糊口，满足生计，还要满足欲望。当单调的生活一天又一天重复上演，当我们为了解决自己的生活需求被世俗之物绊住了脚步的时候，我们就不再对世界充满憧憬和好奇，创新能力也就随之消失了。

那么，我们应该怎样重拾好奇心呢？

好奇心消失有一个很大的特点，就是停止提问。当一个人停止提问，好奇心就消失了。人没有好奇心就失去了探索的动力，就会停止思考，也就失去了创造的可能。其实这就是小孩与成人最大的区别，孩子的小脑瓜里有着"十万个为什么"：人为什么会长头发？天空为什么是蓝色的？为什么雨点是往地面落而不是往天上飞？他们童真的问题看似天马行空，其实追溯其根本也是自然科学的体现，这是他们被好奇心激发出的学习动力。所以要想重拾好奇心，不仅要训练自己的孩童视角，还要学会提问。

能力训练　好奇心训练：孩童视角

成年人要想重拾好奇心，就需要向孩童学习，让自己找回孩童的心态，用孩童的眼光去重新打量这个世界，我们把这种训练方法叫作"孩童视角"。

在接下来的一个星期，请大家尝试用孩童的眼光来打量这个世界，仿佛我们刚刚来到这个世界，不带任何先验知识，用全新的眼光去看周围的事物。同时，请大家怀着喜悦的心情来打量这个世界，不要带任何成见。这是非常好的激发自己好奇心的训练，使用这种方法勤加练习，你一定会有所收获。希望这种方法能打开各位读者好奇的视野，再次开始自己的探索之旅。

我们借助"探索漫步"来训练自己的好奇心，训练过程主要是用孩童视角来打量这个世界。首先找一个相对安全、有较多植物的场地，可以是公园里的花园或小区的公共绿地，整个训练过程为 10 ~ 15 分钟。

（1）找一个安静的地方闭上眼睛，想象自己是个刚出生的婴儿，刚刚降临到这个世界的一个陌生花园中。

（2）仍然保持闭眼的状态，做两次深呼吸。问问自己闻到了什么气味，是花香吗？是什么植物发出了这种味道？再做两次深呼吸，感受这种气味。

（3）慢慢睁开眼睛，想象自己从来没有来过这里，也从来没有看到过这里的植物，这里的一切对自己都是新鲜的。

（4）怀着愉悦的心情在花园里散步，如果发现一棵树，请停下来。你慢慢地用手触摸树叶，它们那么柔软，那么透绿；你慢慢地触摸这棵树的树皮，感受那粗糙的表面。你可能会问自己：这是什么样的神秘植物呢？它们是什么时候来到这颗星球的？它们能长多高？它们能活多久？

（5）继续往前走，你可能会注意到地上的一粒石子，你轻轻地把它放在你的手心。观察这颗石子的形状和颜色，感受它在你手里的感觉，是冰冷的还是温润的？是粗糙的还是光滑的？你好奇它们来自哪里？它们是地球诞生的时候就存在还是来自更古老的星球？

（6）你在花园里漫步，眼前的一切都是那么新颖，你对这里的一切充满了好奇。继续保持这种婴儿视角的状态，并充满喜悦地去发现其他的花草或小动物。

2.4.2　洞察力

接下来我们谈谈如何增强自己的"洞察力"。

我们发现，善于创新的人身上都有惊人的洞察力，他们能洞察细节，看到隐藏在问题背后的深层次的问题。

图 2-12 是微信的开屏画面。为什么画面上是一个地球和一个人的剪影？稍加思索就不难发现，这张图背后隐喻的是人类的孤独感。人生来就是孤独的，每个人都渴望着与这个星球上的其他人产生联系。微信的创始人张小龙有着敏锐的洞察力，他觉察到了人类需要相互连接的内心需求，从而开发了微信这款产品，现在微信成了使用频率最高的手机应用之一。

达尔文在谈创新的时候曾说："我既没有突出的理解能力，也没有过人的智力，但是在观察稍纵即逝的事物和进行精细洞察的能力上，我可能在众人之上。"抓住稍纵即逝的东西可能就意味着抓住了灵感，那个灵感就可能是一个创新的点。从这个意义上说，创新可能跟智力和理解能力都没有太大的关系，而是跟我们的洞察能力息息相关。那么如何训练自己的洞察力呢？

图 2-12　微信开屏画面

有一种训练方法叫信息降维法，能够非常好地提升大家的洞察力。它的心理学机制是这样的：我们先看图 2-13 左侧的图，我们很容易从方框中的所有图形中找到红色的圆点，因为只有一个红色的圆点，其他的都是黑色的方块。现在请看图 2-13 右边这幅图，如果要你从这幅图中找到红色的圆点，相比之下可能就困难得多。因为有许多红色的方块，它们和我们要找的红色圆点在颜色上是类似的，这对我们的观察产生了干扰。产生这种情况的原因在于，在做选择时的那一瞬间，人的注意力只能聚焦在一个点上。人的注意力就像探照灯一样，一次只能照亮一部分区域。如果我们把注意力分散，那么每一个点得到的聚焦都不够，我们反而一个点也看不到。

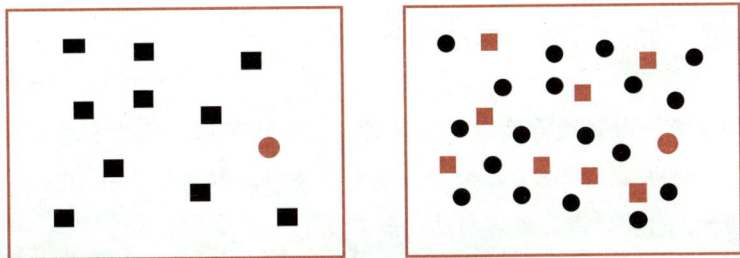

图 2-13　"信息降维法"示意图

在观察时也是一样的道理，如果我们观察的维度过多，就可能因为需要处理的信息太多而导致观察效率下降。此时如果尝试把所需信息的维度降低，我们就可以聚焦在信息的某一个维度上，从而更容易找到我们想要的答案。降维法是我们在观察问题时的一个关键方法。

笔者在训练自己的讲课能力时就运用了这种方法。最开始，我会用录像机录制自己的讲课过程，通过在课后反复观看自己的讲课视频，发现了很多问题，比如自己的仪态、表情、手势和声音的配合问题等，然后我再根据这些问题进行有针对性的训练，这对我自己讲课能力的提升有很大的帮助。在制作慕课的过程中，需要把课程的视频文件转为音频文件，之后再转成文字。当我把"三维"的视频变成"二维"的声音时，其实就是在做信息的降维处理。在这个过程中过滤了图像信息后，声音信息被凸显出来，这时我注意到自己讲课时的声音不太具备感染力，语调的起伏不足，于是我又在声音的抑扬顿挫上做训练。

最后，当我把二维的声音变成一维的文字的时候，信息就再次被压缩和简化了。原来的语音信息被过滤掉，只留下了讲课的结构和思路，这又暴露出许多原来没有注意到的问题，比如课程内容的组织还不够紧凑、结构还不是很合理等。于是，我开始注重提升自己课程结构的逻辑性和完整性。

通过这个例子大家可以发现，我们可以通过信息降维的方式把信息的复杂度降低，这样一来，一些平时察觉不到的细节信息就会凸显出来。这是一种很好的提高洞察力的方法，希望大家多加练习。

洞察力是对问题的细节和发展过程细致观察的一种能力，这种能力可以通过训练自己平时对事物的细节进行观察来提高。心理学研究发现，当人们的注意力提高的时候，对事物细节的认知能力会有所提高。那么，怎么来提高自己的注意力，进而提升洞察力呢？

能力训练 洞察力训练：专注呼吸

心理学中有一种通过专注呼吸来提高注意力的训练，核心方法是用关注自己"呼吸感受"的办法来训练自己的专注能力，整个过程持续 7 ~ 10 分钟。这种方法可以通过自我引导完成，训练的过程如下。

（1）首先，坐在椅子上，稍微挺直背部，让背部离开椅背。放松腹部，手放在大腿上，双脚轻轻放在地板上，距离与肩同宽。轻轻闭上双眼，但让自己保持在清醒状态。

扫码看资料

（2）用意识关注自己身体的感觉，感受接触周围环境的感觉，例如脚踩在地板上的感觉、手放在大腿上的感觉和坐在椅子上的感觉。

（3）保持均匀呼吸，把注意力放在自己的呼吸上，用心感受每一次呼吸通过鼻腔的感觉。可以用拉长自己呼吸的方式更仔细地感受呼吸时气流在鼻腔和上唇产生的细微变化，从而提升自己注意细节的能力。

（4）一旦发现自己开始跑神，不能专注在自己的呼吸上，不需责怪自己，只要把注意力重新放到呼吸上就可以了。

该训练需要注意两点：第一，这个训练是心理学的训练方法，一次或几次训练可能并不能带来明显的变化，一般需要持续训练两周左右才能体会到注意力和观察能力的提升；第二，这个训练是通过持续地专注呼吸来提升自己的专注能力，有的人在训练后会觉得自己的睡眠改善了或产生身体发热的感受，这些感受是正常的，但不是训练的重点，在训练中可以忽略这些感受。

2.4.3　思考力

在之前我们提到，思考力实际上才是真正能让我们产生创新的核心能力。为了学习和提升思考力，我们首先要清楚什么才是真正的"思考"。

著名的"一万个小时定律"指出：要想在某一个行业成为专家，需要在这个行业工作一万个小时左右的时间。有人理解为通过一万个小时的积累，我们自然就能成为行业的专家了。这一认知显然是有误区的。如果只是从事简单重复的劳动，而没有思维的升华和提高，即使一个人在某个行业认真工作超过一万个小时，也未必能成为专家。

有一部电视剧，主人公在一个大公司努力打拼了 10 年，到头来仍然是一个小职员。他非常委屈，明明自己很专注、很努力地工作，却依然得不到晋升。其实大部分普通人都面临这样的命运。很多工人在富士康的流水线上（图 2-14）工作的时间已经远不止一万个小时，他们当中的大部分人成为行业专家了吗？答案显然是否定的。即使他们已经把自己训练成完成特定工序的"机器人"，也无法成为专家。

究其原因，大部分人在一个行业中一直在做的是简单重复的工作，并没有深入思考这个行业的本质。所以我们说，成为行业专家靠的不是简单的重复，而是高效的思考和认知水平的升级。提升自己在这个行业的认知能力，才是关键。

图 2-14　富士康流水线

那么怎样通过系统的训练达到认知升级的目标呢？

这里以发明飞机的过程为例，谈谈认知升级过程。最开始人们发现鸟是靠翅膀飞行的，因此人们自然而然地认为如果人插上翅膀一定也能飞行。于是就有人将翅膀绑在身上做实验，从很高的悬崖跳下去，结果可想而知。当人们结合知识和经验整理思路，并通过系统的思考和对飞行的原理有一定深入的认知后，才发现鸟能够飞行是因为鸟翅膀特殊的构造：当翅膀扇动时，翅膀的特殊结构会在翅膀上下产生一种压力差，正是这个压力差产生的力量把鸟托了起来，使鸟可以飞行。于是，人们创立了一门新的学科——空气动力学，最终成功发明了飞机。

在我们进入一个行业时，必须深入了解这一行业，思考行业背后的实质是什么，其中的规律又是什么。毫不夸张地说，创新都是在认知升级的过程中产生的。比如现在出现的无人售货超市（图 2-15），即所谓的"新零售"现象，有的人认为新零售产生的原因是线上零售成本太高，因此就将零售搬到了线下，但事实显然不是这样的。"马云们"做新零售的目的是寻找商业模式升级的新方向。新的线下零售店跟传统商店有很大的不同，"新零售"商店里铺满了传感器，能够对购物者的购买能力和购买行为做出非常细致的分析。

图 2-15　无人售货超市

零售业如何才能更有效率，是企业家们一直在思考的问题。现在他们发现，深入地了解用户是提高效率的关键。在智能时代，用物联网的方式来得到用户的信息是一个很不错的主意。设立新的商店，目的就是更了解用户的购物行为模式，收集相关数据，从而为精准营销做准备，这是以前的销售模式办不到的。认知不一样，大家看到的原因及做出的对策就不一样。

心理学上有一个概念叫"深度工作"，与这里谈的系统思考和认知升级是对应的。深度工作是指人们对知识和行业的思考需要不停地升级，这些思考和认知不是停留在一个水平上，而是像螺旋的楼梯一样不断向上的。

大概 5 年前，笔者指导过一个创新项目，项目成员想做视频弹幕（图 2-16）。当时我是比较排斥弹幕的，在我看来，弹幕把整个画面都破坏了，不仅影响视频的正常观看，也很不符合审美要求，对于有密集恐惧症的人来说简直是一种伤害。当时我坚信没有人能接受这种东西，于是劝阻过该项目的进行。但当下的事实是，视频弹幕大行其道。究其原因，是我的认知没有跟上时代的潮流。在观看视频的过程中，"90 后""00 后"更看重的是他们的参与感和自我表达，在观看视频时他们需要与其他人有互动，需要表达自己观点，这才是他们的核心需要。至于画面是不是被破坏了、剧情是怎样的，这些并不是他们最关注的内容。

图 2-16　弹幕页面

因此，在一个领域，我们必须不停地提升自己的认知水平，这才是提高思考能力的关键。对一门新知识或一个行业的认知过程是一个不断重新思考和再认识的过程。如果没有思考和再认识，只是一味地简单重复，是产生不了任何创新的。所以，要想成为一个行业的顶尖高手，就必须不停地去系统思考，升级自己的认知并将自己的想法付诸实践，只有这样才能达成目标。

思考力是创新最核心的一种能力。在这里，笔者结合自己的实践，给大家提供一些训练思考力的方法和思路。

有一个训练系统思考力的方法是"关注问题背后的问题"，就是找出所有问题的共性和背后的实质。举个例子来说明：赫伯特·西蒙（中文名：司马贺，图 2-17）是 20 世纪 50 年代美国杰出的科学家，人工智能的奠基者之一。令人不解的是，他是芝加哥大学的政治学博士，却在卡内基梅隆大学教授政治学和计算机。他既得过诺贝尔经济学奖，又得过图灵奖。他为什么能横跨这么多学科，而且取得这么高的成就呢？仅仅用智力超群来解释显然是不够的，一定有什么更深层次的原因促使他取得这些成就。

赫伯特·西蒙一生都在思考一个终极问题：人类行为的基本模式是什么，并试图给出答案。这个问题的核心就是探索人的认知模式，简单来说就是弄清楚人是怎样认识世界的，这是他思考的最底层。他把问题放在人类的共性视角去思考，关注的是问题背后的问题。他对经济学领域的探

图 2-17　赫伯特·西蒙

索，对人脑的探索，对人的认知行为的探索，都在试图给出这个终极问题的答案。最终，通过对这个底层问题的思考，他开创了人工智能中的认知计算领域，并获得了图灵奖。

我们总是习惯把自己放在某个特定的领域，这一点通过自我介绍时的语言体现得淋漓尽致。当我们介绍自己时总会说"我是金融专业的""我是学计算机的"等，诸如此类的言语其实就是给自己加上了限制。而且，我们总是在想怎么去解决一个具体的问题，比如一个计算机问题、一个经济学问题，这种思考模式我们称之为"问题解决式"的思考模式。但大家有没有想过，计算机和金融背后的本质问题是什么？我们想解决的根本问题又是什么？当我们把问题放到一个更深的层次去思

考时，答案可能就不一样了。

对赫伯特·西蒙而言，最重要的是搞清楚所有问题背后的问题，某一个具体的领域反而不再重要。我们把这种模式称为"问题引领式"思考模式，这种思考模式会打破我们的认知界限，用更深层次的人类整体视角去思考问题的本质，这会让我们在一个更宏大的背景和更广袤的领域找到自己的创新点，这就是所谓的思考力。

乔布斯一生创造了许多明星产品，是什么动力驱使着他一生都在不断地进行创新和探索？使用过苹果公司产品的人会发现，其所有的产品都是在为提高人们的工作效率服务。乔布斯看起来有着无穷的创造力，原因就在这里：他一直在追问问题背后的问题，他思考问题的底层逻辑是"用产品去改变世界"，这也塑造了他的产品哲学。正是这种"问题引领式"的思考模式让他走上了不停创新的道路。

在现实生活中我们看到，有很多公司做出过好产品，但接下来却再也没有第二个、第三个更好的产品。因为它们只想着用"酷炫"的技术和算法做出一个所谓的"爆款"，对于这个产品背后深层次的问题却没有做系统的思考，这是它们创新持续性不够的主要原因。

能力训练 思考力训练：问题剖析

对问题求解的过程是一个典型的训练思考力的过程，你可以通过追问自己项目的本质来训练思考力，一般可以从以下几个角度来进行追问。

扫码看资料

（1）目前的项目要解决的主要矛盾是什么？这个矛盾是其他矛盾引起的还是根本性的矛盾？

（2）针对这个矛盾你认为最核心的问题在哪里？你准备用什么创新方法来解决这个矛盾？

（3）创新方法中的核心创新是什么？它是可以实施的吗？

（4）实施这个创新方法是否具有挑战性？挑战性在哪里？挑战难度足够大吗？

（5）这个创新方法能够取得什么样可预见的效果？

在对项目的连续追问下，对问题的思考自然会往深处走，自己对问题的本质也会把握得更清楚。

2.5　典型的创新思维方式

接下来我们将谈到培养创新思维方式的最后一个板块，即介绍 3 种典型的创新思维方式。这 3 种思维方式分别是组合思维、类比思维和逆向思维。这些思维方式能够让我们快速产生创新想法，提高创新的效率。大家可以把这些思维方式应用在创新项目当中，应用在学术研究当中，甚至应用在我们的生活当中，一定会取得意想不到的效果。

2.5.1　"跨界叠加"的组合思维

首先，我们来谈谈组合思维。

日本著名的企业家高桥浩认为，创新的原理是信息的截断和再组合，把集中的信息分散开，以新的观点再将其组合起来，就能产生创新。瑞士军刀把勺子、叉子、锯子甚至开瓶器和小刀组合在一起，是最典型的组合案例。爱因斯坦说，"组合"是创造性思维的本质特征。简单的组合有时会产生让人惊叹的效果，比如计算机和电话的组合产生了我们这个时代最伟大的电子产品——智能手机，并开启了"互联网 +"时代。

有时候，很多看起来毫不起眼的两个元素叠加在一起，也会产生巨大的"威力"。如创业者邢凯发明了一种绿色拉链纸箱（图 2-18），这种纸箱就是在包装纸箱上面加了一个特别的拉链，让人能够很轻易地打开包装，正是这个组合产品打动了马云，让邢凯成了阿里包裹的独家供应商。

当然，最好的组合方式是跨界组合，就是在两个完全不相干的领域分别提取元素，并把它们放在一起。比如矿工灯就是把聚光灯和头盔组合在了一起，解决了井下采矿的照明问题；上一节我们谈到蔡国强把国画和焰火组合在了一起，创造了无与伦比的独特艺术；苹果笔记本电脑的充电器接口是带磁铁的充电头，只要把充电头轻轻地放在笔记本电脑充电口上，它们就能稳稳地吸合在一起，简单又牢靠，这个产品就是磁铁和充电头的组合，这样的组合使苹果公司的产品在众多竞品中建立起辨识度，筑起了一道专利防线，

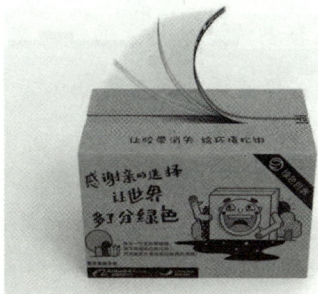

图 2-18　绿色拉链纸箱

是一项了不起的创新。

笔者在一次去香港地区旅行的途中，发现了一款比普通电子手表贵了将近四倍的非品牌手表，为什么价格差异如此之大呢？原来这种电子手表除了可以计时以外，还通过电子技术集成了香港地区的八达通公交卡，使用者可以用手表来支付公交卡费，这样就大大方便了经常乘坐公交的人。这是典型的跨界组合，把计时功能和付费功能组合在了一起，这个简单的组合大大地提高了商品的价值。

除此之外还有很多跨界组合的例子。现在方兴未艾的智能驾驶汽车，是智能技术与汽车的组合。如果无人驾驶技术得到普及，会出现什么样的组合呢？当人们从驾驶的工作中解放出来时，汽车的驾驶属性就减弱了，而空间属性则得到了一定的加强，这样一来汽车实际上变成了一个行进的空间。人们可以在这个空间里加入任何其他功能，这样就把移动空间与其他功能组合在了一起。比如当加入办公设备以后，车就变成了移动办公室；如果加入影院设备，车就变身为移动的私人影院；如果加入健身设备，车就可以成为移动健身房。可以想象，早上上班的时候，我们可以通过手机预订一辆有健身功能的无人驾驶车，在汽车开往办公室的途中我们可以同时完成健身运动；在下班回家的路上可以放松一下，预订一辆有练歌房功能的无人驾驶车，一路唱着歌回家；甚至可以预订一辆有火锅烹饪装置的无人驾驶车，这样就能一路"吃着火锅唱着歌"回家了。这种想法在现在看来是有些天马行空的，但笔者相信，随着无人驾驶等相关技术的成熟，只要拥有市场，这些车载空间一定是存在可能性的。

在智能时代，用组合来进行创新的思维方法无处不在。我们将在机器学习章节提到的神经网络，其结构也是运用组合思维方式搭建的。

能力训练 组合思维训练：16个圆圈

组合思维是对单点思维的突破，我们采用图形设计的方式完成组合思维能力的训练。该训练可由教师引导学生在课堂上分组完成，5～6人组成一个小组，组内同学一起思考并完成训练。整个过程大概45分钟，具体步骤如下。

（1）首先，把16个圆圈均匀打印在一张A4白纸上，每排4个圈，一共4排。在课堂上把纸发给各组，每组3张。

（2）用其中的一张白纸进行创作，要求每一组在其中一张纸上利用16个圈拓展得到 16 个不同的图案，先完成的小组胜出。

（3）用剩下的两张白纸进行组合创作，要求每一组用 16 个圆圈尽量多地组合出不同的图案，这些图案没有限制，可以是任何大家认知中的图案。组合最多的小组胜出。

（4）引导每组同学分享自己的方案，并探讨组合思维对问题解决起到了什么帮助。

2.5.2　"迁移学习"的类比思维

爱因斯坦曾说："找到事物之间的相似性就可能触发一系列创新。"类比思维就是这样一种通过寻找相似性寻求创新的思维。所谓类比思维，就是通过对某个领域的现象进行观察，找到规律并形成知识，并把这种知识运用在其他领域中的思维。

鲨鱼皮泳衣就是运用类比思维发明的产品。人们发现鲨鱼在水中游动的时候受到的阻力非常小，通过显微镜观察发现鲨鱼皮肤有一种特殊的结构，这种结构会降低水对身体的阻力。仿照鲨鱼皮肤的结构，人们发明了鲨鱼皮泳衣，它可以大大降低身体与水摩擦的阻力，从而大幅提高人的游泳速度。

另一个典型的利用类比思维的发明是内窥胶囊。我们知道内窥镜很早就有了，但是由于内窥镜本身比较大，而且是刚性结构，在观察一些像消化器官这样的内脏器官时仍然是不方便的。因为有的消化器官是柔软的螺旋状结构，刚性的内窥镜很难进入观察。

为了解决传统的内窥镜设备无法观察消化道的问题，以色列的一家公司发明了一种具有探测功能的内窥胶囊设备。如图 2-19 所示，这种胶囊跟我们平常服用的药物胶囊非常相似，可以直接吞服进入人体的消化道。这种思路显然是通过类比一般的口服药物胶囊得到的。另外我们看到，在内窥胶囊的内部安装有微型摄像设备，而且有小型的马达，医生可以通过遥控手柄来调节内窥胶囊在消化道行进的速度，并随时采集医学图像。这个创新其实是类比科学探测飞船得到的灵感，只不过这个"飞船"是在人体中进行探索罢了。

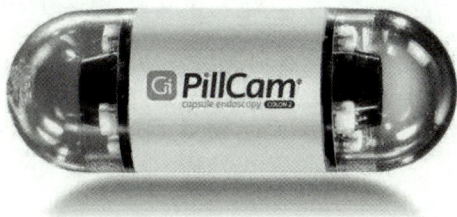

图 2-19　内窥胶囊

还有一个经典的通过类比思维得到的创新方法，就是流水线结构的运用。在19世纪，工人们的工作效率很低，管理学之父泰勒用科学的方法研究工人的劳动效率问题，其中一个著名的实验就是铁锹实验。通过实验他发现，如果把工作细分成多个工序，并且把每一道工序标准化，并为每个工序分配专门的工人，与此同时做到工具标准化和操作标准化，这样就能大大提高产值。这种工作方式就是流水线工作方式。

这种标准化的思想很快就被福特用在了他的汽车工厂里。通过类比，福特创造性地把自己的汽车工厂按流水线的方式重新组建成多个独立的部件车间，比如发动机车间、车身车间、轮胎车间等。他也把类比思维用在了工程管理上，采用泰勒的流水线方式管理车间，让造车的不同工序可以在独立的车间完成。这样一来，汽车不同部件的生产可以同时进行，从而大大提高了汽车生产的效率。

我们知道，智能时代到来一个关键的技术原因是计算机计算速度的提升。计算机的计算中心是 CPU，CPU 的计算速度之所以能在迭代的过程中有如此大的提升，有很大一个原因是设计者们运用了类比思维。如果把 CPU 看成是计算工厂，把在 CPU 中执行的指令看成是这个工厂加工的零件，就可以利用福特的汽车生产流水线的方式来提高指令的执行效率（图 2-20）。

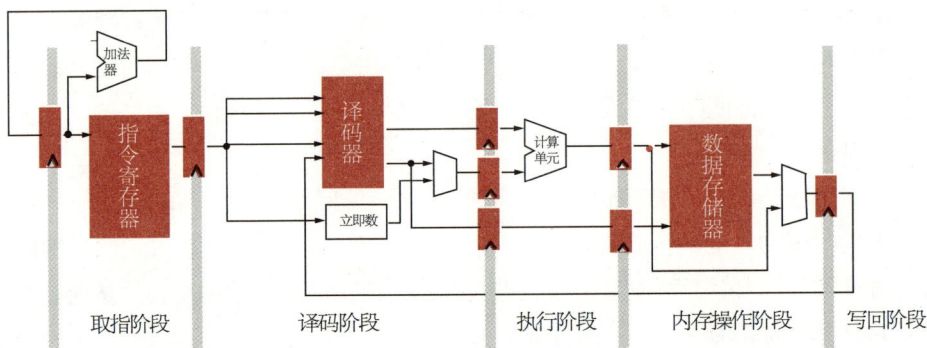

图 2-20　CPU 内部的指令流水线与 T 型车生产流水线

图 2-20　CPU 内部的指令流水线与 T 型车生产流水线（续）

具体原理是这样的：最开始，指令在 CPU 中的执行都是串行的，一条指令执行完才能执行另一条指令，这种方式就像是整个造车工厂是一个整体，没有分成多个独立的车间，工厂的工作方式是一次只造一辆车，造好了才能造另外一辆。在 CPU 里，这种串行的指令执行方式效率非常低。而体系架构设计师们把流水线的思想运用在 CPU 的结构里，把指令执行的过程分成了取指、译码、执行、存储和写回这 5 个独立的阶段，并且专门设置独立的部件来执行这些任务，这样一来，这 5 个过程就可以单独执行了。不同指令就可以充分利用这些资源，从而产生多条指令并行执行的效果。现代的 CPU 都运用了这种多流水线的并行结构来加快指令执行的效率。这种设计其实就来自于泰勒把工作流水线化的朴素思想，这是典型类比思维的运用，是把流水线模式搬到了计算机核心部件设计上的案例。

能力训练　类比思维训练：用类比描述学科

请用一个生活中熟悉的例子来描述自己所学专业的一个抽象概念。例如电子信息专业的同学可以用水管中的水来类比电路中的电流；计算机科学专业的同学可以用蜘蛛网来类比互联网的网络拓扑结构。在类比的同时要描述这两者之间的相同和不同之处。

2.5.3　"反其道而行之"的逆向思维

最后，我们来谈谈逆向思维。

请看图 2-21，如果按正常的方式来看，画面上是一位老太太，而当我们把这幅图颠倒 180 度来看时，老太太就变成了美丽的皇后，这说明看问题的角度不同，对问题的理解也不同。这种思维方法的特点就是用一种"反其道而行之"的视角来看问题，从而得到解决问题的独特方式。

图 2-21　从不同方向看会呈现不同人脸的肖像

司马光砸缸（图 2-22）救人的故事就是逆向思维很好的诠释。当司马光的小伙伴失足掉进水缸里时，其他伙伴首先想到的是把人从水里捞出来，也就是让人离开水。但司马光却"反其道而行之"，用石头把水缸砸开，让水离开人，这是典型的逆向思维方法。

在农业上有个著名的逆向思维案例。我们知道，大规模农业种植的特点是广泛采用机械化生产，可当人们使用机器大规模采摘西红柿时却出现了麻烦，因为西红柿的表皮比较柔软，机器采摘时抓力太大，会把西红柿弄坏。那么如何解决这一难题呢？从一般的思维方式来想，可以研究一种带柔软抓手的采摘机器人，但这样做的成本太高了。如果用"反其道而行之"的逆向思维就不难想到，可以培育表皮硬度能够承受机器采摘的硬皮西红柿。现在这种叫"桃太郎"的硬皮西红柿已经培育出来了，并且实现了大规模的农业种植。

图 2-22　司马光砸缸

还有一个关于逆向思维的经典故事。李维斯牌（Levi's）牛仔裤创立于 19 世纪的美国，其创始人李维斯起初在旧金山卖帆布帐篷，但是销量并不好，经常滞销。当时的美国兴起了一股淘金热，而李维斯并没有加入淘金大军，他通过观察发现淘金者因为在旷野工作，裤子很容易磨破，而且传统的裤兜太小，装不下挖出来的矿石。聪明的李维斯"反其道而行之"，在大家都涌向金矿时，他用滞销的帐篷材料给淘金的人设计了一种特殊的裤子，这种裤子不仅耐磨而且有巨大的裤兜，这就是现代牛仔裤的雏形。淘金的人蜂拥而至，买空了他的牛仔裤。结果，大多数淘金者并没有发现什么金矿，而李维斯却发了财，创立了 Levi's 这个传奇牛仔裤品牌。

李维斯的传奇故事能够给我们很大的启发。在这个大众创业、万众创新的时代，我们也可以用这种"反其道而行之"的思维方式成就我们自己的一番事业。

创新思维方式当然不止我们谈到的 3 种，奥斯本检核表法[①]包含了 9 种创新思维，也包含了我们在本章讨论的类比思维、组合思维和逆向思维（或颠倒思维）。不过我们认为这 3 种思维方式是创新思维中最核心也是运用最广的，因此把它们提炼出来并提出了我们自己设计的训练方式。希望读者能聚焦这 3 种主要的创新思维，并把它们运用在自己的创新创业项目中。

扫码看资料

能力训练　逆向思维训练：用逆向思维切入创业

当下，创业是个非常热门的话题，创业者如过江之鲫。如果你也准备投身创业浪潮，在当前这种形势下，逆向思维会给你什么启发？你打算从什么角度切入创业浪潮？

另外，对以上 3 种能力的综合训练可通过奥斯本检核表法完成。

2.6　延伸阅读与思考

蚁群算法

比利时布鲁塞尔自由大学的多利哥（Dorigo）、曼尼佐（Maniezzo）等人在研究蚂蚁觅食的过程中，发现单个蚂蚁的行为比较简单，但是以群体形式出现时就会体现一些"智能"的行为。例如蚁群可以在不同的环境下寻找到到达食物源的最短路径。他们猜想出现这种现象的原因是，蚁群内可以通过某种信息机制实现信息的传递。经进一步研究发现，蚂蚁会在其经过的路径上释放一种被称为"信息素"的物质，蚁群内的蚂蚁对"信息素"具有感知能力，它们会沿着"信息素"浓度较高的路径行走，而每只路过的蚂蚁又会在路上留下新的"信息素"，这就形成一种类似正反馈的机制，如此一来，整个蚁群就会沿着最短路径到达食物源了。

蚂蚁能找到最短路径要归功于信息素和环境。假设有两条路可以从蚁窝通向食物，开始时，两条路上的蚂蚁数量差不多。蚂蚁到达终点之后会立即返回，距离短的路上的蚂蚁往返一次的时间短，重复频率快，在单位时间里往返的蚂蚁数目就

[①] 奥斯本检核表法是根据需要解决的问题或要创造发明的对象列出有关问题，逐个对它们进行分析和检验，并从中获得解决问题的方法和创造发明的设想。

多，留下的信息素也多，就会吸引更多蚂蚁选择这条路，留下更多的信息素。同样的道理，距离长的路留下的信息素就会更少，因此越来越多的蚂蚁会聚集到最短的路径上来。

由此，多利哥、曼尼佐等人于 20 世纪 90 年代提出了蚁群算法 (Ant System 或 Ant Colony System)。这是一种用来寻找优化路径的概率型算法，基本思路为：用蚂蚁的行走路径表示待优化问题的可行解，整个蚂蚁群体的所有路径构成待优化问题的解空间，选择较短路径的蚂蚁在该路径上留下的信息素量较多，随着时间的推进，较短的路径上累积的信息素浓度逐渐增高，选择该路径的蚂蚁个数也愈来愈多。最终，整个蚁群会在正反馈的作用下集中到最佳路径上，此时对应的解便是待优化问题的最优解。

蚂蚁具有的"智能"行为得益于它的多样性和正反馈，这产生于其简单的行为规则。多样性是一种创新能力，使蚂蚁不会走进死胡同而无限循环；正反馈是一种学习强化能力，使优良信息保存下来，两者的结合使"智能"行为涌现。但值得注意的是，必须是巧妙的结合才能激发蚁群的"智能"行为，而不平衡不协调的结合会给蚁群带来巨大伤害：如果多样性过剩，系统过于活跃，会导致蚁群出现过多的随机运动，系统陷入混沌状态；如果多样性不够，正反馈过强，会导致僵化，蚁群不能做出相应的调整以适应环境变化。

蚁群算法的应用十分广泛，近几年，越来越多的学者开始关注其在网络路由中的应用，由此产生了新的基于蚂蚁算法的路由算法。同传统的路由算法比较，该算法在网络路由中具有信息分布式性、动态性、随机性和异步性等特点，而这些特点正好能满足网络路由的需要。

思考

上述材料中描述的蚁群算法是一种仿生算法，广义上也可将其归于智能算法。请查找关于蚁群算法的更多资料，并结合本章内容思考这种算法来自于哪种创新思维方式的启迪？请在此基础上思考，在你所在的专业或领域里是否还有其他来自于这种创新思维方式的算法或方法。

　　创业的路上不可能一帆风顺，创业者们要随时准备好迎接各种各样的困难和挑战。路漫漫其修远兮，在看到创业成功的曙光前，道路往往是崎岖难行的，此时，身边是否有可靠负责的创业伙伴、背后有没有一个坚实的创业团队，将直接影响创业过程的发展轨迹，并在很大程度上决定了创业能否成功。在第 3 章，我们将近距离接触创业实战，从创业者自身素质以及创业团队的角度来探讨创新创业的相关要点。

3.1　开篇案例与概述

"创业小英雄" ——叶礽僖[1]

　　有一位来自中国香港地区的 13 岁小女孩[2]，她叫叶礽僖 (Hillary)。2017 年 5 月，她开发了一款 App，功能是帮助全球的小朋友在线聊天、互动学习。目前她拥有来自 20 多个国家和地区的将近 5000 名用户，成为年纪最小的创业家、CEO。她被马云的阿里巴巴创业者基金、硅谷奇点大学等多个机构和论坛邀请去做演讲、与企业家对谈。并且她每周都会和中国香港地区的创业家见面，与各位"业界大佬"探讨公司的发展。一年前，她因为在学校遭到霸凌，在父母的支持下选择退学，在家自学，同时利用其余时间完善 App，以及坚持自己的两大爱好——读书和辩论。

　　以下是 Hillary 的自述。

---

①资料自搜狐网，略有改编。

②文章发布时间是 2018 年。

我是 Hillary，今年 13 岁了。我在 10 岁时，参加了一场创业比赛。当时我根本不懂什么是创业，只是觉得能提出自己的想法挺酷的。而创建 MinorMynas（即上文提到的 App 名字），就是在比赛后开始执行的。

MinorMynas 是一个全球儿童社区，可以给小朋友们提供真实的在线聊天、互动学习的环境。最初萌生开发这个 App 的想法，是在我学普通话的时候。我从小在英文环境中长大，两年前妈妈把我送进了普通话培训班。在班上我认识了来自世界各地的小朋友，这也是我第一次感受到语言的力量。语言可以帮助我们分享经历，帮助我们对话交流。

于是在 2016 年 9 月，我开始着手这个项目。我策划所有的方案，找了一个技术团队为我编写代码。2017 年 5 月，MinorMynas 正式发布了，只要是 18 岁以下的小朋友都可以使用。它有很多不同的聊天群组，有讲解难题的、分享图片的、探讨政治的等。有一次中国台湾地区地震，我们的用户里有一位中国台湾地区的小男生，于是所有人都在询问他的情况，关心他是否安全。我们的用户通过 App 成了真正的朋友。我们生活的这个世界依然有很多的社会分歧，这些问题存在于政治、种族、文化等各个方面，而我认为解决这些问题最好的办法就是通过儿童，因为我们年轻，拥有着最开放的思维。

我的榜样是加里·维纳查克（Gary Vaynerchuk），一名美国企业家。他白手起家，使家族企业拥有的资产从 600 万美元跃升到 6000 万美元。是他激发我进入商界，做自己想做的事情。

去年我参加了阿里巴巴基金会举办的创业论坛，与 93 岁人称"玩具大王"的林亮老先生对谈，那是一次很难忘的经历。我想告诉大家，无论你 13 岁也好，93 岁也罢，都可以去实现梦想。现在我的主创团队人还很少，说实话，就是我们全家人。但是它在不断地扩张中，我也经常会参加一些和创业家交流的会议汲取能量。他们有的从事生物技术领域，有的在做加速器。

我对创业者有如下忠告。第一，用好 CEO 这把双刃剑。当 CEO 的最大好处就是你可以做最终决定，但这也是最大的弊端，因为后果与责任都会落在你头上。第二，没有激情，你将一事无成，这是我从其他创业家身上学到的第一条建议。不管你把自己的企业展示得多么好，你对工作没有激情，便没有人会相信你，它提醒了我，开公司不仅是为了盈利赚钱，而是对事业保持热情，不断改变现状。第三，避免金字塔形商业结构。现在很多公司的组织结构越来越线性扁平，金字塔形的商业结构已经开始塌陷。我认为这是好事，这就意味着公司的决定越来越民主，员工越来越有创造性。第四，要多读书。在我很小的时候，我的爸爸妈妈就会读很多书给我听，努力使我成为一个有创造力、有批判性思维的人。所以我从不害怕分享我的观点，做事充满上进心，这也是我最感谢我爸爸妈妈的地方。

叶礽僖年纪轻轻就成了一个成功的创业者，这着实令人惊叹。但不可否认，她在如此小的年纪获得如此大的成功，靠的不仅仅是天赋，还有在后天培养下形成的创业者素质。在这一章，我们将以此案例为基础，一起探索一个成功的创业者应该具备的能力，以及有哪些妙法能增加创业成功的概率。

3.2　创业者素质能力模型

创业者具有什么样的素质能力呢？我们可以通过对知名创业者进行观察找出他们的共通之处。例如开篇案例中的叶礽僖，还有大家熟知的阿里巴巴的缔造者马云，特斯拉的创始人埃隆·马斯克，80 岁仍在创业的"褚橙"之父褚时健以及美团的创始人王兴等。另外，也可以通过业界公认的创业风云人物的总结来一窥他们的特质。优衣库的创始人柳井正认为创业者必须具备 4 种能力，此处笔者借鉴他的观点，并提出创业者需要具备的 4 种能力和精神：**变革能力、领导能力、执着能力（精神）和正向现金流能力**。

扫码看视频

柳井正认为创业者必须具备的第一种能力是变革能力，因为市场是变化莫测的，只有随着市场不断调整自己去适应市场的人才有活下去的能力。其实，"变革"能力也就是创新能力。在任何时候，创业者必须保持创新的心态，不断更新自己，不断尝试变革，这是适应性生存的不变法则。我们也可以把这种能力称为"创新能力"，它是创业者必须具备的核心能力。

第二种能力是领导能力，一个好的创业者必须有"一呼百应"的能力，也就是号召能力。创业者应当能够清晰地向其他人传达自己的目标，同时还有"忽悠"其他人的本事，能够在身边聚集起一帮人帮助自己达成愿望。当然，这里的"忽悠"不只是会说，而是用实际行动来感召一帮人。马云在创业之初就有"十八罗汉"作为技术团队支持他，同时还吸引了在华尔街打拼多年的耶鲁大学法学博士蔡崇信作为"零报酬"CFO（Chief Financial Officer，首席财务官）加入他的团队。有了这些实力满满的"左膀右臂"，马云最终的成功也就不言而喻了。

第三种能力是执着能力（精神）。创业者需要有一种使命感，内心应当有一种"让这个世界变得更美好"的冲动。当然,这种能力是建立在"创新能力"基础上的。
"执着"也代表着创业者的内在定力,是一种对自己坚信不疑的能力。试想一下,
如果一个创业者一听到另一个生意比较赚钱就立刻放弃自己的目标,当然是成就不
了大业的。这种能力也是"逆商力"[①]的基础,在自己的事业受到质疑或遭遇暂时
的失败时,"执着能力(精神)"能帮助创业者渡过难关。

创业者需要具备的最后一种能力是"正向现金流能力",也就是赚钱的能力。
原因很简单,企业不能赚钱也就不可能长期生存。当然,以 IPO(Initial Public
Offerings,首次公开募股)为目标的创业方式最开始似乎并不一定要赚钱盈利,这
些企业只要有"赚钱潜质"就行了,但是长期来看,一个企业的价值,尤其是上市
企业的价值当然是它的"赚钱能力",我们把相应的创业者的这种能力称为"正向
现金流能力"。"赚钱"或者说实现"正向现金流"是每个创业者从长期来看必须
实现的目标。

这 4 种能力相辅相成,缺一不可,构成了创业者的必备能力。我们用图 3-1 来
表示这几种能力。

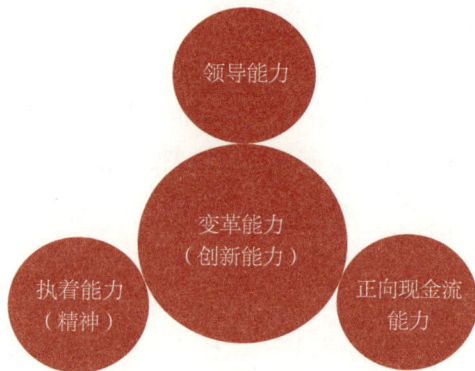

图 3-1　创业者素质能力模型

在开篇案例的讨论中,我们看到小创业者叶礽僖也具备这样的素质能力。小
小年纪的她就有着超强的变革能力,她是一个有创造力、有批判性思维的人。她认
为世界上人们产生分歧的原因是缺乏沟通,而解决问题的方式就是"全球儿童社区"。
她认为可以用打造全球儿童在线沟通学习平台的方式来缔造一个更美好的世界,这
是一种使命感。不仅如此,她还有超强的领导能力与执行能力,靠自己的力量组织

①遇到挫折能够克服并生存下来的能力。

起了一个技术团队来实现她的想法。她对自己的想法深信不疑，有着与这个年纪孩子不相称的"执着"，从 10 岁就开始着手进行自己的创业项目，通过 3 年的持续努力，终于做出了一个能帮助全球的小朋友在线聊天、互动学习的平台，并通过这个平台来实现自己的梦想。至于正向现金流能力，依照她目前的构想以及在线用户的规模，相信在不久的将来也不是问题。

3.3　创业动机与创业团队

要想在创新创业的道路上走得更远直至获得成功，靠一人单枪匹马地蛮干肯定是效率低下且极不现实的。因此，在探讨过创业者所需要的素质之后，我们还应当关注如何组建一个可靠、高效的创业团队，以及用怎样的创业动机来驱动团队，这也是本节的核心内容。

3.3.1　为什么需要团队

开篇案例中叶礽僖实施商业计划的过程中有一个技术团队的支撑。不仅如此，她还利用自己家族的资源帮助自己的项目融资并取得风险基金的认可，她甚至"蛊惑"自己的弟弟帮助自己进行项目运营。叶礽僖的商业项目目前还不算大，但从计划到落地都需要一个分工细致的团队来实现，更别说现在的大型公司了。到目前为止，还没有哪个商业项目的成功是靠一己之力达成的。商业系统是一个复杂的系统，通常的商业系统包括决策、产品研发、财务、市场营销以及日常运营等模块。为了让这个复杂的系统能够正常运作，必须要有一个团队合作分工完成各个模块的功能。

一般而言，在面对复杂任务时，团队协作相较个人"单打独斗"而言有着非常大的优势，下面我们就来分析团队协作都具有哪些优势。

1.　团队运作效率更高

相较个人的知识领域相对狭窄而言，团队中的成员一般来自不同领域，他们往往有不同知识背景与技能，而复杂的商业系统的各个模块是需要专业人士来运作的。一个人的知识和经验往往是有限的，即使他具有运作所有商业模块的能力，也没有精力完成所有的工作。尤其是当公司成长到一定规模以后，更需要分工协作来保证商业系统的运营。合作良好的团队可以让复杂系统的运作效率更高。

2. 群体决策能力往往高于个人决策能力

商业运作的好坏是由一连串的决策过程决定的，决策过程是否明智直接决定了一个商业项目的成败。总体而言，群体决策的能力往往高于个人决策，这个结论屡屡被心理学实验和社会学实验证明。团队由多人组成，而团队成员会从不同的角度来思考问题，从而避免了一个人决策时的"盲点"，减少了决策失误发生的概率。

3. 团队合作更容易产生创新

在自然界中有许多群体智慧的例子，比如一群蚂蚁可以在湍急的河流中搭一座"蚁桥"让蚂蚁大军通过；一群沙丁鱼通过组合，可以模拟出一个巨大的海洋生物以避免受到攻击。当遇到困难的时候，人类群体同样蕴含着比个体更好的适应性以及创新能力，一个典型的例子就是"头脑风暴"。在创新的起始阶段，好的策略是追求解决问题的数量。我们都知道"三个臭皮匠顶个诸葛亮"的道理，团队产生的点子往往更多也更好，因此在团队中更容易产生创新。

3.3.2　如何促进团队合作

虽然从总体上讲团队的优势明显，但"三个臭皮匠顶个诸葛亮"的效应并不一定能在所有团队中发生。一般来说，如果团队上下一心，相互合作会取得不错的效果，但如果团队成员像一盘散沙甚至相互拆台，那就可能会对商业系统造成致命的打击。那么，如何才能促进团队成员之间的合作呢？在此我们给出了以下3点建议。

1. 创造共同目标

团队凝聚的关键是明确共同的使命，并把使命当成团队中所有成员的目标。许多团队失败的主要原因就是目标不明确，团队成员不能形成一致的战斗力，当遇到巨大利益或艰巨困难的时候自然就没有凝聚力了。在我们身边的创业团队中经常可以看到这样的例子，一个团队中有的成员目标是为了让产品为更多人带来服务，有的成员的目标是让公司早日 IPO 来实现个人财务上的增长，这样的团队当然无法实现长期稳定的合作。

2. 制定团队规则

对于创业团队而言，外界商业环境的竞争非常激烈，变化很快。如果没有团队成员之间的默契，就很容易败下阵来。"没有规矩不成方圆"，团队要想步调一致就必须建立规则并严格执行，这是"行军打仗"的必备条件。另外，团队还需要利用规则建立一套合理的奖惩制度，从而彰显团队的价值观并保持团队的长期稳定。

3.　促进团队成员分享观点

团队成员之间进行思想分享可以提高团队的凝聚力，也是形成团队创造力的保障。在创新团队中，成员之间进行观点的分享尤为重要，如果团队成员之间缺少分享，很难形成有效的创新机制，即使形成了有效的决策也不大可能执行。另外，分享需要一套合理的机制来保障，例如可以设立基金来奖励善于分享的团队成员；在分享时建立轮流发言和换位思考机制等。这些机制可以保证"倾听"与"共享"成为团队认可的文化。

总之，让团队成员认识到大家是"相互依存"的整体，并且在执行具体工作时"目标一致"并"各司其职"，是促进团队合作的关键。

3.3.3　如何构建创业团队

针对科技创业项目而言，创业团队一般需要 3 个灵魂人物来负责创业初期最重要的工作。在创业之初，那个"点燃梦想之火"的人是必须存在的，没有他/她，整个创业行动就不可能开始。这个人显然是灵魂核心人物，可以称他们为"领袖"。在开篇案例中，这个人就是叶礽僖；在阿里巴巴，这个人显然是马云。另外，科技创业梦想往往需要一个技术产品来实现，这就需要一个"技术极客"或一个技术团队承担产品落地的工作，叶礽僖和马云都有非常棒的技术团队来做商业产品的研发。最后，产品研发和商业运作是需要资金的，在创业初期能否有充足和持续的资金供应往往是商业项目能否成功的关键。因此，第三个灵魂人物就是负责资金来源的 CFO，可以称他们为"融资人"。这里的融资人的作用并不限于获得风险投资，也包括提供创业初期需要的开发与运营资金。例如，叶礽僖得到了家族的支持，而马云背后的融资高手是蔡崇信。

总结一下，创业团队的 3 个灵魂人物分别是"领袖""技术极客""融资人"（图 3-2）。

当然，在创业初期，创业团队中很可能是某个人同时拥有两种以上的身份。例如，扎克伯格最开始既是"领袖"也是"技术极客"，埃隆·马斯克在创造特斯拉时更是同时担当了3 种角色，虽然这并不常见。

构建创业团队的具体方法包括确定共同目

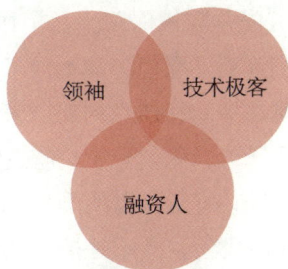

图 3-2　创业团队灵魂人物（重合部分表示有多种身份的人）

标、明确团队资源、制定分工以及团队规则等，详细的内容和方法在本书第7章"组建项目团队"小节进行讨论，另外我们还开发了"创业团队生成画布"，给出了使用画布来组建团队的具体方法，这些都会在第7章呈现。

3.4　增加创业成功机会

接下来，我们来关注这个问题：如何提高创业成功的可能性？创业成功是小概率事件，当你踏入创业之道，没有人知道前方是阳光明媚还是乌云密布。要知道，影响创业结果的因素太多了，甚至运气的好坏都能让最后的结果截然不同。

那么，我们能不能通过总结前人的失败或成功的经验来帮助自己呢？这些经验能不能用来增加我们创业成功的机会呢？答案是肯定的。我们总结了以下3点经验，希望对创业者有所帮助。

3.4.1　充分利用内外部资源

第一点经验就是要积极利用自己的内部资源和外部资源去创业。内部资源其实就是内在优势。我们要问问自己，自己具备的优势是什么？比如，信息学专业的同学对算法和程序设计很了解，这就是他们的内部优势。内部资源除了自身的知识储备，还有很多，比如有些创业者的父母本就是创业成功的人，他们就可以利用已有的资源进行进一步的创业。

除此以外，利用好外部优势也很重要，比如政策资源和资金资源。从政策资源角度来讲，中国当下的创业环境是非常好的，甚至算得上是有史以来最好的，为什么这样说呢？

首先是政策保障，目前国家的顶层设计是以创新为驱动的科技兴国战略，这为我们开展"双创"活动做了政策准备。从中央到地方，现在都在大力支持创新创业，就拿对专利技术的支持来说，全国各级高等教育学校与科研院所都有对专利的奖励政策或减免税政策。吃透这些政策并对其进行充分利用，创业者会从中获益非凡。另外，安定和谐的国家环境和健康的政商关系能让大家可以安心搞创新，搞健康的市场竞争，而不是把时间花在去经营所谓的"关系"上，这实际上也是减少了创新创业的成本。结合这些来看，我们认为现在的创新创业环境是非常好的。

对于利用自己的内部资源创业，在这里列举一个反例。一位本在四线城市的小学当老师的创业者，为了给刚出生的孩子创造一个更好的经济和生活环境，于是就做了一个仓促的决定——开奶茶店。结果他发现自己在开奶茶店方面没有任何优势，每天起早贪黑收益却不如人意，也没人照顾孩子，这样的生活其实是更艰难了。

他潦草的决定其实是放弃了自己的内在优势，我们简要分析一下，他的内在优势应该是多年为师的教育经验和心得，如果他换一种方式创业，成功的可能性会更大。

我们可以把创业分成两类：一种叫生存型创业，就是没有任何资源优势，为了生计去创业；另一类叫机会型创业，就像刚才我们讨论的，利用自己的内在资源去创业。显然，机会型创业成功的可能性大得多。

3.4.2　做科技创新型创业

第二点经验就是做科技创新型创业。 我们前面谈到现在国家的战略是科技兴国，这是发展的大势。另外，在创新创业教育里，科技创新创业也变得越来越重要。于是，我们自然就会更加关注科技创新驱动型公司的发展，看看这类公司是否在大势之下拥有更好的未来。

扫码看视频

什么是科技创新驱动型公司？我们可以这样解释，即以科技驱动为核心创新点的公司。举一个例子，在嵌入式设备领域有个名为 ARM（图 3-3）的英国公司，什么是嵌入式设备呢？简单来讲就是手机里或电子设备里的智能芯片。这个公司只

图 3-3　ARM 公司商标

研究这些设备的体系结构，而不设计硬件。他们的产品就是架构设计，就是算法专利。全世界所有的手机，甚至所有的智能芯片都需要购买他们的设计，这些费用就是专利费。前些年这个公司被日本人孙正义以 243 亿英镑收购，这就是它的专利带来的巨大价值。ARM 是典型科技驱动的公司，在被收购后，公司的创始人觉得十分可惜，倒不是因为卖便宜了，而是这让英国失去了在智能计算领域领跑世界的机会。

当然，在市场上，不是每一家成功的公司都是科技创新驱动型。相信大家都听说过喜茶这一火爆全网的"网红"奶茶店，他们的核心优势是新口味奶茶的研发，他们有创新，但是创新点并不是由科技驱动的。那么如何判断某个公司是否为科技

创新驱动型的公司呢？我们认为，如果一个公司去掉科技创新就没有优势了，那么它一定是以科技驱动为核心的。在中国，华为就是典型的科技驱动公司，它是靠科技创新，靠专利来赢得市场的。

再来看一下科技驱动的公司和一般的传统公司的"死亡率"对比。在图3-4中，我们可以看到金融业、信息业和教育行业的"死亡率"是偏低的，他们位于图的左下方，都小于7%。而图上方的房地产业、民居服务业、批发和租赁行业都是"死亡率"比较高的，尤其是住宿和餐饮业，原因其实很简单，因为这些行业进入的门槛最低。而信息传输业和金融业等，因为技术含量高，所以容易建立起技术壁垒，因此他们更容易生存。

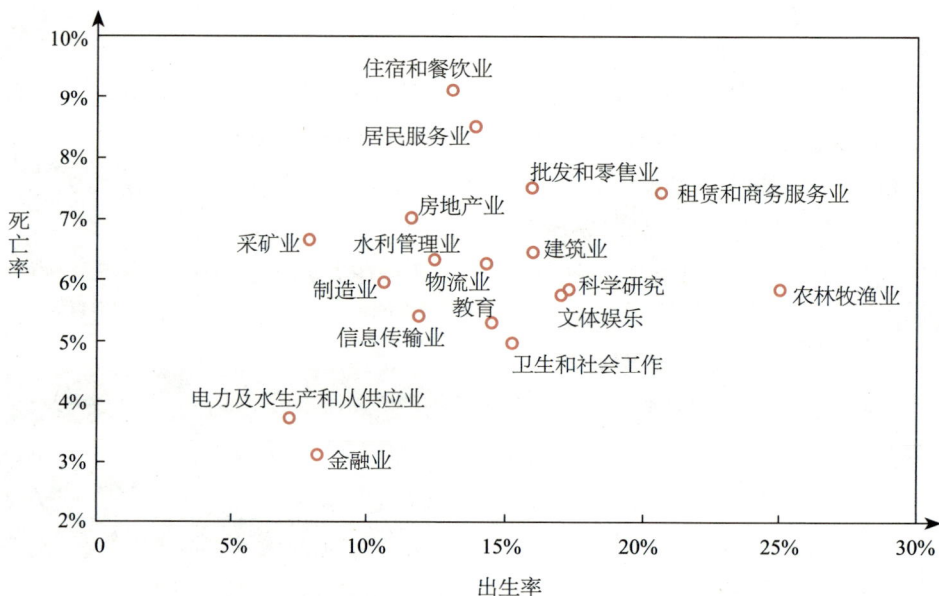

图 3-4　2012 年不同行业企业的出生率与死亡率

科技创新公司的优势是显而易见的，他们一般都有专利，这些专利其实为公司设置了一道竞争壁垒，为企业罩上了保护套。如果一个企业没有这样的保护套，便很容易被市场竞争冲击，所以我们说，科技创新在创业过程中十分重要。

本书的主题之一就是科技创业，在之后的部分我们会讨论如何利用智能技术来进行创新创业实践，目的就是希望大家能通过学习这些内容增加创业的科技含量。如果你们之后踏上创业的征途，希望能多思考科技创新，建立科技创新驱动型公司，这样可以提高创业的成功率。

3.4.3　延长创业的酝酿期

第三点经验就是延长创业的酝酿期。

酝酿期是整个创业过程中最关键的时期，核心的产品开发和市场探索就是在这个阶段完成的。延长酝酿期，意味着可以得到更成熟的产品和更多的市场经验，这实际上也可以降低创业失败的概率。同时，在这个阶段，创业的成本是最低的。这个时期公司还没有成立，不需要支付工资和房租，不需要考虑成本。也就是说在这个阶段，试错的成本是非常低的，也就降低了创业的成本。

所以延长创业的酝酿期，尽量不要那么匆忙地成立公司。有家以色列公司叫MOBILEYE（图 3-5），在自动驾驶领域非常有名，特斯拉的自动驾驶功能就是他们提供的技术支撑。在公司成立以前，他们用了 7 年时间研发第一代产品。长达 7 年的酝酿期为 MOBILEYE 积蓄了足够强大的能量，使第一

图 3-5　MOBILEYE 企业商标

代产品在市场上取得了极佳的反响，这也使得他们可以顺利地完成产品的不断迭代。如今，这家公司被 Intel 公司以 270 亿美元的高昂价格收购了。

有学生创业者在讨论创业路径时说，可以先进入一个行业，在这个行业待上两三年，利用这段时间在这个行业学习和观察。等到各方面条件都具备的时候再考虑去尝试创业，这种想法是比较明智的。

在准备成立公司之前，有许多工作是需要准备的：首先是组建一个有战斗力的团队，就如我们在前面谈到的，需要有 3 个灵魂人物的加入，并且需要召集人员进行团队建设；其次是在技术上和资金上做好充足的准备，一个拥有专利技术并且有着充足资金的组织成功的可能性会比较大；最后，还要对市场有充分的了解与布局，这样才能保证产品的持续销售。

总之，创业是"行军打仗"，如何"备战"至关重要。

3.5　延伸阅读与思考

以色列创业学的 3 个关键

美国投资商巴菲特说："如果你要去中东找石油，可以跳过以色列；但若要

找人才，势必得从以色列下手。"谷歌公司的董事长施密特亦直言："下一个谷歌公司将会来自以色列。"一语道破以色列的无穷潜力。

关键一：接受失败

在创业之国以色列，不怕失败是创业学的第一章，这使得接受失败成了以色列人的精神。就算以色列人以意见多闻名，从政府到民间皆口径一致表示："我们不怕失败，因为失败是资源。"以色列政府并不会把支持创新的钱视为浪费资源，因为创新失败了的公司会把经验带到其他地方，创造更多经济价值。所以，以色列政府愿意承担创新的高风险，在他们眼中，这不是风险而是投资。

关键二：无所畏惧

鼓励犯错，去除失败本身所代表的负面刻板印象，打造有利于创新的沃土只是第一步，无所畏惧则是以色列创业学的第二章。因为恶劣的地缘政治和贫瘠的土壤，以色列没有"懦弱"这一选择。

以色列国土大部分是沙漠，在这样"没水没油没土地"的以色列，粮食、水源和能源却样样不缺，甚至还出口花卉、农产品和水科技到全世界。化危机为转机，将不可能变成可能，正是这个创业之国与生俱来的特质。

《数字时代》的记者曾采访耶路撒冷风投（JVP）投资人关系总监赛格瑞（Noa Segre），并要求她讲出以色列之所以是创业之国的最重要的理由时，她脱口而出："因为我们毫无畏惧。"

因为毫无畏惧，以色列人在困境面前依旧挺立，他们从来不会选择逃避。"你不会怕去直接敲谷歌公司的门，你不会怕去跟 VC 争取资金，你不会怕跟那些大公司说你有更好的解决方案，你不会怕睡在他们公司门前一整晚。"赛格瑞说。

关键三："最残酷的 MBA"

以色列有着全球独树一格的兵役制度。以色列人在高中毕业后，无论男女，会经过一连串甄选后被分配到不同军事单位服役，之后，政府通过洞察每个人的潜力将他们分发到相对应的单位。无论是前线冲锋陷阵的指挥官、管理贵重设备的班长还是坐在屏幕前跟黑客打攻防战的情报人员，这样"男人三年，女人两年"的全民皆兵政策让以色列人的军旅生涯，就像是就读全世界最务实也"最残酷的创业MBA（工商管理硕士）"。

兵役经历深深影响着他们的职业生涯和人生轨迹，也让他们意识到服役与创业的共同点。Wibbitz 创办人柯汉（Yotam Cohen）曾在海军服役 6 年，当年，年仅19 岁的他已经成为潜水艇指挥官，管理 12 名士兵，操作贵重的仪器，保护战友和人民的性命。他经常得在高压且时间急迫的状态下做出生死攸关的决定，柯汉认为这和创业很相似。

"我在创业的过程当中遇到过很大压力，但是跟军中的压力比起来，突然就觉得其实也没有什么。创业的心路历程很像在坐云霄飞车，有时一下信心满满，接着又会觉得天哪！我到底在干吗？我试图不要钻牛角尖，学习当一个领导者，去看更大的格局，这跟军队很像。"柯汉说。

由于接受失败、无所畏惧和形同创业 MBA 的军事经历，以色列成为全世界仅次于硅谷的最适合创业的地方。但也因为以色列人缺乏耐性和以色列的市场小，所以虽然以色列拥有大量创新技术和人才，却也较少见像苹果公司一样直接面向用户的跨国大企业。

思考

开篇案例中叶祁僖的创业经历给你什么启发？她关于创业的忠告你是否认同呢？以色列的"兵役"制度对创业的促进以及"最残酷的"MBA 又给你什么启迪呢？如果你决心创业，会选择什么样的创业路径呢？

在智能时代，要想做技术创业，机器智能是每一名创业者都绕不开的话题。人工智能技术在当下的火热程度，昭示着其在未来的生产生活中将扮演着不可替代的角色。创业者要想在真正具有前瞻性和未来性的领域大展身手，首先就要对智能技术有足够的认识。在本章，我们将从机器智能的原理入手，探究其背后产生作用的机理究竟是怎样的，从而为读者揭开人工智能技术虚掩着的面纱。

4.1　开篇案例与概述

让我们像驯化小狗一样驯化算法[①]

人类进化史科学家当中有一种理论，认为小狗这种宠物是从野兽进化而来，几千年前狼群在人类聚集地的周围活动，逐渐开始熟悉人类的意图和心情，只有那些获得了社会化智慧的犬科动物才能存活下来。在这里用狗的进化做例子是因为人类目前正在与另外一种人类之外的物种共生在一起，和犬科动物相比，它更加危险也更有威力，它就是算法。Facebook 上的内容是算法决定的，亚马逊上的内容是算法决定的，Spotify 和 Netflix 上的内容也是算法决定的。

科技作家克里斯托佛·斯坦纳（Christopher Steiner）将算法描述为"庞大的决策树，由一个个连续的二元判定组成……一组指令按序执行并获得一个理想的结果。信息经由一个已知算法的处理，产出需要的答案。"

算法有 5 件事情尤其擅长：**快速执行重复的任务、在不同选择之间做逻辑判断、**

---

① 原文来自 *Wired*，虎嗅编译。

分析预测、**评估历史数据**和**发现被忽视的环节**，这些都是人类不那么擅长的。在工作岗位的竞争中，如果你的工作内容与算法之间存在竞争，比如高频股票交易，那么你很可能会败下阵来。算法的工作速度是人类无法企及的，即便是算法最慢的决策也要快过人类。有关高频股票交易制造财富的内容我们了解得够多了，纽约和芝加哥股票交易所很快将会实现近光速的连接速度：15毫秒一个来回。只有算法能在这种速度的传输下快速工作。

算法还能够出色地评估过往的事件和历史数据集，以便改进对未来的预测，给出可能的行动建议。如今这个时代人类正在制造大量的数据——既有大型系统里面的大规模数据，也有个人设备、量化自我的小规模数据——我们需要依靠算法的帮助来弄清楚它们，算法会告诉我们这些数据意味着什么，数据的价值在哪里。

以上这些都是算法的优势，但是在人类与算法接触的时候，这些优势同样也会成为它们的劣势。算法会给人类带来不舒适、不人性化的局面，大部分算法只是在操作性和便捷性上有比较好的体验。例如，导航算法自以为能够节省你一分钟的时间，但是通常会让你在小路上左拐右拐，而不是保持在主干道行驶，也不关心你是否熟悉这一地区的道路，更忽略了与保持直行相比多次转弯造成的麻烦，有时候节省的几分钟根本不值得，但是想让算法明白这一点是不可能的。伊安•博格斯特（Ian Bogost）曾经在《异类现象论》（*Alien Phenomenology*）中写道：我们不需要去其他星球寻找异类，它们正在以算法的形式生活在我们中间。

在上一章中，我们共同探讨了有关创业的具体内容，厘清了创业者自身需要具备的素质和创业团队的重要性。从这一章开始，我们即将进行"智能时代"的学习，探索包括算法在内的一系列智能时代的"驱动力"。我们会回到机器本身，去探索被我们称为"智能机器"的它们是否有智慧，如果没有，那么它的"智慧"和"智能"又是怎样实现的？希望通过本章节的学习，能让大家对智能机器有更多的了解，也为在智能时代下进行创新创业打好基础。

4.2 机器有"智慧"吗

在这一节中，我们将一起探讨机器是否有"智慧"？如果机器有所谓的"智慧"，那么机器智能的实现便是在预料之中；而如果机器没有"智慧"，那人们又是怎么把现实中遇到的问题转换成计算机所能理解的问题的？如何利用计算机的超强计算能力帮助人们解决问题是计算机科学的核心，本节通过讲解计算机的工作过程，让大家对计算机的工作机制有一个初步的了解，并对抽象、建模、算法和程序形成整体的概念。这样可以让各位读者明白智能机器和人是怎样协同工作的，从而为智能技术的学习打下基础。

4.2.1　机器有没有所谓的"智慧"

首先来看第一个要点：机器的"智慧"。之所以要给"智慧"加上引号，是因为机器的"智慧"并不是天生具有的，它的"智慧"也并没有人们所想象得那样万能。人们在讨论人工智能时似乎有一个默认的先决条件：机器是有智慧的。但是，各位读者认为机器真的有智慧吗？如果有，它们的智慧是从哪里得来的呢？如果没有，现在所说的人工智能又从何谈起呢？

我们从两个方面来思考这个问题。一个方面是机器能不能思考？如果机器没有自主思考能力，它又是怎么解决人们碰到的问题的？另一方面就是怎样把一个现实中的问题转换成机器能够理解并解决的问题？这里会涉及计算思维、建模和算法，本节会通过一个机器翻译的案例来说明这个过程。

第一个方面，机器能不能思考。引言中"人与机器的本质区别"的相关内容对人脑和机器脑进行了对比：机器是没有自主意识的，它很难具有像人那样的智慧。从 20 世纪 50 年代人类就开始了对机器智能的探索，虽然那个时候还没有现代意义上的计算机。关于这个问题的思考是由计算机科学的鼻祖阿兰·图灵发起的，他在著名的心理学杂志 *Mind* 上发表了一篇文章《计算机与智能》（图 4-1），这篇文章对机器是否有智慧的话题进行了探讨。

图 4-1　阿兰·图灵与心理学杂志 *Mind*

著名的 "图灵测试" 就是在这篇文章中被提出的。图灵测试的过程是这样的：被测者被关在一个封闭的房间里，他们只能通过纸条跟外面的人进行交流沟通，而房间外面有一男一女与被测者沟通，他们同时回答房间里的被测者提出的问题。一段时间后，工作人员在被测者不知情的情况下偷偷把房间外的其中一个人换成机器。在被测者和外面的机器经过多次对话以后，工作人员会询问被测者，看他是否能分清楚对方是机器还是人（图 4-2）。

图 4-2　图灵测试示意图

如果测试者分不清楚哪些对话是和人进行的、哪些是和机器进行的，就可以认为替换掉人的机器具有一定的人的智慧，这是图灵给机器智能下的定义。70 年来，顶尖的计算机科学家们一直试图造出能达到图灵这个要求的机器，但是都以失败告终。

以下列举了两个不同的对话场景，分别是笔者和苹果公司的机器人 Siri 关于国际象棋的对话和笔者与 5 岁儿子关于国际象棋的对话。

第一个对话：笔者（以下简称 "我"）与 Siri

我："你会下象棋吗？"

Siri："不会。"

我："你会下象棋吗？"

Siri："不会。"

我："你会不会下象棋？"

Siri："不会。"

可以发现 Siri 的三次回答是一样的，这对 Siri 而言没有错，因为三次问的问题其实是相同的，而计算机对相同的问题一定会给出相同的答案。

第二个对话：笔者（以下简称"我"）与儿子

我："你会下象棋吗？"

儿子："不会。"

我："你会下象棋吗？"

儿子表现出些许烦躁，回答说："我刚才不是已经说过了吗？不会。"

我："你会下象棋吗？"

儿子已经有些愤怒，他回答我："你烦不烦啊！干吗老揪着我问这个，我说了好多次了。"

由这个例子可以看出，按图灵对智能机器的定义，现在的机器应该是不具备智能的。原因其实也很明显：**人在回答问题的时候是会有情绪参与的，而机器却没有。**笔者儿子三次回答的情绪表现是人的正常情绪参与的结果，但是机器没有情绪，**因为从数学和工程学的角度来讲，复杂的情绪是很难被建模的**，这也是大家会觉得机器和人不一样的最主要原因。

4.2.2 "渡河"问题——用算法建立对象模型

下面通过一个趣味问题来讲解人和机器是怎样协同解决问题的。问题是这样的，人要把羊、狼、菜从河的左岸安全运到河的右岸，如图 4-3 所示。人一次只能带羊、狼、菜三者之一过河，或人单独过河。而狼要吃羊、羊要吃菜，所以狼和羊或羊和菜是不能单独在一起的。请设计一个渡河方案，要求人利用最少的渡河次数来完成这个任务。

扫码看视频

请各位读者思考如何解决这个问题，并想想看如果利用计算机来帮助解决这个问题，在这个过程中哪些问题是计算机解决的、哪些是人解决的？

根据问题的规则我们可以想到，人、羊、狼、菜会有在左岸、在右岸和在船上的多种组合方案，在直觉的引导下我们可能会想到，能不能用向量

图 4-3　渡河问题

把所有可能的组合状态列出来呢？是不是可以用图的方式把这些状态之间的转换过程描述出来？

按照这一思路，可以先设置状态向量，然后画出状态之间的转换图，如果能把所有状态转换的可能性都用一张图表示出来，理论上就一定能找到最佳的渡河方案。而机器能解决的问题一般是需要有确定的状态输入的，**也就是说，如果要用机器解决问题，首先要把问题用数值化的方式表示出来。**

第一步：**设置状态向量。** 我们需要把人、狼、羊、菜的不同组合状态用数值化的向量来表示。首先设置两个数值向量：A 和 B。将人、狼、羊、菜依次用四维向量中的分量表示为（人，狼，羊，菜）。设向量 $A=(A_1, A_2, A_3, A_4)$，向量 $B=(b_1, b_2, b_3, b_4)$。

用 A 表示它们是在左岸还是右岸，其中 1 表示人或物在左岸，0 表示人或物在右岸，人、狼、羊、菜分别对应 A_1、A_2、A_3 和 A_4。比如若 A 是 (1,0,1,0)，那么按照刚才约定的规则，它表示的是人和羊在左岸，狼和菜在右岸。同样的道理，如果 A 是 (1,1,1,1)，表示它们都在左岸；如果 A 是 (0,0,0,0)，则表示它们都在右岸。用 B 表示它们是否在船上。人、狼、羊、菜分别对应 b_1、b_2、b_3 和 b_4。用 1 表示人或物在船上，0 表示人或物不在船上。比如 B 是 (1,1,0,0)，表示人和狼都在船上，羊和菜不在船上。

这样一来一共有 16 个 A 状态和 16 个 B 状态（图 4-4）。

```
A 的 16 种状态：
(1,1,1,1)   (1,1,1,0)   (1,1,0,1)   (1,0,1,1)
(0,1,1,1)   (1,1,0,0)   (1,0,0,1)   (0,0,1,1)
(1,0,1,0)   (0,1,0,1)   (0,1,1,0)   (1,0,0,0)
(0,0,0,1)   (0,1,0,0)   (0,0,1,0)   (0,0,0,0)

B 的 16 种状态：
(1,1,1,1)   (1,1,1,0)   (1,1,0,1)   (1,0,1,1)
(0,1,1,1)   (1,1,0,0)   (1,0,0,1)   (0,0,1,1)
(1,0,1,0)   (0,1,0,1)   (0,1,1,0)   (1,0,0,0)
(0,0,0,1)   (0,1,0,0)   (0,0,1,0)   (0,0,0,0)
```

图 4-4 A、B 两个向量可能出现的全部状态

那这 32 个状态是否都是题面允许的合理状态呢？因为存在狼要吃羊、羊要吃菜的可能，所以有些状态是不能出现的。比如 A 为 (1,0,1,0) 时，它表示人和羊在左岸，狼和菜在右岸，这个状态没有违反规定，是合理的。但如果 A 为 (0,0,1,1)，则表示人和狼在左岸，羊和菜在右岸，此时羊会把菜吃掉，所以该状态显然是不合理的。

通过分析可以确定 A 状态只有 10 种是合理的，称为可取状态，6 种是不合理的，称为不可取状态。再来看 B 的 16 种状态，因为人一次只能带羊、狼、菜三者之一过河，或单独过河，所以最终只有 4 种可取状态。最终 A 和 B 的可取状态如图 4-5 所示。此步骤把不同的状态用 0 和 1 组成的数值向量表示出来，这个过程就是现实问题的抽象过程，通过对问题的抽象，我们把渡河的各种状态抽象成了特征数值向量。

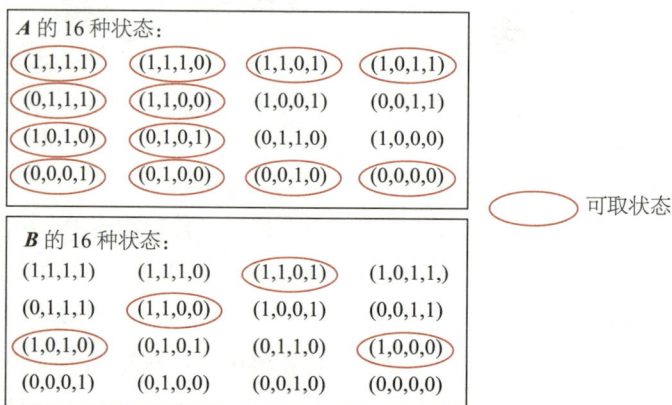

图 4-5 A、B 的可取状态

接下来就是渡河的过程，也就是各个状态的转换过程，这个过程可以用图形化的方式表达出来。通过分析可知，左岸的 5 种状态与右岸的 5 种状态是对应的，B 是在船上的 4 种状态，这就给问题建立了一个数学模型。再来看经过建模后原问题变成了什么样的新问题。如果用数学语言来描述，原问题就转化为：从 $A=(1,1,1,1)$ 状态最少经过几次转化才能变成 $A=(0,0,0,0)$ 状态，这就把问题转化成了一个计算机可以解决的问题。我们可以用图 4-6 对整个问题进行描述，这样就生成了问题的状态转移图。

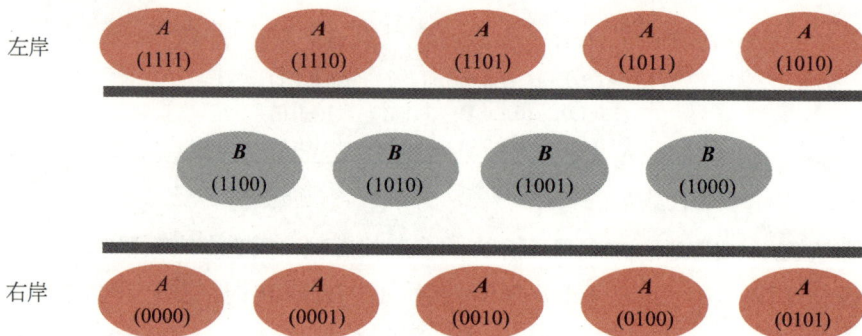

图 4-6 状态转移图

第二步，把所有可能的状态转移过程全都列出来。 每一次渡河都会改变原有的 A 状态，如果是渡河一次，A 的状态由 A_1 变成了另一个状态 A_{10}。最开始大家都在左岸，A 的状态是 $A_1=(1,1,1,1)$，如果人先把羊运到对岸，只有狼和菜留在左岸，也就是说 A_1 的状态变成了 $A_{10}=(0,1,0,1)$。

那么从 $A_1=(1,1,1,1)$ 到 $A_{10}=(0,1,0,1)$ 是怎么改变的呢？结合规则思考可知，人和羊在船上的状态可以用 $B_1=(1,0,1,0)$ 来表示，经过分析可以发现，A 状态 $(1,1,1,1)$ 通过与 B 状态 $(1,0,1,0)$ 结合，会得到这次渡河后的 $A_{10}=(0,1,0,1)$ 状态。

也就是说，从数学上讲，每次渡河的过程可以用 A 和 B 的一次二进制运算来表示，运用布尔代数的知识可知这是二进制异或运算。这样我们就得到了状态转换的计算公式：

$A_i \oplus B_i = A_i'$。**在这个公式里，A_i 和 B_i 表示原来的状态，A_i' 表示渡河以后生成的新状态。** 假如不知道异或运算也没有关系，只要知道一次渡河可以表示成 A 和 B 的一次二进制运算就行了。这样我们就可以把所有的渡河状态都用 A 和 B 的异或运算表示出来。

从 A_1 状态开始的第一次渡河有 4 种不同的方式，可以转换为对应的 4 种不同的 A 状态，这对应了 4 个不同的异或运算[①]，新生成的 A 状态是进行后续渡河时需要使用的，这其中有些是合理状态，有些是不合理状态。只需要关注新的合理 A 状态，然后把这些状态向量分别与 4 种渡河向量 B 做异或运算，就可以得到所有的后续状态转换情况，这种方法叫作穷举法。我们可以把整个状态转换过程用图的方式表示出来，问题的答案就藏在这个状态转换图里。

通过穷举法很容易找出满足条件的最少渡河次数方案。经过分析可以发现有两种渡河方案是渡河次数最少的，都是经过 7 次渡河把所有物品从左岸带到右岸。其中一个方案是这样的：第一次人先把羊从左岸运过河，然后人再单独回到左岸；接着人再把狼运到右岸，这样，只有菜在左岸，羊和狼在右岸；然后人再把羊运回左岸，但同时把菜带到右岸，这样，羊在左岸，狼和菜在右岸；最后一次，人再单独回到左岸，最后把羊带到右岸，完成整个渡河过程。

利用数学来解决这一问题有两个关键的转化过程：第一个过程是先把问题抽象

---

① 异或（xor）是一个数学运算符，它应用于逻辑运算。异或的数学符号为 "$\oplus$"，计算机符号为 "xor"。如果 a、b 两个值不相同，则异或结果为 1；如果 a、b 两个值相同，则异或结果为 0。

成数值向量的表示形式，即把人、狼、羊、菜在左岸或右岸以及是否在船上的状态抽象成了 **A** 和 **B** 两个数值向量，并用 0 和 1 来表示；第二个过程是把渡河的往返发生的状态变化用状态转换图来表示，这是给问题建立数学模型的过程。这个过程可以用一次数学运算，也就是 **A** 和 **B** 的异或运算来表示。这样，渡河问题就通过抽象和建模的方式变成了一个用数学描述的问题。通过问题抽象和数学建模，这个现实问题就变成了可计算问题。计算机能解决的问题必须是可计算的问题。

4.2.3　"渡河"问题——人和机器的分工合作

计算机在"渡河"问题解决的过程中起什么作用？刚才的问题中出现的物品不多，只有狼、羊和菜，而且它们之间的相互关系以及渡河的规则比较简单。如果把物品的数量增加到 10 个，让它们之间有更复杂的关系，并允许 8 个物品同时渡河，那么即使能给出状态向量、画出所有的状态转换图，也会因为关系过于复杂、花费的时间过多导致问题很难由人独立解决。这时就可以利用计算机运算速度快的特点来帮助我们。人其实是可以独立完成整个问题的解答的，但是当问题太复杂的时候，人很难在规定的时间内完成这个任务，这时就需要求助于运算速度非常快的计算机了。当我们清楚了计算机的价值在哪里，同时也就明白了人和机器配合完成任务的机制：**人提供解决问题的思路和方法，计算机负责复杂的运算。**

最后我们要思考在"渡河"的过程里，哪些工作是人做的，哪些工作是计算机做的。在解题的过程中，第一个步骤是构造状态向量的过程，这个过程是问题抽象的过程，是人通过直觉系统运用分析能力完成的，没有机器的参与。第二个步骤是建立状态转移公式，然后是画出状态转换图的过程，也就是建立数学模型的过程。这个过程也是人经过状态分析，通过数学常识得到的，仍然没有机器的参与。最后，当我们要从所有的状态转移情况里找到转移次数最少的情况时，实际上单凭人也是可以办到的，但是如果问题的状态和条件变多，人工穷举所有状态的速度太慢，这个时候可能就需要机器来帮忙了。

现在回到最开始的问题：机器能够独立思考吗？通过上面的分析大家应该都有一个更合理的判断了。**显然，机器没有自我意识，它没有独立思考的能力，是不可能产生所谓的"智慧"的。**机器只是个执行者，它执行人所编写的程序，利用运算速度快的特点迅速给出复杂计算的准确答案。机器不能代替人去思考问题，所以

扫码看视频

机器没有智能。即使机器可以 "智慧地" 解决一些问题，这也是人赋予的能力。所以我们应该重新审视以前对 "人工智能" 的理解，更深刻地思考所谓的 "人工智能" 的含义，更深入地理解人与机器协同工作的机制。

4.3 机器智能

要想用计算机解决问题，就需要用计算思维来思考问题，把问题转化成计算机可以理解的样子。在这一节中，我们将一起探索计算思维，思考人是怎么让机器理解问题的，"人赋予机器智能" 这个过程又是怎么完成的。

4.3.1 图灵机与冯氏机

目前市面上的计算机叫 "图灵机"，先来看图灵机是怎样理解人的问题，又是如何帮人解决计算问题的。

阿兰·图灵是最早提出人工智能概念的科学家之一，他也是最早提出现代计算机数学模型的人，这位天才数学家在 1950 年时提出了图灵机的概念：图灵机是由一条无限延伸的纸带和一个读出和写入装置组成的（图 4-7）。

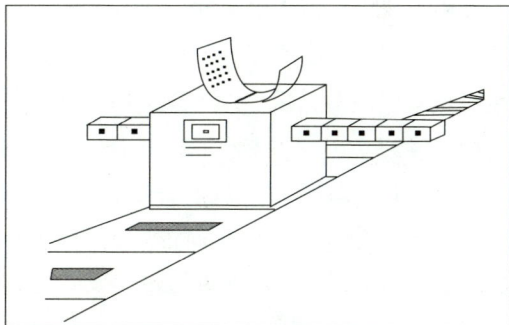

图 4-7 图灵机

纸带上记录的是人的思考，这些思考被描述成若干个状态，从 A_1 到 A_n，一直无限向后延伸，而图灵机的读出和写入装置是用来改变这条纸带上的思维状态的。读出和写入装置均由控制器控制。人的一次思考过程，就是利用读出装置得到一种思维状态，然后把这个状态通过计算进行加工，转换成另外一个新的状态再写回到纸带上的过程。问题的整个思考过程就变成了不停地读取思维状态然后经过变换成为另一个状态并写回的过程。

实际上这个过程非常像 "渡河问题" 的解决过程，我们也是把渡河问题看成一连串的状态转换问题来解决的。渡河问题里的状态转换是一次二进制的异或运算，图灵机里保存的状态是思维状态，图灵机里的一次状态转换就是一次人的逻辑思维判断过程。它要实现的正是人的思维方式，尤其是逻辑判断的复刻。这里所说的逻辑判断可以理解成 0 和 1 的变换过程，也就是一次二进制运算的过程。

图灵机实现了这种逻辑的复刻，所以它在理论上是可以模拟人的思考过程的，这是图灵机能够模拟人思维的核心原因。而且图灵在数学上证明了图灵机是可以模拟所有逻辑问题解决过程的。如果把现在使用的 Windows 操作系统看成一个逻辑过程的集合，我们甚至可以把 Windows 操作系统放在一条纸带上，理论上只要这个纸带足够长，就能在这条纸带上解决任何问题。之后数学和电子学科学家冯·诺依曼（图4-8）从物理上实现了图灵的想法，所以现代计算机也叫冯氏机。

图 4-8　冯·诺依曼

冯·诺依曼也是计算机科学和人工智能的先驱。图灵是用图灵机描述计算机的数学模型，冯·诺依曼则把这个模型用物理的方式来实现。首先，他意识到物理原型机不能用模拟人的思考方式来实现，因为人脑的机制非常复杂，是无法实体化的。但冯·诺依曼不仅是数学家，也是天才的电子学专家。他一直在思考怎样用逻辑电路来实现图灵机，因为逻辑电路能做的就是把电信号翻转，也就是把 0 变成 1 或把 1 变为 0。

逻辑门电路可以完成两件事：一个是数值计算，就是把数值化的数字进行加减乘除的运算；另外一个是逻辑判断。可以用 if 逻辑来判断一件事是否发生，当满足逻辑条件时，可以判断这件事发生了；如果没有满足条件，电路就去执行其他的工作。

冯·诺依曼认为可以用逻辑门电路的状态转换来对应图灵机的状态变换过程。于是，冯·诺依曼用逻辑门电路的方式构造出了图灵机。冯氏机的逻辑实现图和图灵机完全是对应的，图灵机里的纸带在冯氏机里变成了存储器，图灵机的读写头也就是冯氏机里面的读写装置，而且这个读写装置也是被一个控制器控制的，这个控制部件就是现代计算机的核心——CPU。

图灵和冯·诺依曼一起缔造了伟大的计算机，而且他们还证明了一切可以用数学逻辑描述的问题都可以用计算机来解决。这就表明只要能把一个问题用数学的方式描述出来，那么理论上我们就可以用计算机来解决这个问题。反过来讲，如果一个问题不能用数学的方式描述，那么以图灵机为理论模型的计算机就帮不上忙。这是图灵机的限制，也是现在的机器不可能超越人类的关键原因。

4.3.2 现实世界映射到数学世界

在阅读以下内容之前，请大家思考两个问题：人和机器是怎样协同解决问题的？如何让计算机理解那些现实中的问题呢？

首先我们需要知道，**从现实问题转换到计算机能理解的问题的过程中发生了两次问题空间的映射：第一次是把问题从现实世界映射到了数学世界，把现实世界的问题转换为数学问题；第二次是把问题从数学世界映射到机器世界，把数学问题再次转换为计算机能理解的问题。**所以要想让计算机理解现实中的问题，需要先把问题用数学模型描述出来，通过抽象和建模建立问题的数学模型，然后通过算法和程序设计，把这个数学模型变成机器可以理解的信息，这就是人和机器协同解决问题的过程。

卡耐基梅隆大学的周以真教授把两次映射总结成为一种思维方法，叫计算思维。计算思维实际上就是问题的两次映射的过程，核心是问题的抽象建模与算法实现。

第一个过程是抽象与建模的过程，通过抽象与建模把现实的问题转换成为数学模型。这个过程是解决问题的核心关键，是人通过直觉和逻辑分析完成的。我们再来看看什么叫抽象。毕加索画牛的过程就是一个由繁到简的抽象过程（图 4-9），这个过程把一个复杂的立体的问题抽象成为一个平面的线条的问题。这在思维方式上就是所谓的降维过程，抽象过程的关键就是找到物质的本质属性做降维处理，简化或放弃不那么重要的属性，只保留关键特征。

图 4-9 毕加索画牛的过程

物质的关键特征是根据要解决的问题设定的。比如一个生活在现实世界的人，他有许多特征,有生理特征、心理特征、智力特征、工作特征、消费特征等。如果银行要考虑是否给这个人贷款,那么应该把这个人与贷款相关的那些特征抽取出来,比如这个人的年薪、职位、工作年限以及拥有的实物财产和存款。同时可以忽略掉和贷款无关的其他特征,比如身高、体重、智力水平等,只保留关键的财务特征。这个过程中还可以把问题数学化,因为所有的特征都是可以用数字量化表示的,这就是把问题抽象的过程。

把问题抽象成用数学表达的方式后,接着就需要建立这些本质特征与求解问题之间的关系,也就是要找到一个数学公式来描述求解问题和特征之间的关系,比如一个人的年薪和财产特征与取得银行贷款额度之间的关系,这就是建模的过程。

一般来说建模有两种情况。一种叫实物建模,就是做一个实物模型来描述问题,比如做一个飞机的模型来做空气动力学实验,飞机模型就是一种实物模型。另一种建模叫数学建模,就是用数学公式描述问题的本质,比如用飞机的飞行参数来优化飞行的稳定性,这里用到的就是数学建模。

人类其实很早就开始用数学建模,比如中国自古就有的 24 节气,现代科学研究表明这 24 个节气反映的就是地球和太阳之间的相对位置,地球每运转过 15 度夹角,就是一个节气(图 4-10)。这个过程就是通过观察,建立农耕时期农业耕种时间表的一个模型。用这种方式我们可以知道在什么时候播种,什么时候施肥,什么时候开始收获。这其实是人类最古老的机器学习的案例。

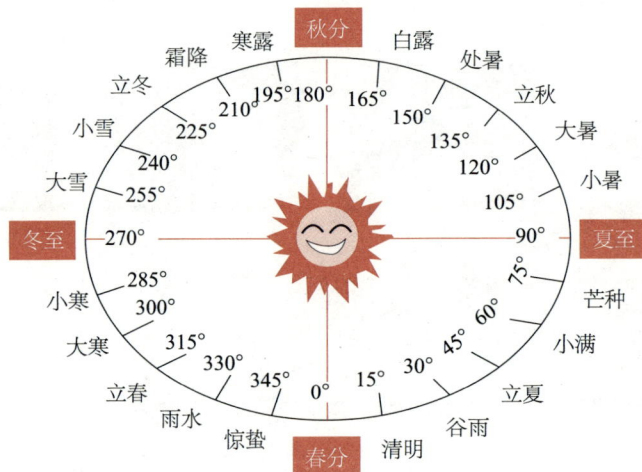

图 4-10 中国 24 节气图

另外一个经典的数学模型是托勒密的地心说，虽然现在科学证实了地心说是错的，但不可否认，地心说使用了科学的建模方法。地心说用了多个椭圆来为地球和周边空间建立数学模型，在地球和行星运行的轨道之间建立了一个准确关系，而且事实证明这个模型对行星运行的轨迹估算是非常准确的，之后的日心说也是根据这个模型建立起来的。

20 世纪最著名的数学模型之一是爱因斯坦的质能方程：$E=mc^2$。他用一个简单的方程描述了物质的质量与能量之间的关系：物质所蕴含的能量等于质量乘以光速的平方，质能方程揭示了能量与质量之间的本质特点。爱因斯坦说："如果我们要解决问题，可以尝试为问题建立起数学模型，一旦建立了这个模型，我们就看到了通往胜利的曙光。"

再来看一个关于抽象和建模的具体案例，著名的哥尼斯堡七桥问题。18 世纪有个数学家叫欧拉，有人问了他这样一个问题：在欧洲的哥尼斯堡有两个岛，这两个岛被河流分开了，两个岛之间有 7 座桥相连，岛上有两个景点，岸上有两个景点（图 4-11）。如果岛上的居民出去散步，从某个景点出发，能不能不重复地一次性走完所有的景点？

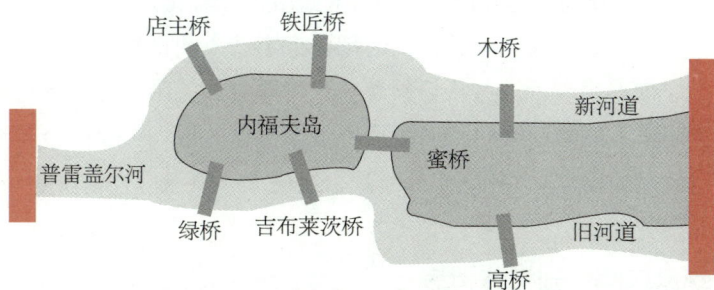

图 4-11　哥尼斯堡七桥问题示意图

作为一个数学家，欧拉首先做的就是把这个现实的问题进行抽象建模。首先要忽略那些不重要的因素，欧拉认为这个问题和桥的长度以及景点的物理大小是无关的，于是把桥抽象成了没有长度属性只有方向属性的线，把景点抽象成了没有大小属性只有位置属性的点，然后把这些线和点绘制成一张图。A、B、C、D 这 4 个点表示 4 个景点，用 7 条线将它们连在一起，就建立起了这些抽象的点和线与要解决问题之间的关系，也就是为这个问题建立数学模型。现在原来的问题就转换成这样一个数学问题：如果我们把笔放在这 4 个点的任意一点上，从这一点出发，能不能不提起笔，就把 A、B、C、D 4 个点都经过一次，而且这一笔不能重复经过这 4 个点中的任何一个。

这就是欧拉对哥尼斯堡七桥问题进行抽象建模的过程，把现实问题抽象成了一张图（图4-12）。哥尼斯堡七桥问题开创了数学的一个新分支——图论，它被广泛应用于计算机、运筹学、信息论、控制论等领域，人工智能里很重要的线性规划问题和决策问题都是图论的应用。AlphaGo 的算法里大量地运用了决策树，这就是典型的图论问题。之前提到的渡河问题也是图论的经典运用之一。

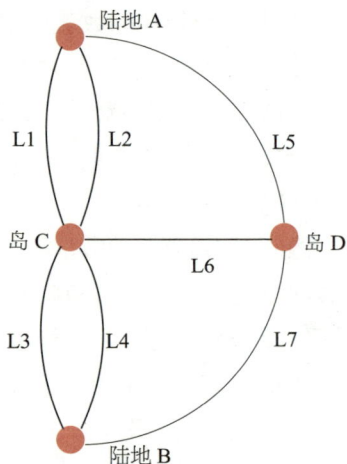

图 4-12　哥尼斯堡七桥问题抽象图

　　抽象和建模的过程从本质上来讲是要找出一个数学公式来描述特征值与求解问题之间的关系。从数学的角度来说，就是要找到一个函数（function），这个函数有对应的输入值 x 和输出值 y，只要输入具体的特征值，函数就会给出一个对应的输出值。

　　因此，抽象和建模的过程就是寻找这个函数的过程。比如之前提到的贷款问题，银行判断一个人能获得多大额度的贷款时需要把申请人的贷款特征参数抽象出来，之后做一个数学模型来表示这些特征参数与获得额度的关系。函数是有输入的，输入 x 就是贷款申请人的特征参数，通过这个数学模型的运算，银行会得到这个人的贷款额度，也就是输出值 y，并以此判断是否给这个人贷款以及给多少额度的贷款。

4.3.3　数学世界映射到机器世界

　　经过第一次映射找到数学模型后，就需要进行第二次映射：把问题从数学世界映射到机器世界，这个过程是通过算法和程序设计完成的。为什么需要这个映射过程呢？原因就在于机器是不能直接理解人的语言的，机器世界里只有 0 和 1 这两个二进制数，机器能做的事情无非就是 0 和 1 的转化。在这种情况下，人必须把要做的事情用机器能理解的方式告诉它，然后机器才能执行任务。这个过程就是让计算机理解已经形成的数学模型。其实这个映射过程的大部分工作仍然是由人来完成的，最后的执行和计算过程才是依靠计算机完成的。

　　让计算机理解数学模型也要经过两个步骤，首先是把数学模型算法化，然后是把算法程序化，通过这两个步骤就可以把数学模型转化成机器可以理解的程序。

　　先来看数学模型算法化的过程。从广义上理解，算法是解决问题的思路和步骤的总和。举个生活上的例子，四川人喜欢吃火锅，其中烫毛肚非常受欢迎。烫毛肚分成 3 个步骤：第一步，把生毛肚夹起来放入锅中；第二步，让毛肚完全浸在汤里 15 ~ 20 秒；第三，把烫好的毛肚夹起来蘸上佐料放进嘴里。这个过程是吃毛肚的详细步骤，实际上也就是在生活中运用算法的过程。当然了，这里的算法指的是广义的算法。

　　我们要讲解的算法是狭义的算法，是数学函数计算步骤的分解，也就是把数学模型计算步骤细分的过程。比如要计算两个数的算术平均值，首先要输入两个实数 a 和 b，然后把 a 和 b 加在一起并把这个结果赋值给 c，最后把 c 除以 2 算出平均值并输出（图 4-13）。这个过程描述和前面吃毛肚的过程描述是一样的，都是通过一系列方法步骤得到一个结果，只不过一个运用在生活中，一个运用在数学中。

求两个数 a，b 的算术平均值 aver.
解：用数学语言
S1：输入两个实数 a；b；
S2：计算 c=a+b；
S3：计算 aver=c/2；
S4：输出 aver.
思考：整个程序框图有什么特点？
语句与语句之间，框与框之间是按从上到下的顺序进行的，它是由若干个依次执行的处理步骤组成的。

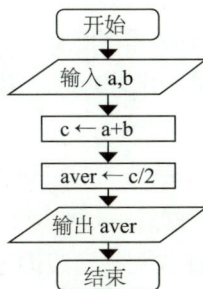

图 4-13　计算两个数平均值的算法

　　再举一个例子加深大家对算法的理解。这是一个关于平均工资的问题：某公司一共有 10 个员工，每个人的月薪都不一样，有的是 5000 元，有的是 10 000 元，有的是 20 000 元。现在需要得到这 10 个人的平均工资，但是他们因为种种原因都不想让其他人知道自己的工资数额。在这种情况下，怎样才能在不需要告诉其他人自己工资的情况下得到 10 个人的平均工资？这就需要一种算法。

　　其中一种算法是这样的。第一步，第一个人把自己的工资 A_1 加上一个其他人都不知道的随机数 x，得到一个数 A_2。这个数其实隐藏了第一个人的工资。第二步，第一个人把 A_2 交给第二个人，当然，第二个人不知道第一个人的工资。然后第二个人再把 A_2 加上自己的工资得到 A_3。这样依次加下去，直到所有人的工资都被加上去，得到一个总和 B。在这个过程中，因为那个加进去的随机数 x，所以没有人知道其他人的工资。第三步，第一个人把最后的总和 B 减去最初加入的随机数 x，得到所有人工资的总和 A。第四步，把工资的总和 A 除以人数 10 就得到了平均工资。这就是关于这个问题的算法描述。

在抽象与建模阶段，我们其实已经找到了一个数学函数 $f(x)$。当输入所有人的工资和随机数 x 后，就会得到大家的平均工资。这个算法实际上是这个数学函数的具体实施步骤。

这个算法就是最典型的加密算法的原型。加密过程是这样完成的：在加密算法里最开始的信息叫明文，它需要通过和随机数的一次运算转换成一个大家都猜不出意义的数，我们称这个随机数为密钥，这个转换过程就是加密过程。通过算法把明文和密钥结合在一起，就得到了加密信息。然后把加密信息放到信道进行传输，这样一来，任何没有密钥的人都无法知道这些信息的含义。最后接收到加密信息的人通过密钥进行逆运算得到明文，这种算法叫对称加密。当然加密算法还有非对称加密算法，此处不展开讨论。

算法设计是第二次映射中的核心问题，算法设计的方法有很多，这里简单介绍 3 种主要的算法设计方法。**第一种是穷举算法，第二种是分解算法，第三种是并行算法。**

穷举算法就是尝试把所有满足条件的可能解都找出来，然后挑选出符合题目目标的解。 渡河问题就是典型的运用穷举算法的案例。在渡河算法里，首先把起始向量 $A=(1,1,1,1)$ 分别与运载向量 B 相异或，得到一个新向量。接着判断这个新向量是不是渡河结束向量 $A=(0,0,0,0)$，如果是，表明渡河完成了，整个过程就结束了。如果不是，就需要判断这个新的状态向量是不是可取的状态向量，如果是可取状态，就把这个可取状态向量重新放在初始值里面继续使用，再重复进行上面的过程，这样就可以得到所有的渡河状态。这实际上是一种暴力解法，即找到所有的可能解，而答案一定就在这些解里。当时 IBM 公司的深蓝计算机战胜人类国际象棋冠军也是用的穷举算法，这种算法的计算量是非常大的。

分解算法是把一个复杂问题逐步分解简化的算法。 比如在查找算法里，如果要查找的信息非常多，则可以用二分法把问题逐步分解。也就是先查找所有信息里的一半，然后找另外一半，再一直以对半分支下去，直到找到想要查找的信息。排序算法也是如此，比如怎样把一堆数据从小到大进行排序呢？先把数据分成两半，再对分解的数据继续分解，直到不能再分为止。然后把这些数两两进行比较，按从小到大的顺序进行排序，再把结果合在一起再一次比较和排序，通过这种方法就能得到这堆数据的排序。分解算法的实质就是把一个复杂问题简单化的过程。

并行算法是把大问题分解为多个独立的小问题，使这些小问题可以被同时处理，这样做的目的是节约解决问题的时间。并行算法的用途更广，刚才提到的分解算法中其实已经用到了并行的概念。计算机体系结构和机器学习里的神经网络，尤其是深度神经网络，都大量应用了并行算法。例如机器学习需要做大量的矩阵运算，这些矩阵运算可以被分成多个小的独立矩阵运算，然后把这些独立的矩阵运算放入 GPU 的多个独立运算器，通过对这些独立矩阵单元的同时运算来完成整个运算过程，这就是机器学习需要大量使用 GPU 的原因。GPU 是由多个独立的并行运算单元组成的，GPU 的硬件设计本身就非常适合进行并行计算。

上面我们讨论了第二个映射的第一步，即在建立数学模型后，用算法把解决问题的思路表示出来的过程，这个过程仍然是由人来完成的。接下来讨论第二个映射的第二步，把算法程序化的过程，其实就是把算法编写成程序让计算机理解的过程。

在之前的内容中介绍过，冯氏机是通过组合逻辑电路实现的，核心是对二进制数 0 和 1 进行各种操作。计算机只能理解 0 和 1 组成的机器语言，但算法并不是用计算机能理解的 0 和 1 描述的。怎么办呢？只能通过对算法编程来进行转换。

算法是实现数学模型的方法和步骤的集合，是靠一连串的逻辑判断完成的。这些逻辑判断完全可以通过编程语言来实现，比如 if、then、else 这样的逻辑编程语句，这样就可以把算法用编程语言的方式表达出来。之后通过编译等一系列过程把这些程序转换成 0 和 1 组成的文件，我们称之为机器语言，是计算机可以理解的语言，这样一来，计算机便能按算法的要求进行计算并得到结果。

比如针对渡河问题，就可以通过 C 语言把刚才设计好的算法程序化，并设计函数来实现相应的功能。其中的主函数，也就是渡河函数，可以使用 if、else 这些逻辑判断语句，以及调用不同的功能函数，最终用计算机编程的方式实现。接下来就是对程序进行编译、汇编，把它变成一系列的 0 和 1 组成的机器语言文件。最后把这些可执行文件输入计算机，计算机就能顺利地理解这些算法，按要求执行计算任务。

回顾以上内容，把现实问题转换成计算机能理解的问题的过程是通过两次映射完成的，首先通过抽象和建模把问题转换成数学模型，然后通过算法化和程序化把数学模型转换成机器能够理解的信息，最后由计算机来执行运算过程。通过这种方式，人们可以利用计算机高速运算的特点完成一系列复杂而耗时的运算。

4.4 延伸阅读与思考

基于统计学的翻译模型

此处举一个智能技术的案例帮助大家加深对前文提到的两次映射过程的理解，案例是用统计学模型来实现机器翻译。我们曾经讲过，最初的机器翻译是通过模仿人的认知实现的，需要通过语言专家对语法规则和语义分析的理解来建立相应的数学模型，但这种方式却遇到了问题。

来看一句英文："The spirit is willing but the flesh is weak."这句话本是汉语中的一句谚语，意思是"心有余而力不足"。如果用语法分析的思路把这句话翻译成俄语，之后再翻译成中文，就会变成"酒是好的，肉变质了"。在原来语法分析的规则下，机器只能翻译出这样令人啼笑皆非的结果。直到1970年通信学专家贾里尼克（图4-14）进入IBM实验室，将通信学思想运用到机器翻译领域，才让翻译的准确率大大提高。

图 4-14　贾里尼克

贾里尼克之所以取得了前人无法想象的突破，恰恰是因为他根本不懂语言学。**他是一个通信学专家，并不懂任何翻译的语法规则，他是用类比思维和逆向思维解决问题的。**他认为翻译的过程实际上与通信过程非常类似，都是发送方把信号编码后传递出去，接收方通过解码的方式来恢复信号的过程。在贾里尼克眼中，翻译问题是一个典型的通信问题。在通信过程中，因为信道噪声等问题，信号是有损失的。同样的，在翻译过程中，因为理解问题，翻译结果也是有误差的。

贾里尼克解决机器翻译问题的思路来自统计学，他认为当机器翻译的时候，一句话会出现多种翻译结果，如果把这些翻译结果与历史上出现过的文字记载相比较，与出现过的记载文字越接近，就越有可能是正确的翻译。这样一来，翻译问题就变成了一个概率统计问题。翻译准确与否就变成了是否能找到所有翻译中损失率最小的那种翻译，这是典型的逆向思维，也是机器学习的典型思路，也就是说需要从以前的历史数据中找到对当前问题的解答。

一个翻译好的句子是否合理就要看这句话出现在人类历史上的文字信息里的可能性有多大。那么怎样才能找到最合理的翻译呢？

因为我们不可能统计所有出现过的语言，所以可以借用隐性马尔可夫数学模型来建立翻译结果的概率模型。比如翻译的结果是"我们热爱人工智能"，这句话是由 3 个单词组成的,这句话在历史上可能出现的概率实际上就是这句话的条件概率 P。这样就把翻译问题用句子出现的概率模型表示出来了,数学模型就是句子的统计模型。

如图 4-15 所示,把一句话从英文翻译成中文,出现了 3 种不同的结果。用隐马尔可夫概率模型(图 4-16)计算可得,这些句子出现的概率分别是 0.005、0.000 05 和 0.000 000 05。通过比较可以知道这 3 种结果里第一句话出现的可能性最大,因此这句翻译是最好的。这就是基于语言统计学建模的方式来解决机器翻译问题的案例,这种基于统计的分析方法其实也是机器学习的主要思路。当然我们现在也可以用深度神经网络的方式来解决这个问题。

"美联储主席昨天告诉媒体 700 亿美元的救助金将借给上百家银行。"

出现概率 0.005

"主席美联储昨天告诉媒体的救助金将借给上百家银行 700 亿美元。"

出现概率 0.000 05

"美主席昨联储天告诉 700 亿媒体美元的金将借给上救助百家银行。"

出现概率 0.000 000 05

图 4-15 同一句子 3 种翻译结果图示

$$P(w_1, w_2, w_3, \cdots, w_n) = P(w_1)P(w_2|w_1)P(w_3|w_2)\cdots P(w_n|w_{n-1})$$

$$P(w_i|w_{i-1}) = \frac{P(w_{i-1}, w_i)}{P(w_{i-1})}$$

$$P(w_{i-1}, w_i) = \frac{N(w_{i-1}, w_i)}{N(w_{i-1})}$$

图 4-16 隐马尔可夫模型(简化)

思考

除了上述的机器翻译算法,目前深度神经网络也是业界在机器翻译领域普遍使用的算法。请查找关于深度学习和机器翻译的资料,并尝试说明神经网络是如何实现人类语言翻译的。

以机器学习为代表的人工智能技术从 **2000** 年开始大行其道，并且在智能语言识别，图像识别以及智能驾驶等领域做出了令人惊叹的成绩。那么机器学习的本质是什么呢？我们将在这一章讨论 3 个有趣的话题：第一，机器到底能不能学习？第二，机器学习的本质是什么？第三，机器学习的局限以及带给我们的思考是什么？我们将会通过对机器学习的具体过程的剖析以及实际的项目案例来解答这些问题。同时，我们还会探讨机器学习的局限并思考人工智能技术中的创新思维。

5.1 开篇案例与概述

人工智能遇上新药研发，它能给医药行业带来什么？[①]

2016 年之前，将人工智能用于药物研发的初创公司只有 30 家左右，而 2018 年这个数字已经飙升到了 148。可以说，人工智能技术的成熟出现在医药产业发展的关键节点，由于新药物靶点和作用机制越来越少，医药公司需要投入更多的精力才能产出和以前相当的 "FirstinClass"（首创）药物。

人工智能尤其擅长应用复杂的规则对大量数据进行分析。如果能够为计算机算法提供足够多的数据，并且将需要解决的问题正确地呈现出来，它们就有可能捕捉到人类无法发现的规律。"机器学习算法还可以预测候选化合物在不同物理和化学环境下的反应，从而帮助药物研发人员理解它们在人体不同组织中的行为。"滑

---

① 来源：药明康德。

铁卢大学的物理化学家霍普金斯（Scott Hopkins）博士说道，他正在与辉瑞（Pfizer）公司合作，训练算法来评估候选分子吸收或丢失水分的能力。

"如果一个药物分子非常迅速地吸收水分并且不会让水分流失，这意味着这种药物在水中很容易溶解，"霍普金斯博士谈到，"它在胃中会很快溶解并且进入血液循环。"这一算法通过分析 89 种小分子候选药物结构与可溶性的关系，能够准确预测出类似分子的关键特征。这项研究已经在 *Nature Communications* 上发表。

对药物潜在毒性和生化特征的筛查虽然是药物开发中不可缺少的步骤，但是对于人工智能的研究人员，药物研发中的关键是从头生成一个新治疗性分子的结构。药明康德的合作伙伴 Insilico Medicine 公司正在使用"生成对抗网络（GAN）"来开发全新的小分子化合物，用于治疗癌症、代谢性疾病和神经退行性疾病等严重疾病。

这一算法由两个互相对抗的深度神经网络构成。

第一个深度神经网络的任务是根据一系列化合物应该具有的功能和生化特征标准（例如溶解性、靶点，或生物利用度）生成分子结构；而另一个深度神经网络的作用是对第一个神经网络输出的结构进行"批评"。它们之间相互竞争，经过无数次的迭代就能够学会生成一些全新的结构。Insilico 公司计划针对多个孤立药靶点开发候选药物分子。

如果给予足够多的数据，机器学习算法就能够从中发现规律，然后利用这些规律来做出预测或对新的数据进行分类，它们在这方面的表现远远快于人类。当代的药物研发团队面对的挑战是需要系统性地对海量数据进行分析，这已经不是可以单靠人脑来完成的工作。那么，人工智能是如何利用数据发现规律的呢？我们将在本章就这个问题进行深入探讨。

5.2　机器学习发展史

5.2.1　人工智能的发展态势

图 5-1 描述的是各个国家和地区通过的人工智能技术专利申请情况。可以看到从 2005 到 2009 年，美国是领先的，大概是 12 000 件左右，中国、欧洲和日本的水平相当，都在 4000 件左右。但是在 2010 年到 2014 年之间，可以看到一个明显的趋势，中国关于人工智能的专利数量明显增加，达到了 8000 件左右。同时，美国也在增长，达到了 16 000 件，而其他国家和地区的变化不大。

数量（单位：千件）

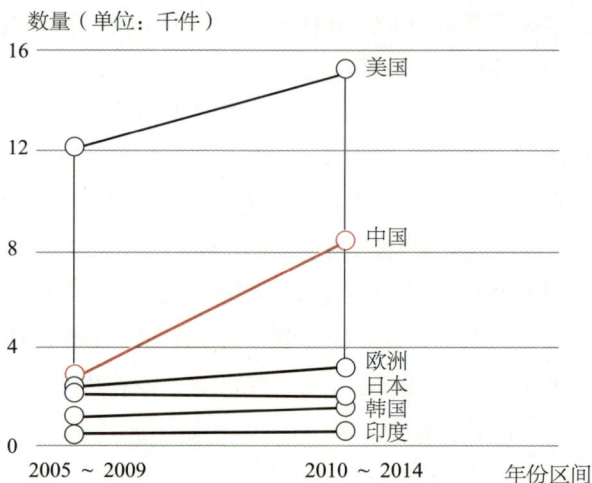

图 5-1　各个国家和地区通过的人工智能技术专利申请数量

数量（单位：千件）

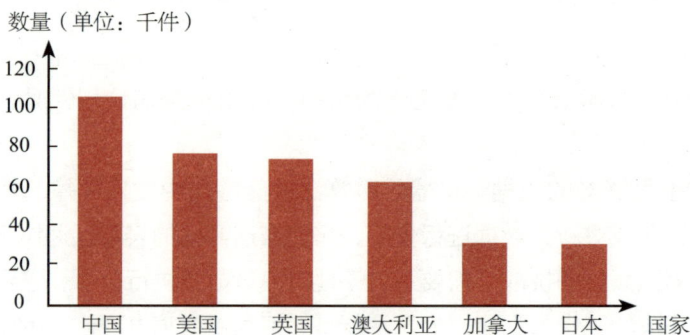

图 5-2　2019 年全球人工智能技术专利申请数量排名前 6 的国家

从 2019 年的统计数据来看（图 5-2），中国在人工智能技术专利的申请数量上已达到了 11 万件，超出了第 2 名美国 3 万件，成为世界第一的人工智能技术专利大国。

人工智能技术之所以重要，是因为它引领了第四次工业革命，引起了许多行业的变革：在"人与机器的和谐之道"那一章节我们会探讨 AI 赋能，就是通过把人工智能技术运用到各个行业中以提高这些行业的工作效率和生产效率。比如运用到金融、教育、交通等领域，帮助这个行业进行功能再造和升级，进而改变这个行业的竞争模式并重塑行业生态。

现在人工智能技术方兴未艾，那么人工智能技术是从什么时候开始的呢？人工智能，机器学习，深度学习之间到底是什么关系呢？

5.2.2　1980 年前的人工智能发展史

我们在之前的章节中谈到过图灵测试，图灵是最早思考机器是否具有智能的科学家之一。在 1950 年，图灵对机器是否具有智能这个问题发起了最早的探索。但人工智能作为一个明确的概念被提出，一般认为是在 1956 年的达特茅斯计算机年会上。一些在计算机领域造诣很深的科学家，比如认知计算领域的专家司马贺、信息论的鼻祖香农，以及一些年轻的科学家，比如明斯基和麦克马修都参加了这个年会。参加这次年会的这些科学家日后大都因为在人工智能领域做出了卓越贡献而获得了图灵奖。

当时年轻的科学家明斯基提出了人工智能的概念：让机器来完成那些如果由人类来做则需要智能的事情。这是个非常宽泛的概念，因为需要智能完成的事情很多，比如数值的计算是需要智能的，逻辑分析也需要智能才能完成，那么这里的智能到底指的是哪一类人的智能呢？在当时这一点并没有被说明，**我们可以认为这个概念里的智能包括所有人类具有的智能，也就是说所有人能够通过思考和计算完成的事情都可以让机器去完成。这种对智能的定义接近现在所说的强人工智能。**到目前为止人工智能的发展离这个定义还有不小的距离。

1956 年到 1974 年是人工智能的探索期，这个时期人工智能的主流学派叫鸟飞派。他们认为人是怎么学习的，机器就应该怎么学习，人怎么思考，机器也应该怎么思考。如果人是通过逻辑和符号来思考问题，那么机器也应该用逻辑、符号来思考问题。就像生物若要学习飞行，就要按照鸟的飞行方式进行学习一样，这个学派也因此得名鸟飞派。

在对一件事情是否会发生做出判断以前，需要知道这个事件的发生前提和发生条件，然后产生一个判断结论，这是典型的人的思维方式。鸟飞派认为如果要让机器模仿人的智慧，那就要搞懂人是怎么通过逻辑符号来认知和学习的，因此机器的学习方式也必须通过逻辑符号来表示，因此他们也叫符号派，主要通过研究人的思维方式和逻辑学来指导机器学习。

同时，他们也是乐观派，他们认为在人工智能诞生的 20 年内机器就会替代人做所有人可以做的工作，也就是说到 1970 年的时候，应该就会出现跟人拥有一样智慧的机器。但符号派的思路显然是行不通的，事实也证明符号派在接下来的 20 年内并没有大的发展。

5.2.3 联结主义的新思路

1980 年开始的另一个学派叫联结主义，也就是我们现在说的神经网络，因此这个学派又被称为神经网络学派。他们试图通过对脑部神经的模拟构造一个具有一定智能的机器：首先用感知机模拟大脑神经元的工作机制，然后把多个感知机按一定方式连接在一起。这是一种自底向上的思路。

图 5-3 展示了一个很典型的人工神经网络（Artificial Neural Network），它是由多个感知机按一定方式连接在一起的。这些感知机可以模拟神经元的工作方式，它们连接在一起后在结构上类似人脑的大脑皮层。这样一来，机器就具有思考能力了。联结主义假设如果在底层结构上用一种数学模型来模拟人类大脑，类脑结构的机器就会产生像人一样的智慧。但是人们期望出现的这种智慧并没有到来。虽然神经网络在结构上借鉴了人脑的构造，但它只是构建了一个在仿生学上与人脑结构类似的装置，而我们在之前的内容中也曾讨论过，从工作机制上讲，神经网络和大脑完全不一样。

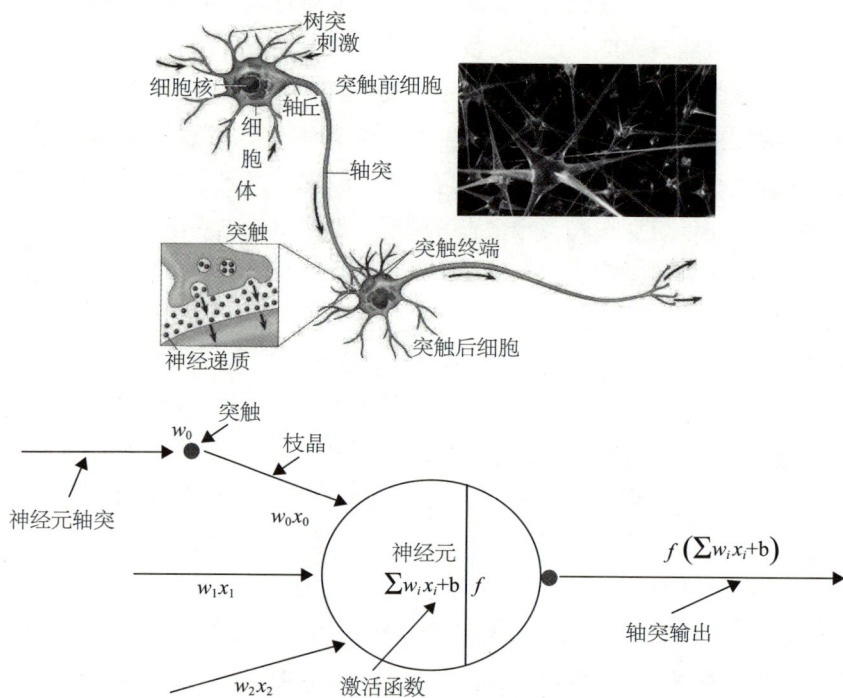

图 5-3 大脑神经元与人工神经网络工作机制示意图

尽管如此，神经网络依旧具有它与生俱来的优点：**可以模拟非线性函数对样本进**

行分类，这一点十分关键。在实际情况中，我们会遇到非常多的非线性问题，而神经网络是解决这些问题的良好方案，甚至有的人认为深层神经网络可以模拟任何连续函数。但是神经网络也有着较大的问题，即神经网络虽然在结构上模拟人脑，但在工作机制上却和人脑没有关系，它的工作机制是不清晰的。并且，在数学上没有办法证明神经网络是收敛的，也就是说，从数学的角度来看，神经网络并不是一种稳定结构。

在联结主义发展的同一时间段里，这个领域还出现了行为主义学派。行为主义学派认为，机器具有智能的前提条件是具有感知能力，要通过与周边环境的交互形成一种智慧。

1991 年，麻省理工学院的布鲁克教授运用这个思路制造了"六足机器人"（图 5-4）。这个机器人并没有中心控制，它的移动是靠 6 只脚上装的分布

图 5-4　六足机器人

式小芯片控制的。这些芯片可以感知周边环境，并独立控制机器腿的移动，并且这种分布式的控制方式能让这个机器人产生某种对环境的自适应能力。这是行为学派的一个典型代表。

行为学派强调通过环境来交互学习，并形成一种智能策略，这和现在所说的人工智能思想很接近。在下一章中我们将了解到，Alpha Go 中的增强学习正是运用了这种思路。

5.2.4　"机器学习"的提出

上文谈到，因为鸟飞派的思路走不通，人工智能陷入了 20 年的黑暗期。1980年以后，研究者们换了一种思路：既然不能通过模拟人的认知方式获得智慧，那么能不能不再思考人类具有智慧的原因，转而从人类积累的历史数据里总结出一种策略，然后把这种策略应用到实际环境当中？事实证明，这种想法奏效了。

一方面，我们知道，人类大脑的工作机制非常复杂，要弄明白其中的机制在当时的科技条件下是不可能的；另一方面，人类在各行各业积累了大量的数据，这些数据可以被当作经验利用起来。那么能不能构造一种黑匣子机制，不用管它里面发生了什么，只从已知的数据和经验中总结规律来形成一种对外界环境的应对策略呢？

这种策略是智能的，因为它可以指导人们的生产和生活。这就绕过了必须要搞懂人的认知才能模拟出智能的思路，是一种思维局限上的突破。其实，这种思维

方式就是机器学习典型的思维基础——逆向思维。之前谈到的贾里尼克用统计学的方法来做机器翻译就是用到了这种思路。

在 **20** 世纪 **80** 年代，也就是机器学习刚被提出的时候，它还未成为一个热点，这有两方面的原因：一是那时候能够利用的数据不够多；二是机器学习算法需要大量的计算，当时计算机的计算能力跟不上。直到 2000 年前后，万维网的出现让行业数据开始以指数级的速度增长，机器学习才逐渐变得热门。到了 2006 年，人工智能科学家辛顿（Hinton）发明了一种计算神经网络参数的快速算法——后向传播算法，大大加快了机器训练的速度和寻找参数的效率。2010 年前后 GPU 计算芯片的普遍应用也大大提高了计算机对神经网络的运算能力。如此一来，便从数据、算法和计算能力这三方面为机器学习的广泛应用做好了准备。

2012 年，科学家们运用深度神经网络开发了深度学习技术，也就是 Deep Learning。这种智能算法在图像识别和机器翻译领域取得了突破性的进展，于是深度学习技术在学术界和工业界引起了广泛的关注并开始被大规模应用，其中最为人称道的就是 AlphaGo 战胜人类的那场比赛。深度学习为什么得到了如此广泛的应用？笔者认为原因有两个：一是深度学习网络不需要科学家具有本行业的专业知识，不需要他们抽象出行业特征向量；二是深度学习的实战效果比较好，尤其是卷积神经网络对图像和声音的识别率非常高。

5.2.5　人工智能、机器学习和深度学习之间的关系

首先，人工智能是人们的愿景，人们研究智能技术的目标是让机器具有人的智慧，从而能够帮助人。机器学习是在 1980 年以后提出的实现智能化的一种思路和方法，它的核心是通过对数据的学习形成智能策略。机器学习是一种达成人工智能目标的方法，包括支持向量机、K-MEAN 聚类算法、贝叶斯分类器和深度神经网络等学习方法。如果机器学习运用了神经网络，尤其是深度神经网络，那么这种方式就叫深度学习。深度学习的出现大大提高了机器学习的效率，凭借较好的实用效果被学术界和工业界普遍使用。

如果要进入人工智能领域，尤其是机器学习和深度学习领域，我们需要具备一些背景知识，除了要具备能帮助你进行数据处理的，如微积分、统计学、概率论、线性代数等数学知识以外，还要有计算机领域的知识，这些知识在第 4 章机器的"智慧"里我们已经做了详细探讨，这里不再赘述。

5.3　机器学习的本质

在这一节中，我们将为大家讲解机器如何"学习"。本书的重点之一是探讨如何通过智能技术把创新项目产品化，如何把人工智能技术融入行业中。本节将切入这个问题的核心：智能技术，尤其是基于机器学习的智能技术。我们知道 AlphaGo 开启的智能时代是以机器学习技术为核心的，机器学习作为一种代表性的人工智能技术，是智能时代的关键性技术，也是本书关注的重点。

5.3.1　机器能不能学习

在之前的章节中我们讲到过，机器并不具有"智慧"，它没有自主思考能力，不能做出抽象和建模，也不能写出算法和程序，当然也就不可能独立给出问题的解决方案。笔者认为，机器所谓的"智慧"是人赋予的。有人会问：如果机器没有智慧，也没有独立思考能力，那它能不能学习呢？如果能，它是怎么学习的呢？这一节我们就将一起探讨机器能否进行学习。

为了回答机器是否能够学习，首先应该明确什么是学习。学习不是简单的记忆，"学习"是由"学"和"习"两个字组成，也就是说学习有两个过程，首先是知道，然后是运用。如果只是记住了某些知识，却不能把这些知识应用到不同的领域，那就不能算是学会了。要把原来的记忆变成合理的经验，然后把这个经验用在其他情景当中，这才叫学习。人类是怎么学会驾驶汽车的？首先要在特定的场地进行训练，学习开车、倒车、停车等各种技术。这些基础训练是很重要的，但更重要的是从这些场地训练当中总结出驾驶经验、找到驾驶的规律，然后把这些经验和规律运用到其他情境中去，这才是学习的全过程。那么机器能不能通过训练得到某种经验，并把这种经验运用到新的场景中去呢？答案是可以的。

我们把机器称为代理（agent），周遭的环境会跟这个代理通过传感器（sensor）进行信息交互，代理会从环境中获取一些数据。

代理获得这些信息后，会通过分析生成一种策略（policy），就像人在学开车的时候，先要通过场地训练来得到开车的各种策略一样。在人工智能里，这个形成策略的过程就是抽象建模的过程。也就是说，要通过环境数据找到一个数学模型，或一个数学函数 $f(x)$，它的输入就是周边的数据，输出就是通过学习对外界环境做出的响应。当然，代理和环境通过一次性的交互形成的策略可能不够准确，在某些情况下，代理需要跟周边的环境多次反复地交互，通过这个过程形成更准确的策略。也就是说，我们要找的数学函数可能是通过多次交互得到的。

对机器而言，学习中的记忆过程就是得到历史数据集的过程；机器学习中通过数据找到规律的过程就像人学习开车时在场地训练中形成经验的过程。一旦形成经验，就可以把这种经验灵活地运用在任何情形下，据此我们就可以认为机器具有了学习的功能。

人工智能在金融、机器人、游戏、医疗及互联网等领域都有应用。比如在金融交易中，代理机器人从环境中搜集股票交易和期货交易的数据，通过分析这些数据形成股票或期货的交易策略。我们可以通过对以前某一支股票一周的交易数据进行分析，找到这支股票的交易规律，并用一个数学模型来描述这个规律，这样就建立了关于这支股票的交易策略，这个策略可以用来预测这支股票在明天的交易情况。

实现自动驾驶的原理也是如此，只不过代理机器人是通过摄像头、超声波雷达、红外成像仪等传感器来搜集信息的。自动驾驶汽车可以通过搜集到的道路数据，对路面和道路上的物体建立模型，并通过对数据的分析形成自动驾驶策略。通过这个策略，对于任意的道路情况，代理机器人都可以给出实时的驾驶参数，比如油门、刹车的轻重以及方向盘的转弯力矩等。

在智能医疗领域亦是如此，代理机器人先搜集某种疾病的病理数据，通过对这些数据的学习，建立起对这种疾病的诊断策略，并用这个策略来判断新的病人是否患了此种疾病。另外，还可以通过结合以前的治疗经验形成治疗策略，给出病人的治疗方案。IBM 公司的沃森肿瘤诊疗机器人正是运用了这种技术，为病人制定适合的治疗方案。值得注意的是，这些方案还是由医生先得到，成为医生的备选治疗方案之一，至于最后是否采用此种方案，决定权依旧在医生手中。

机器学习的核心其实就是通过周遭数据建立策略，也就是在数学上找到一个函数。如果能够找准函数，机器就能得到一个相对准确的策略。假如这个策略是准确的，我们就可以通过这个策略去执行对环境的反馈动作，这就是机器学习的方式。

5.3.2　从数据中学习——Learning from Data

有了以上的了解，我们再来讨论第二个重要的问题，机器是如何学习的？这里，笔者用自己指导的项目案例来说明这个问题。

这个案例是关于性格与专业匹配度的测试。学生在填报高考志愿时，如何选择适合自己的专业方向是一个令人头痛的问题。为了找到最适合自己的专业，学生和家长往往会尝试很多种方法，其中便包括一种专业的心理测评——霍兰德职业兴趣测评[①]。这个心理测评有 6 个心理维度，分别表示测试者的某个人格特征，它们是常规型、艺术型、社会型、研究型、企业型和现实型，我们假设这些维度跟专业匹配度是有关系的。

　　做完测评后，我们会得到参与者的各个维度得分。比如某个测试者现实型得分 51 分，研究型得分 53 分，艺术型得分 47 分，社会型得分 63 分，企业型得分 61 分，常规型得分 67 分（图 5-5）。将这些测评结果交给专家，专家会根据自己的行业经验分析这 6 个维度的得分，并给出该同学与某些专业的匹配度，由此来帮助学生选择适合自己的专业。

兴趣评测结果

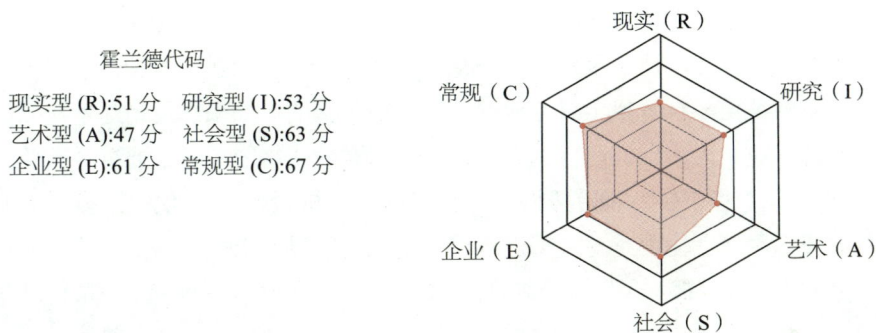

霍兰德代码

现实型 (R):51 分　研究型 (I):53 分
艺术型 (A):47 分　社会型 (S):63 分
企业型 (E):61 分　常规型 (C):67 分

图 5-5　测评结果示例

　　能不能设计一个智能机器来替代这些专家进行匹配测试呢？如果可以从已有的测评数据中分析出通用的匹配策略，并用一个数学模型来对其做比较精确的描述，我们就可以用这个模型来预测任意一位同学和计算机金融专业的匹配度，这是典型的机器学习问题。如果输入任意一位同学霍兰德量表的得分，就能得出这位同学跟计算机金融专业的匹配度，那么专家是否参与便不重要了。当然，从数据中学习的

[①] 霍兰德职业兴趣测评是由美国职业指导专家霍兰德（John Holland）根据他本人大量的职业咨询经验及职业类型理论编制的测评工具。霍兰德认为，个人职业兴趣特征与职业之间应有一种内在的对应关系。根据兴趣的不同，人格可分为研究型（I）、艺术型（A）、社会型（S）、企业型（E）、常规型（C）、现实型（R）6 个维度，每个人的性格都是这 6 个维度的不同程度组合。

过程也借鉴了专家的经验。这就是用智能机器代替人的过程。更有意义的是，我们可以推而广之，用刚才的思路建立起学生与其他任何专业的匹配关系。

这种方法做了一个逆向工程，即从已有数据中找到需要的答案，这是典型的逆向思维。机器学习的核心就是要从已有的数据中学习。机器的智慧来自数据，所以机器学习的本质就是"从数据中学习——Learning from Data"，这就是为什么在易获得数据的领域里机器学习大行其道的原因。从这个角度来讲，机器学习也可以说是一种数据挖掘技术。

那么如何找到比较精确的数学模型呢？在之前的内容中我们了解到，用计算机解决问题会有两次问题的映射，第一次是抽象和建模的过程。在上述案例中我们已经抽象出了 6 个特征值，也就是霍兰德量表的 6 个维度，还需要建立这 6 个特征值与计算机金融专业的匹配度之间的关系，并用数学模型来描述它。但我们并不清楚霍兰德量表每个维度和计算机金融专业的匹配度的关系，怎样才能弄清两者之间的关系呢？

因为 6 个参数都跟计算机金融有关，模型的参数很多且比较复杂，这时需要运用降维思维来简化问题。虽然这 6 个特征值都与计算机金融有关，但其中一定有某些或某个特征值与计算机金融专业的关系是最紧密的。如果能找到这个特征值并建立其与计算机金融专业匹配度的模型，那么问题就变得简单了。通过对霍兰德量表的学习，我们发现其中"研究型"这一维度跟计算机金融专业的关系是最密切的，因为计算机金融专业主要是对数据进行深入研究，所以要求学习这个专业的人有很强的研究能力，而"研究型"这个维度的得分正是展现一个人的研究能力的。

降维的过程需要专业知识的参与，需要通过专业知识来减少模型复杂度。问题简化后，只需要找到"研究型"这个特征值与计算机金融专业匹配度之间的数学模型就可以了。理想的数学模型是特征值与专业匹配度之间的真实关系，此处约定将这个函数写作 $f(x)$。在实际情况下，我们会尝试设置多个数学模型来描述这个关系，这也意味着会产生一个数学模型的假设集合（function set），在这里用 $H(x)$ 表示。我们会从中选出一个最合理的数学模型，这个模型最接近理想的函数模型 $f(x)$，用 $g(x)$ 来表示。可以认为这个 $g(x)$ 就是我们想要找到的数学模型。

具体的步骤分为三步。第一步就是假设模型集合，根据数据之间的关系列出可能的模型集合，即 $H(x)$。第二步是运用损失函数来选择模型，这是利用统计学和函数分析的方法来找出合理参数的过程，通过此步骤能够找到模型的参数。第三步是对前面两个步骤迭代的过程，也就是重新回到第一步来审视这个模型的合理性，也可能会给出另外的假设模型集，并在新的集合里找出更合理的模型。通过第二步和第三步的迭代，就能找出最好的数学函数模型 $g(x)$。我们认为这个函数就是我们所要找的策略，接下来就可以用这个函数去预测其他同学的匹配关系。

下面通过案例详细讨论这个过程。

1. 设置假设模型

首先从第一步设置假设模型集开始。刚才我们已经通过降维把函数模型的关系简化成了"研究型"特征值跟计算机金融专业匹配度的关系，这里用 Xr 来表示"研究型"这个特征值，用 y 来表示对应的匹配度，因此这个函数可以表示为 $y=H(Xr)$。

如何设置这个函数呢？这要运用到统计学的知识。我们需要从已有的数据中找出它们的关系，比如先抽出 10 位同学的数据，每一位同学都有"研究型"特征值，也都有相对应的匹配度得分。比如 Xr 为 10.6，对应的 y 等于 21.3%，也就是说如果"研究型"的得分是 10.6，那么对应与计算机金融专业的匹配度为 21.3%。通过这种方法可以得到类似的多对数据，这些都是真实的、已经存在的数据。接下来再把这些数据绘在一张图表上，x 轴是 10 位同学"研究型"的得分，y 轴是对应的计算机金融专业的匹配度（图 5-6）。这样就得到了下面这张描述两者之间关系的统计图。

Xr	y
10.6	21.3
15.5	30.6
17.5	32.3
25	35
31.8	47.5
48.4	50.6
57.5	66.9
67.3	79
71.3	88.2
82.4	90.5
88.5	93.6

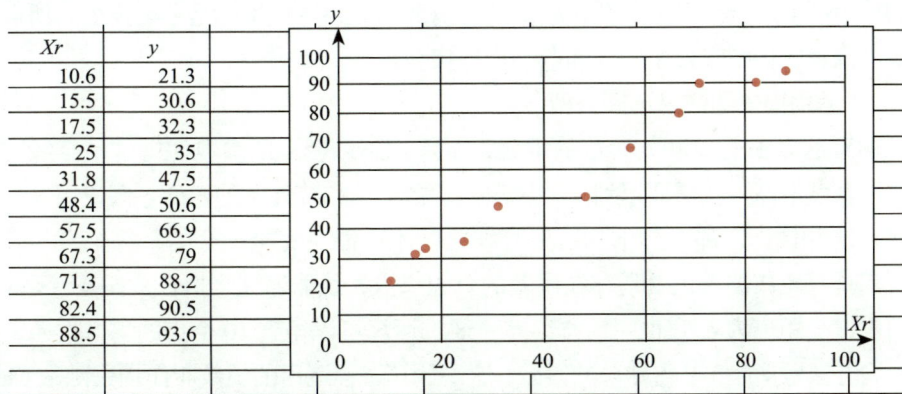

图 5-6　研究型特征值对应计算机金融专业关系统计图

请大家仔细观察这些点的位置并思考它们之间的关系，你认为这些点可以用一条什么样的线连在一起呢？

如果运用人类特有的直觉系统，我们发现可以用一条直线或曲线大致通过这些点（图 5-7）。也就是说，可以用一条线性的直线或曲线来拟合这些点。这里用到了统计学关于样本分析的知识。在数学上可以用简单的线性方程来表示 Xr 与 y

之间的关系，这是一个最简单的线性模型：y 与 x 之间就是线性关系，w 是直线的斜率，b 是直线在 y 轴上的截距。因为 w 和 b 有多个可能的组合，因此这是个模型集合 $H(x)$。这样，我们就设置了假设模型集合。

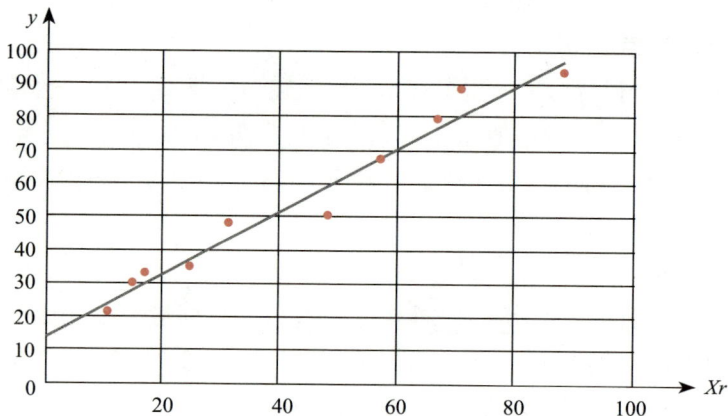

图 5-7　线性回归方程示意图

当然，这个模型不仅是线性的，而且是回归的。所谓回归（regression），是指模型的输入值 x 是连续的实数，这些输入值对应的输出值 y 也是连续的。如果相应的输出值 y 是一个二进制数，或是一些离散的数，该模型就是分类模型。所以这里我们设置的模型集合是线性回归方程的集合。

2. 运用损失函数来选择模型

面对这么多的 w 和 b 参数的组合，要想找到最合理的参数使得这条直线对样本的拟合度最高，就需要用到一些微积分、概率论和统计学的知识。假设用一条直线穿过这些样本，那么样本和这条直线之间不可能是完全拟合的，每个点与直线之间都是有距离的，也就是存在误差的。如果点和线能够完全拟合，误差就是 0。我们设这个距离为 e，它也叫均方误差。通过运算可以得到 10 个点的均方误差，把所有均方误差加起来，得到总的误差，这一计算过程运用的函数叫作损失函数（loss function）。这个函数是一个关于参数 w 和 b 的函数。我们希望某一个 w 和 b 的组合可以让这个总误差的值最小，也就是要求得一个 w 和 b 的组合使损失函数最小化。这种基于均方误差最小化进行模型求解的方法也叫"最小二乘法"。

在具体操作上，此处运用了"梯度下降法"这种数学工具，通过对 w 和 b 分别进行偏微分来得到使损失函数最小的 w 和 b 参数组合。这里就不再详细说明梯度下降法了，有兴趣的同学可以查找相关资料自行了解。

　　总之，通过这种方式可以计算出最理想的参数组合：$b=12.5$，$w=2.7$，我们认为这条直线对样本的拟合度是最高的。在确定这个线性函数以后，通过计算得出那 10 个样本和这条直线的总误差是 25.9，我们称之为样本误差。另外还可以再放入 10 位其他同学的数据来计算，测试这个模型的准确度。通过计算可以得到总误差值是 18.7，这个误差叫作测试误差。这两个误差都是我们选择理想数学模型的依据。

　　从这两个误差来看，这个模型（图 5-8）是较为准确的。我们通过一系列的数学手段找到了那个最理想的数学模型，第二步就完成了。但同时我们也注意到，刚才设置的线性回归模型非常简单，参数 Xr 和 y 之间的关系是简单的线性关系，那么有没有可能它们之间存在平方或立方甚至四次方的关系呢？有没有可能这样的方程能够更好地拟合样本呢？要想验证这一问题，需要再一次设置假设模型集，用更复杂的函数模型去拟合那些样本。

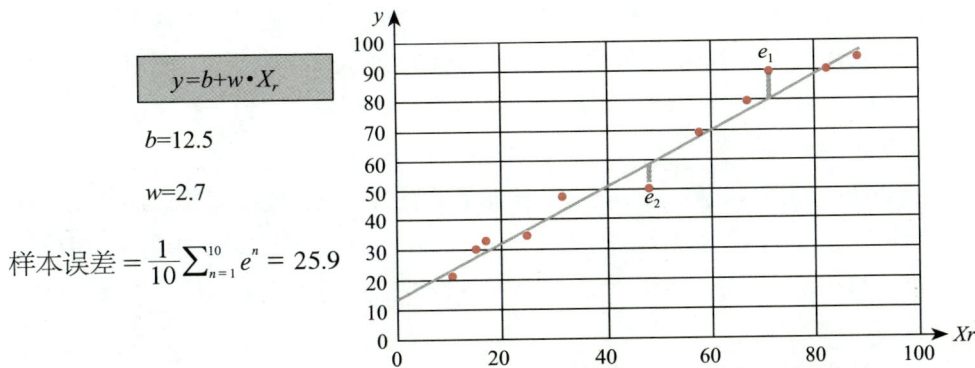

$$y=b+w \cdot X_r$$

$$b=12.5$$

$$w=2.7$$

$$样本误差 = \frac{1}{10}\sum_{n=1}^{10} e^n = 25.9$$

图 5-8　理想数学模型

3. 通过迭代找到更合理的模型

　　为了找到更合理的模型，我们可以通过计算得到 Xr 和 y 在平方关系、立方关系等情况下的理想函数，并计算出它们的样本误差和测试误差。通过比较，在 Xr 与 y 是立方关系时拟合效果是最好的。当然，这个模型仅仅描述了霍兰德量表里"研究型"这个特征值与计算机金融专业匹配度之间的关系，这只是一个简化的模型，离真实的模型还有距离，显然还未达到我们的预期。

　　要想获得更准确的模型，就需要考虑霍兰德量表中的其他特征参数，这时就需要得到更多的数据。比如可以从 1000 份数据中拿出 200 份进行分析，并按刚才的方法分别找出霍兰德其他特征参数和计算机金融专业之间的关系，最后得出一个更为理想的模型。这个模型的自变量包括霍兰德的 6 个特征参数，输出是与计算机金融专业的匹配度值。通过多个步骤，我们终于找到了那个理想的数学模型 $g(x)$，可以用它来预估任何一个测试者与计算机金融专业的匹配度。

上文描述了机器学习的整个过程，接下来请大家思考以下几个问题。**在以上步骤中，哪些工作是人完成的，哪些工作是机器完成的？**我们在讨论机器的智慧时也做了同样的思考，在这里我们要通过机器学习的案例加深对这个问题的理解。

在机器学习的第一步中，我们在最开始选择了"研究型"作为参数，这个参数选择的过程是通过抽象和降维得到的，也是人运用了已有的知识经验和思维方法得到的。机器当然没有这些知识经验和思维方法，它并不知道特征值和专业匹配度之间的关系，当然也就不会抽象和选择参数。另外，我们还提出用线性回归模型来描述参数与结果之间的关系。这实际上就是我们在计算思维那一章节中说到的第一次映射，即把现实问题映射到数学模型的过程。**这个建模过程仍然是人通过直觉和观察完成的，机器在其中没有做出任何贡献。**

第二步是找到最合理的 w 和 b 参数组合，这个过程是通过分析误差期望值，也就是损失函数的最小值得到的。整个分析同样也是人运用统计学、微分等数学工具得到的。当我们需要求出一个 w 和 b 参数组合的时候，因为计算量巨大，才把任务交给了计算机去完成。

接下来的第三步，我们通过迭代设置了更复杂、拟合度更高的数学模型，并且把所有的霍兰德测评参数加进了模型，这仍然是由人通过已有的知识和逻辑分析完成的。当然，这其中对于最合理的 w 和 b 参数组合的找寻工作是交给计算机完成的。

总览整个过程，只有当计算量过于巨大的时候，计算机才作为计算工具出现，辅助完成工作。不可否认，机器学习中所有关于学习的过程基本上都是由人完成的，只有计算过程是计算机完成的。这和我们所讲的"渡河问题"的过程是完全一致的。我们通过这个思考印证了上一部分得到的结论：机器的智慧是人赋予的，人机协作完成整个工作。

接下来请大家思考，机器是怎样通过以前的数据进行预测的？原因很简单，我们通过历史数据找到一个合理的线性回归函数 $f(x)$，输入任意一个数 x，这个函数都会给出相应的输出值 y。因此一旦建立了方程，对任何新的输入都可以得到一个合理的输出，这仿佛使机器拥有了预测功能。任何复杂的机器学习过程在本质上都是一样的，iPhone X 之所以能够依靠机器学习获得人脸识别功能，甚至可以在人脸有细微变化的情况下仍然做出准确的预测，也是因为这个道理。

有没有可能做出更复杂的模型，对所有的专业进行预测呢？刚才我们通过线性回归模型用 6 个特征参数来预测一位同学与计算机金融专业的匹配度，如果高校一共有 300 个专业，有没有办法得到这位同学与其他任意一个专业的匹配度？答案当然是可以的。我们可以按照上面的步骤为每个专业建立数学模型，总共需要建立 300 个数学模型。这个方式足以解决问题，但我们也需要思考有没有更便捷的方法，比如只需建立一个模型就能得到某位同学与 300 个专业之间的匹配度。要想实现这种效果，其中一种方法就是搭建更复杂的数学模型，比如深度神经网络，我们将在接下来的小节讨论如何利用神经网络得到专业匹配度。

5.3.3　深度学习——"胶囊咖啡机"

在这一节，我们将简单介绍机器学习中的重要模型——深度学习（Deep Learning）的原理。深度学习最开始的原型是感知机（Perception），此模型是在 1958 年由神经生物学家、数学家罗森布拉特（图 5-9）通过观察人类神经元的工作原理提出来的。神经元的工作机制是这样的：一个神经元通过树突接收其他神经元传来的冲动，当这些冲动达到一定的阈值水平，就会激活这个神经元，这个神经元就会把神经冲动通过轴突传递出去。

罗森布拉特从中受到启发，建立了一个数学模型来模拟神经元的工作机制，为此，他发表了一篇很著名的文章《神经动力学原理：感知机和大脑机

图 5-9　感知机模型提出者——
罗森布拉特

制的理论》，这就是感知机模型。在这个数学模型中，某个神经元从其他的神经元得到冲动的过程被描述成了一个线性模型，每个从其他神经元传来的冲动都乘上了一个权重 w，并加在一起，最后通过一个激励函数传导出去。这个激励函数可以让最后的输出值被压缩在 0 和 1 之间线性输出。

结合之前的课程内容，你能猜想到罗森布拉特是通过哪种思维方法得到了感知机模型的吗？我们看到罗森布拉特通过观察神经元的工作机制，提出可以模拟人类感知能力的数学模型，这是典型的类比思维。

感知机让罗森布拉特一夜爆红，但这一构想却遭到了人工智能领域的另一位顶尖研究者明斯基的质疑，他证明了感知机不能够实现异或运算，这是感知机的重

大缺陷，由此宣告了感知机的失败，人工智能进入了 20 年的黑暗期。

后来，感知机重新出现在人们的视线中是因为神经网络。我们在前文曾经提到，线性函数在分类问题上的能力是有限的，它只能解决线性可分的样本问题，当遇到线性不可分的复杂情况时就无能为力了。所以需要找到一种方法来模拟非线性的情况。

神经网络就是这样一个创新。人们希望把感知机拼在一起形成一个复杂的数学模型来模拟大脑的工作，即把多个感知机用某种特定的组合方式连接在一起，每一个神经元在数学模型上都是线性回归函数和激励函数的组合。这种模拟人大脑皮层的多层神经组织在效果上可以模拟任何连续函数，一般认为，只要有一个隐藏层，神经网络就可以逼近任何连续函数。神经网络包括一个输入层、一个输出层，以及中间的若干个隐藏层（图 5-10 左）。1982 年，物理学家霍普菲尔德（Hopfield）提出了一种新的神经网络，可以解决一大类模式识别问题，这种神经网络模型后被称为霍普菲尔德网络（图 5-10 右）。

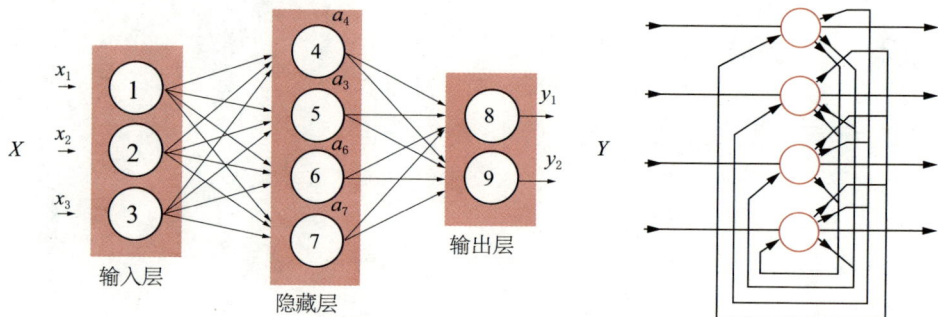

图 5-10　神经网络（左）及霍普菲尔德网络（右）

在数学上，可以把 1 和 -1 这两个输入看成输入矩阵，把两个神经元的权重看成权重矩阵，把偏移看成一个偏移矩阵，把输出看成输出矩阵。只要把输入矩阵与权重矩阵进行点积运算，再加上一个偏移矩阵就可以得到输出矩阵。例如图 5-11，在这个全连接的神经网络里，输入是 1 和 -1，通过权重运算和偏移量运算并经过各自的激励函数，可以得到第二层神经元的两个输出，分别是 0.98 和 0.12。再重复这个过程，直到我们在输出层得到两个输出，0.62 和 0.83（图 5-11）。这样，整个运算就变成了一系列的矩阵乘法和矩阵加法的运算。神经网络的基本工作机制其实就是这样，这就是基本的神经网络数学模型。

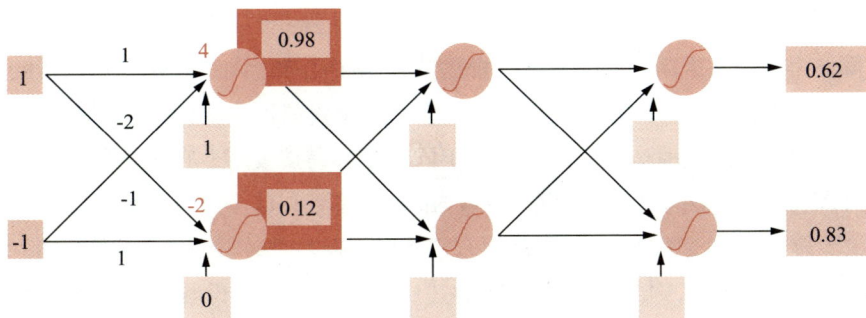

图 5-11　神经网络工作方式示意图

现在回到我们在上一个小节最后提出的问题：如何设计一个神经网络，实现当输入某个同学的霍兰德量表的 6 个特征值时，就可以得到这位同学与全部 300 个专业的匹配度结果呢？

利用神经网络建立这 6 个特征值与所有专业匹配度之间的关系有两个关键点，首先是神经网络的构建。在图 5-11 所示的例子里，神经网络包括输入层、输出层和 2 个隐藏层，每层有 2 个神经元，而且采用了全连接的方式，就是每一个神经元都跟其他下一层的神经元建立连接。但是神经网络不一定都是全连接的，它可以有完全不同的连接方式，比如某个神经网络可能只有部分神经元与下一层的神经元建立连接。而且，有多少个隐藏层、每一层包含的神经元的数量怎么设计也没有固定模式，有时候神经网络模型的选择还需要依靠经验。用神经网络解决问题当然也会存在许多风险，比如神经网络模型选择不恰当可能会导致找不到理想的数学模型。

在专业匹配的例子中有 6 个特征值，因此可以在输入层设置 6 个神经元。因为需要匹配 300 个专业，因此输出层有 300 个神经元。每个神经元对应一个专业匹配度，那么隐藏层的设置就要依靠经验了。这样，我们就搭建了一个由深层神经网络组成的假设模型集合。

这是第一个关键步骤，接着就要利用 2000 个样本来找到一组组合，让损失函数最小。这里要利用到另一种数学工具——"交叉熵"来找到这组参数组合。如果对过程中的具体数学问题感兴趣，读者可以自行查看关于交叉熵的资料。

当然，这个过程的运算量是十分巨大的，需要计算机的帮助。现在有许多科研机构免费提供这种计算资源，比如谷歌公司的深度学习平台 Tensorflow，或基于 Tensorflow 建立的 Keras 平台，还有 Caffe 和 Xmnet 等。这些计算资源可以帮我们快速计算出 "w 和 b" 的参数组合，找到我们想要的神经网络模型。

上文描述了利用深度学习来解决问题的过程，下面我们再来思考以下两个问题。

第一个问题：用特征值来找数学模型的方法和用神经网络来找数学模型的方法有什么共同点和区别？ 共同点非常明显，即它们都是机器学习的方法，都需要从以前的数据中得到数学模型。它们之间的不同也很容易被发现，在用特征值得到数学模型时，我们专门抽象出了与问题最相关的特征参数，这个过程必须借助行业知识来形成比较有效的数学模型，这也就要求设计者不仅要是数学家，也要是行业专家。

神经网络的方法则不需要任何行业知识背景，只需要设置好神经网络，把样本参数输入，等待结果就行了。这个方法有点像现在的胶囊咖啡机，使用者不需要知道冲泡咖啡的行业知识，只需要把胶囊塞进机器，就能得到一杯冲泡好的咖啡，因此我们也称这种方法为"胶囊咖啡机"。这似乎是一种更有效率的方法，但设置有效的神经网络并不是那么容易的，一旦设置不合理，就不能得到想要的数学模型。

第二个问题：深度学习里的"深度"就是网络隐藏层的层级，为什么还要追求神经网络的层级呢，层级多了有什么好处呢？ 层级越多，效果越好。从图像识别的准确率来讲，2012 年 Alex Net 的 8 层神经网络识别错误率是 16.4%，2014 年 VGG 的 19 层神经网络识别错误率是 7.3%，同年谷歌公司 Google Net 的 22 层神经网络识别错误率是 6.7%。可以发现，层级越多、神经网络的层次越深，它的表现往往也就越优秀。

5.3.4　机器学习路线图

下面介绍一下机器学习的路线图（图 5-12）。一般步骤是这样的：机器首先从监督学习开始，之后可以跟进无监督学习方面的知识，最后是增强学习。

监督学习指，在样本数据里有输入值 x，就一定有一个明确的输出值 y 与它对应，也就是针对输入 x 明确标记了相应的输出。比如输入一张猴子的照片，在输出样本里标记为 "**monkey**"，类似的，输入的是猫的

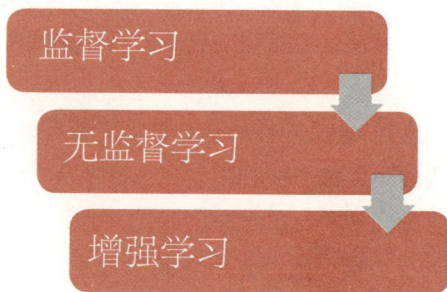

图 5-12　机器学习路线图

照片，输出的标记就是 "**cat**"。这个标记的过程就是所谓的"监督"。因此，监督学习里，每个输入都有确定的输出与之对应（图 **5-13**）。上一节讲的专业匹配度的

例子里，每一个研究型特征值都有和它对应的专业匹配度，这就是监督学习的例子。

输入　　　　　　　　输出

"monkey"

"cat"

"dog"

图 5-13　监督学习

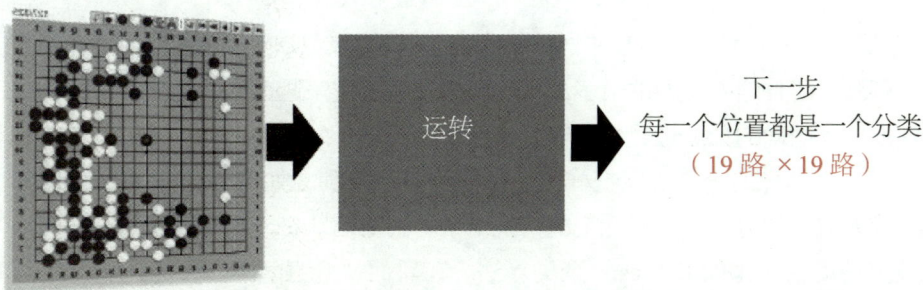

在监督学习里还有所谓的分类问题，比如样本里的输入对应的输出并不是连续的值，可能是一个离散值，这种情况就是分类。比如我们用线性模型来做一个银行贷款的数学模型，特征值是用户的年薪、工作等参数，而输出是这个用户能否得到贷款的判断，这就是一个离散的输出。

当然，深度神经网络实际上是一个分类器。比如，在做围棋游戏的智能机器人时，我们可以把落子策略看成一个 19 路 ×19 路的输出分类器。当输入一个盘面时，游戏机器人会通过神经网络计算出每个落子点能取得胜利的概率。因此，游戏机器人可以通过这个概率来判断获胜概率最高的落子点。这是监督学习的分类问题（图 5-14）。

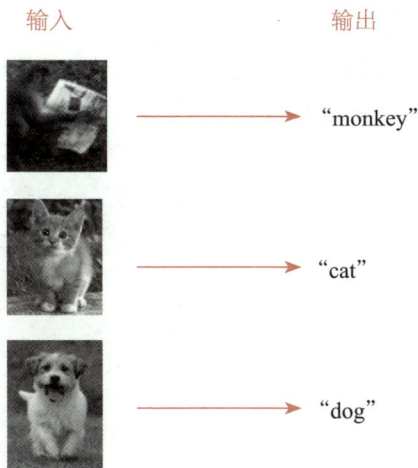

运转

下一步
每一个位置都是一个分类
（19 路 ×19 路）

图 5-14　监督学习中的分类问题

与监督学习相对的概念是无监督学习，在无监督学习里，针对样本数据 x，可能并没有相对明确的输出，也就是没有对输入样本打上标签。就像我们要去一个国家旅行，之前有大概一个月的时间可以学习当地的语言，但是没有老师教我们，只有一堆当地语言的歌曲，而且这些歌曲没有对应的翻译，也就是说我们并不知道这些歌曲里说了什么。虽然这种信息没有标记，但是仍然能够帮助我们学习。比如某个词在歌曲比较欢快的时候高频出现，我们就猜想这个词可能和愉快的情绪有关。

我们用硬币分类的例子来加以说明。比如需要把一堆硬币进行分类，这些硬币有 1 分的，5 分的，10 分的还有 25 分的。我们把硬币的尺寸用横坐标表示，硬币的重量用纵坐标表示，并且把它们都放进横、纵坐标和横、纵坐标组成的二维坐标系里（图 5-15）。

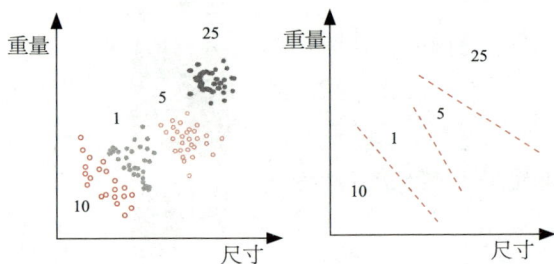

图 5-15　硬币分类（1）

如果采用监督学习的方法，那么每一个坐标组合都可以有明确的对应面值，比如在图 5-15 左边的图里，深灰色部分的样本就是 25 分的，浅红色部分的样本则是 5 分的。我们还可以用一些直线作为分类的界限，如图 5-15 右边的图所示。但是在无监督的情况下我们不知道这些样本对应的具体面值，所以无法标记这些样本的面值。虽然没有标记，但我们仍然可以通过对样本的观察得到启发，我们可以从图 5-16 这个样本图里找到一些规律。

从图 5-16 中可以看到某些样本聚集在了某个区域，而另一些样本聚集在了另一个区域，而且随着样本的增多，这种聚集现象会越来越明显，这些区域之间似乎逐渐形成了明确的分隔边界。所以，虽然我们仍然不知道这些样本表示什么，但是通过对样本信息的分析足以把样本之间的分类线找到，如图 5-16 右边的图所示。这就是无监督学习可以在无标记的情况下学习的原因。在无监督学习里聚类算法是比较有帮助的，比如 K-Means 聚类算法。在后面"增强智能"部分的内容中，我们会讲到西夏文字识别的案例，因为研究人员并不知道那些西夏文字的确切含义，所以无法标记，这正是采用了无监督学习的方法。

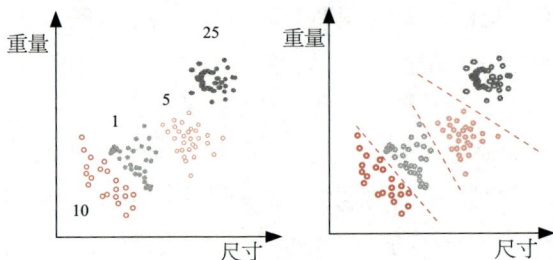

图 5-16　硬币分类（2）

最后来看机器学习线路图中的最后一步——增强学习。在增强学习里，针对输入数据 x，可能会有一些输入值被标记了对应的输出值，但只是一部分数据被做了这样的处理。同时，我们会得到一些特别的信息：针对这些输出值的评价。也就是说，增强学习得到数学模型的方式与这些评价是有关系的。

为了探究监督学习和增强学习之间的区别，我们用一个生活中的例子来说明。一个 5 岁的小孩学习街舞，如果在监督学习的情况下，老师会教他一个动作，并给这个动作打上标签，告诉他这个动作叫什么，这样他就可以得到跳舞姿势和动作名字之间的关系。通过学习，他可以把所学的动作和名字对应起来，但这种方法对他跳舞水平的提高是没什么直接帮助的。而如果运用增强学习的方式，当他学习一个跳舞姿势的时候，老师不仅告诉他这个姿势的名字，还会对他这个姿势做得正确与否给出一个评价。通过与动作好坏评价的不断交互，学生就能逐渐掌握学好动作的策略，通过反馈和评价来纠正自己的动作。这种方式就是增强学习，是可以提高学生的舞蹈水平的。

增强学习的特点是通过与环境的不断交互形成策略，这是典型的行为主义方式。另外，策略的形成和外界的评价是有关系的，就是通过奖惩措施和反复交互来形成最终策略，这就是增强学习的核心。因为增强学习能够不断提高智能代理的成绩，因此这种方式也常被用在游戏博弈中来提高博弈机器人的水平。AlphaGo 之所以能够不断从博弈中提高成绩，得到更准确的策略模型，也是因为应用了增强学习。

在机器学习中人们用到了多种创新思维方式。首先机器学习是从历史数据中学习的，这种方法本身就是一种逆向思维的运用；另外，罗森布拉特在发明感知机模型时，是从人的神经元运行机制中得到的启发，是典型的类比思维；在人们构建神经网络模型时，是把多个感知机组合在了一起，并且借鉴了人大脑皮层的生理模式，这是类比思维与组合思维的综合运用。通过这些我们可以发现，机器学习里到处闪烁着创新思维的火花。

5.3.5　机器学习的局限

最后，我们一起来探讨一下机器学习的局限。首先，机器学习是基于图灵机构建的一套算法，因此图灵机的局限也就是它的局限。图灵机只能解决可以被数学建模的问题，如果一个问题无法被建模，机器是无能为力的。另外，机器学习自身的特点也造成了一些局限，下面重点讲解其中 3 个局限。

第一个局限是机器学习的建模方式造成的限制。机器学习的建模过程是利用已有的历史数据进行的，因此这种方式最大的限制恰恰来自数据本身。"No data, out of lucky"是机器学习领域的至理名言，归根到底其实就是鸡生蛋还是蛋生鸡的问题。当一个领域里没有能够利用的数据时，机器学习便派不上多大用场，这时就需要通过其他的方法找到问题的数学模型。

另外，如果数据样本的获取非常困难，机器学习也没有用武之地。比如医学样本数据的获取，普通人很难得到医院的医疗数据，因为医院不愿透露可能涉及病人隐私的相关数据。类似的，金融数据、消费数据等都是不容易得到的，只有像谷歌和阿里巴巴这样有数据的公司才有条件去挖掘数据，从而创造新的商业模式。样本数据的标记和清洗本身也是比较麻烦的，尤其在医学方面。此外，机器学习对样本数据的量是有要求的，太少的样本量可能得不到理想的数学模型，这会造成欠拟合。另一方面，机器学习也有可能因为学得太好产生"过拟合"的现象，这是所选的数学模型样本误差小但是测试误差很大造成的，这样就可能让机器的"智慧"产生"失灵"的状况，比如特斯拉的无人驾驶汽车就因此无法识别大卡车的车厢。当然，现在可以用对抗学习的方式，用小样本来生成更大的样本集，通过这种方式解决样本不足的情况，这也是一个比较新的发展方向。

第二个局限是算法特点造成的限制。深度学习一般需要构建深度神经网络，这是通过观察、类比的方式建立的一个与人脑类似的结构，但实际上我们并不清楚这一结构的工作机制。虽然在实际应用中有比较好的效果，但它是一种"黑匣子算法"，还没有在数学上被证明是收敛的。因此深度学习在某些领域的应用需要非常谨慎。

第三个局限是机器本身不具有智能，在机器学习里，抽象和建模的工作仍然是需要人完成的。比如当我们用霍兰德特征参数去构建评分与专业匹配度的关系时，其实运用到了人的直觉。当需要减少模型中的参数时，又用到了行业经验和降维的思维方式。同样，在深度学习的案例里，当我们用深度神经网络来构建数学模型时，对模型的选择也是依靠人的经验，比如神经网络的连接方式、层次等。因此，所谓的"人工智能"，其实是人工在先，智能在后。

另外还要警惕"人工智能万能主义"，当智能时代到来时，仿佛任何问题都可以用人工智能来解决，深度神经网络更是让人们希望用"胶囊咖啡机"的方式解决遇到的所有问题，仿佛人工智能是万试万灵的药丸。这显然也是一种认识上的误区。

5.4 智能技术带来的认知升级

在前面的课程中我们谈到了计算思维的两次映射，讨论了很多智能技术，尤其是机器学习和深度神经网络。这一节会介绍智能技术带来的认知升级，我们必须对这些技术带来的认知升级有一个深刻的认识，才能理解智能技术在各个行业带来的巨大变革，才能懂得如何把智能技术运用到新的行业，找到新的机遇。

扫码看视频

智能技术带来了三方面的认知升级：第一个认知升级是形成数据思维，也就是解决问题的方式从以计算为中心变为了以数据为中心；第二个认知升级是去中心思维；第三个认知升级是从互联网思维到智能思维的升级。

5.4.1 数据思维：从以计算为中心到以数据为中心

首先来看第一个认知升级后的思维——数据思维。你知道为什么问题的解决方式会从以计算为中心变成以数据为中心吗？

数据思维的出现有两大原因，第一个原因是智能技术本身的特性。机器学习是智能时代的核心技术手段，在前文中我们总结了机器学习的特点：在机器学习这种智能技术里，建模和算法依靠的都是数据，"Learning From Data"（从数据中学习）是机器学习的本质。也就是说，这完全是一种以数据为"母亲"的学习方式，学习的土壤就是数据，没有数据，一切免谈。以深度神经网络为基础的深度学习更是如此，这种方式对模型的参数要求很高，需要大量的样本才能建立准确的模型。因此，智能技术本身的特征要求必须以数据分析为核心，这也是数据思维会出现的第一个原因。

大数据让数据思维成为可能，这是数据思维出现的第二个原因。我们来回顾一下数据的发展史：1991 年万维网出现以后，数据开始迅速增长；2008 年智能手机出现以后，移动互联网让数据的获取更加方便，这给了数据以指数倍增长的可能。到了现在，物联网连接多种智能终端，智能芯片无处不在，数据获取的渠道大大增多，这让数据在体量上再次出现爆发式增长。

大数据大到什么程度呢？在这里给大家建立一个数据大小的概念，数据从小到大的单位依次是兆、吉、太、拍、艾、泽，它们是以大概 1000 倍的倍率递增的。一般一张照片的大小约为 1 兆字节，一部电影的大小约为 1 吉字节。现在，淘宝每天处理的图片有 20 太字节，也就是 2 万部电影的规模；百度每天处理的数据有 20 拍字节，也就是 2000 万部电影的规模；滴滴出行每一秒有 1000 多次用车需求，每天要做 90 亿次路径规划，每天处理的数据有 70 个太字节；谷歌公司每天要处理 24 个拍字节的数据，这个数据是美国图书馆所有纸质数据的千倍以上。

人类迄今为止所讲过的话的数据量大概是 5 艾字节，也就是 50 亿部电影的大小，而其中 90% 的数据是最近两年产生的。到 2020 年末，全球总的数据量将会达到 40 泽字节，也就是 40000 艾字节左右，换句话说，2020 年的数据在 2018 年已有数据的基础上增加了 8000 倍。

数据量级的提高会带来什么好处呢？举一个例子：机器翻译一直是智能技术里比较重要的领域，像谷歌、微软等公司每年都会参加机器翻译比赛。2004 年，谷歌公司的机器翻译的错误率大概是 26%，但仅仅一年以后，谷歌机器的翻译成绩比 2004 年提高了 5 个百分点。大家要知道，这 5 个百分点相当于提高了 10 年的科研水平。

那么谷歌公司是如何在这么短的时间内取得如此巨大的进步呢？其实，谷歌那两年使用的算法并没有变，只是多使用了一万倍的数据。从机器学习的角度来看，增加 5 倍、10 倍的数据可能不会起到什么作用，但增加一万倍的数据会由量变产生质变，产生令人惊叹的效果。也就是说，对于机器学习而言，即使没有改变算法，数据量的大规模增加也能在一定程度上带来巨大的成功。

我们曾经谈到过的机器影像诊疗技术也是这样。因为数据量的大大提高，机器对一些疾病的诊断率，比如肺癌，就已经超过了人类医生。某个领域的数据越多，就越可能用智能技术获得突破。IBM 公司的沃森只针对 7 种疾病进行诊疗，是因为糖尿病、冠心病、肝病等方面的数据量比较多，因此机器诊疗的效果也比较好。为了得到数据，IBM 公司在 2015 年和 2016 年发起了两次并购，花费了 36 亿美元收购了两家医学影像数据供应商，因为这两家公司都有大量的病患诊疗数据，这些数据将成为智能技术非常有力的保障。可以说，数据的大量积累让智能技术成了"明星"。

在智能时代，我们强调的是行业数据，强调用智能算法发掘数据里的规律，并利用这个规律去指导行业变革。当我们判断一个技术是不是智能技术时，要看这个技术用到了多少数据，同时也要看这个技术是否利用智能算法从数据中找到了数学上的规律。我们相信，在智能时代能够胜出的一定是那些对数据思维有深刻认知的集体。

5.4.2　逆向思维：一定要"知其所以然"吗

数据思维还有一个特点就是改变了数据之间的关系，即把以前事件之间的因果关系变成了相关关系。这一转变体现了数据思维的一个重要扩展，即逆向思维。

什么是两个事件的相关性呢？这里用拼图游戏（图 5-17）来解释。大家都玩过拼图游戏，要把零碎的图片拼成一张完整的图，必须找到这些图片之间的联系，这样的联系是细微且不易察觉的。所以，当笔者年幼的孩子玩复杂一点的拼图时，基本上是拼不出来的。但有一次我发现他拼得非常快，这是为什么呢？原来这个拼图的每张碎片背面都

图 5-17　拼图游戏

有阿拉伯数字，只要按照背面数字的顺序把图片放在一起，再翻过来就是拼好的整张图。在这个例子里，正面图片之间的关系就是事件之间的因果关系，要找到图片之间的关系是非常难的，但是图片背后的数字关系却简单得多，这就是图片之间的相关关系，找到它们也就找到了解决问题的有效办法。

中国有句话："知其然要知其所以然"，正面图片之间的关系就是"知其所以然"，这需要拼图的人有复杂的逻辑分析能力。而孩子是根本"不知其所以然"，他跳过了前面需要复杂逻辑的过程，利用背后的数字，按照简单的逻辑得到了结果，这就是数据之间的相关性。可以说数据思维的本质就是"知其然，但不一定要知其所以然"。

在以前，美国的总统竞选预测是通过民意调查问卷得来的，但要从几千万张调查问卷中来推测哪个党派的候选人能够当选总统并不那么容易，而且也不准确。而当人们了解了数据相关性的分析方法后，就开始利用已有的数据建立简单的模型来做竞选预测。比如通过机器学习来做总统竞选预测，方法是找到一些与某个党派候选人是否竞选成功相关的参数变量。其中一个预测算法挑选了这样几个与候选人有关的参变量，如候选人三次辩论表现、候选人的政策立场、候选人的人品等。当然也需要考虑一些经济方面的因素，比如当时的失业率、工资增长率、通货膨胀率等。把这些参变量与这个党派的候选人是否当选建立一个线性分类模型，也可以建立一个神经网络模型做一个分类器，然后用以往的历史数据训练出这个数学模型，得到理想的预测模型。这样一来，就可以用这个模型来预测当年某党派的候选人是

否会在选举中获胜了。

这种办法比通过民意调查来预测的准确率高得多，用这个数学模型，往年的 25 次预测中有 22 次都准确预测到了竞选结果。这种方法忽略掉了那些大家看不清楚的因果关系，直接通过相关关系找到了答案，这是典型的数据思维的应用案例。

这就是利用智能技术来解决问题的重要思路。在智能技术广泛应用以前，要解决一个问题一定要搞清楚两个要素之间的因果关系，也就是搞清楚是由于什么原因才导致这样的结果。但从数据思维的角度出发，只要找到两个事件之间的数据相关性就可以解决问题了。当然，有大量数据不一定能够解决问题，关键是要找到数据之间的相关关系，在商业上尤其如此。一位大数据专家曾经说过："大数据的意义在于真正对生意有内在的洞见。如果你不能好好利用数据，那它就不叫大数据。"

阿里巴巴网络技术有限公司曾经推出过一种保险——碎屏险，在用户购买手机的时候，员工会推荐用户给手机屏幕购买 1 ~ 3 年的保险，但并不是所有人都想购买这种碎屏险。什么样的人愿意购买这种保险呢？阿里巴巴为此专门建立了一个大数据团队，他们建立了一个模型以求找到碎屏险和购买者之间的关系。通过分析，他们意外发现喜欢购买紧身牛仔裤的人购买这种保险的概率竟然非常高。这样，在网络上购买手机的人如果同时也购买了紧身牛仔裤，他们便会向这位用户推荐碎屏险，这一举措大大增加了碎屏险的销售量。

用新的角度去看待旧的事物，可以得到一些新的解决问题的办法。从数据思维的角度看待原来的关系，就有可能得到新的解决方案，数据思维就是这样一种创新思维。

再来看一个相关性的例子。自古以来人们就试图通过人的面部特征来找到人的某种"命运"，比如中国古代有"颅面术"，可以通过看"面相"判断一个人以后是否能大富大贵，或是否有牢狱之灾，当然这样的说法现在看来是迷信。有意思的是，这种所谓的"颅面术"通过机器学习在 21 世纪的今天"复活"了。在 2016 年，上海交通大学人工智能团队发表了《基于面部图像的自动犯罪概率推断》，试图发现面相与犯罪率之间的关系，这引起了极大的争议。2017 年，斯坦福大学公布了一篇论文，试图通过脸部特征来分析一个人的性取向。

我们在这里不讨论这些论文的伦理道德问题，我们仅从数据思维的角度来看看科学家是怎样看待这个问题的。斯坦福的科学家们认为人的面部特征包含了很多跟性取向有关的信息，但这些面部信息如果单凭人的大脑分析是很难有什么结论的。

他们认为一个人的性取向与特别的面部特征有关联，这个判断基于性取向产前激素理论，这些面部特征包括鼻子的形状、面部饰品的风格和面部红外热分布图等。他们用深度学习的方法来对这些特征抽象并建模，以此建立神经网络。这个神经网络的输入是人的面部特征，输出就是可能为某种性取向的概率。他们把 3 万个带有特定性取向的面部特征数据样本作为学习样本，通过之前讲过的机器学习方法进行数据训练，用监督学习的方式就能得到判断一个人是否有某种性取向倾向的数学模型。

通过这些案例，我们看到可以通过逆向思维找到看似不相干事物之间的联系。这种以数据为核心的思维方式让我们对事物之间的关系有了新的认识。

5.4.3　去中心思维：从中心计算到边缘计算

第三个认知升级是在智能时代万物互联环境下形成的去中心思维。在智能时代，越来越多的物品通过智能芯片接入了网络，这个网络是以前互联网的扩展，一般被称为物联网（Internet of Things）。

物联网的计算场景通常不在云端，而是在网络的边缘。这种发生在网络边缘的计算最需要的是计算的实时性，现在的自动驾驶基本都是采用云计算的方式，首先需要通过汽车上的智能传感器采集路面信息数据，然后把数据发送到云端，并通过神经网络计算出驾驶需要的参数，最后再把计算好的数据返回汽车，这种方式显然是不满足驾驶实时性要求的。

因此，这种场景的计算必须发生在数据产出的本地，例如就在智能驾驶汽车上，也就是网络的边缘。这样一来，数据不需要经过漫长的网络传输就可以在本地计算了，计算的实时性就得到了保证。

我们可以看到，大量的计算场景在网络的边缘，也就是远离网络云端的地方就发生了，这种在物理上靠近数据生成位置处理数据的方法叫边缘计算（edge computing）。边缘计算的道理跟人的神经系统的响应是类似的，比如当人的手碰到火就会立刻缩回来，这种反应如果靠大脑皮层的逻辑思考作出判断是来不及的。这种本能反应是刺激信号传到脊柱神经的一刹那做出的，是不假思索的，这样人的手才不会受伤。

边缘计算的一个重要特点就是去中心化。从网络结构上来讲，物联网是一个分布式的自治系统，这种方式和基于中心的计算方式是截然不同的。这是一种自底向上的计算思想，也就是说，每一个智能硬件都有自我管理和处理数据的能力。

当我们把这种去中心化的思维运用到商业上，就会产生许多商业变革。比较重大的变革有两个：第一个是组织管理形式的变革，也就是从原来的层级管理变为自底向上的组织管理形式。凯文·凯利在他的著作《失控》中把这种组织管理形式比作"蜂巢组织"。这种管理形式是非层级的、扁平的。每一个蜜蜂有自我管理能力，它们之间相互协作，但又相对独立。这样的一群蜜蜂在一起会形成一个"蜂巢思维"——一种高于个体的智慧。他把这种生物界因为个体智慧的聚集产生群体智慧的现象称为"涌现"。

另一个变革是评价机制的变革。当人们处在一个自顶向下的组织机构中时，对事情的评价主要来自权威，也就是"领导说了算"。而在这种自底向上的去中心组织结构里，大家更倾向于用投票的方式来做出最后的评价。这种方式在商业上的应用非常广泛，比如某影评网站对某部电影的评分并不仅仅根据几个权威专家的意见，而是基于所有看过这部电影的人对电影的评价。这些评价往往是一个具体的分数，因此最后的评分是可以量化的，可以是这些分数的加权平均。

众筹机制也是如此，一件事情最终能不能执行不是由一两个人说了算，而是取决于大家共同表决的结果。如果支持的人数达到一个阈值，说明大多数人对这件事是有信心的，这件事就可以得到执行。这种去中心化的评价机制就是相信群体的智慧大于个体智慧，其实就是"群众路线"。

"群众路线"在技术上最典型的应用是区块链技术，区块链技术的核心思想是典型的去中心评价机制。区块链其实就是一个小型的分布式网络，在某个链里，网络里的每一个节点都是平等的，没有层级上的差别。我们把这种网络称为 P2P 对等网络，这和中心化的银行网络是非常不同的。

区块链的运作模式是基于一种叫分布式账本的机制（图 5-18）。简单来说它的工作机制是这样的：在一个特定的对等网络里会产生大量的交易数据，大概每隔 10 分钟需要把新产生的交易数据进行汇总并加入原来的数据记录里，这个汇总的过程就是记账。

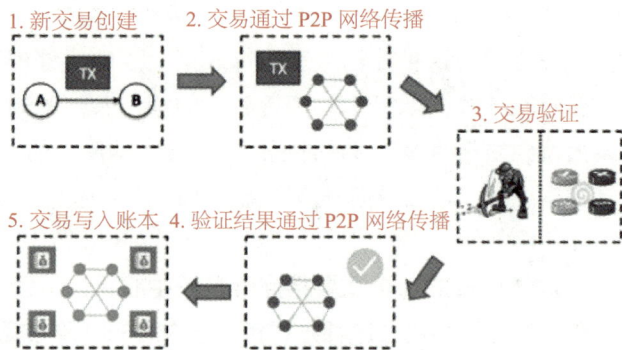

图 5-18　分布式账本工作机制

那么由谁来记账呢？这个记账权是通过竞争产生的，大家通过分解一个很大的质数来争取记账权。谁先分解出来，谁就得到记账权。得到记账权的人就把这段时间产生的交易数据进行汇总，并且把新数据放到原来已经有的账本的尾部，这些账本是以链表的形式首尾相连的，区块链由此得名。同时，这些数据会被复制并存在这个网络的每一个节点里，因为 P2P 对等网络的缘故，每个节点存放的数据都是一样的，这就是分布式账本机制，它是区块链的核心思想。

分解质数的过程就是"挖矿"，而得到记账权的人因为为大家服务了，会得到相应的奖励，这个奖励就是比特币（根据我国相关法规，比特币是非法定数字货币，不能流通、交易）。在中心化的银行网络里，交易数据只存放在几个重要的节点上，而区块链这样的去中心化对等网络最大的好处就是每一个节点都可以用来存储交易数据，每个节点都有交易数据的完整备份，有的人给这种机制起名为"人手一本小红书"。

这样一来至少有两个好处：第一个好处是数据的安全性高，如果系统崩溃了，大家都有备份数据，数据恢复起来比较容易；第二个好处就是能够防止恶意篡改，因为每一笔交易都被忠实地记录下来，每一个节点都有权随时对交易数据进行查阅，这就让做假账的可能性大大降低了。如果有人要更改这些记录，需要网络里所有的节点投票表决，并且要得到这个网络里 51% 以上的人同意才能更改交易记录。这样就防止了某几个人通过控制中心节点去篡改记录。区块链的机制就是典型的"群众路线"。

因为这些优势，区块链技术被广泛应用在数字防伪和数字追踪领域，比如对药品或食品的防伪和溯源上。另外，区块链技术在智能合约方面也有很多应用。香港科技大学的一个团队开发了一种新型的专利保护技术，这种技术就是利用区块链的不可篡改以及数字跟踪特性对专利文件进行数字保护，并实现专利之间的交易共享。

这是智能时代的第二个认知升级，就是万物互联的去中心化思维方式。

5.4.4　智能思维：从互联网思维到智能思维

第三个认知升级是从互联网思维到智能思维的升级，这个升级是伴随着互联网的进化发生的。20 世纪 90 年代，万维网的发明开启了互联网时代，1990 年到 2000 年的前几年这段时间我们称之为互联网 1.0 时代。这个时代解决的痛点主要是信息不对称，也就是解决以前人们很难获取信息的难题。

万维网把人和信息连接了起来，人们通过万维网查找自己想要的信息，主要就是为了消除这种信息不对称。1.0 时代有代表性的互联网公司都是从这个角度切入市场的，比如美国的雅虎、谷歌，中国的四大门户网站以及百度。

2008 年，乔布斯创新地把手机和互联网结合在了一起，**智能手机的出现开启了移动互联网的新时代，我们称之为互联网 2.0 时代**。这个时代有着明显的特点，因为手机的逐渐普及，人们可以随时随地接入互联网并查找想要的信息。因为 LBS 技术的应用，移动网络可以随时获取人们所在的位置信息并分享，因此这个时代也被称为"互联网 +"时代，这里的"+"指的就是地理位置信息。

在这个时代，人们需要的不仅仅是解决信息不对称的问题了，人们希望得到某种基于地理位置的服务，比如出行服务，餐饮服务，金融服务等。这种服务被称为"O2O 服务"，这里的两个 O 是英文 Online（线上）和 Offline（线下）的缩写，其实就是指基于地理位置的线下服务。这也催生了大量提供基于地理位置服务的公司，比如滴滴出行、饿了么、支付宝等，这类公司也叫 O2O 公司。另外，移动互联网不仅连接了人与服务，也把人和人更紧密地联系在了一起，由此产生了大量社交服务类产品，比如微信等。

虽然在"互联网 +"时代这个基于地理位置服务的技术催生了许多新的商业模式，但本质上"互联网 +"仍然只解决了人们信息不对称的痛点，只不过这时的信息更丰富、更商业化了。在这个时代，数据并没有切入行业的核心环节去解决生产效率问题。

我们现在仍然处在移动互联网时代，并且会在以后相当长的时间停留在这一阶段。当人们还沉浸在移动互联网中享受着这个时代给人们带来的种种便利时，一个更伟大的时代已经要到来了，智能时代将为互联网时代开启新篇章。信息爆炸是智能时代产生的重要原因，在移动互联网时代，数据爆炸式的增长催生了一个重要的资源——大数据，**这些数据为我们开启了一个新的时代——智能时代，我们也称之为互联网 3.0 时代**。

在这个大环境下，我们可以看到某些公司开始积累商业数据，并把这些数据作为一种新的资源来通过智能算法进行分析，由此改变行业的生产效率。这也催生了许多新的商业模式，比如阿里巴巴通过对商业交易数据的挖掘，以及对支付宝数据的智能化整合，开发了阿里金融这样的产品，在个性化金融服务领域开辟了一条新道路。现在的智能贷款、智能投资功能及新的商业险种开发都是基于对大数据的智能分析得到的。

再比如，摩拜单车的单车出行会产生大量数据，甚至可以得到用户使用单车的路线轨迹，这些数据会被用来优化单车的投放地点和出行方案。同时，这些用车轨迹热力图被用在了城市道路改造的政府项目上，为政府的社区道路改造提供了有力的参考。

智能时代的核心特点是数据和智能算法，这个时代的重点不再是解决信息不对称问题，而是通过智能算法对行业的数据进行分析，从而对行业的核心环节进行再造，大幅度提升行业效率，改变行业既有的商业模式。当智能技术被应用在医疗、教育、工业等领域时，这些行业就开始发生翻天覆地的变化，而且这些变化几乎是一日千里的，这是智能时代不同于前两个时代的差别。

以上就是从互联网思维到智能思维的认知升级。我们再来看一些把智能思维运用到商业里的例子。

智能时代大量使用传感器技术获得数据，利用这些传感器可以在医学和商业领域获取大量的数据进行分析。在医学领域，医学生物特征采集传感器可以提取人的虹膜、面部影像、指纹、DNA 等生物特征。现在有许多生物技术公司，通过把智能技术与生物技术结合来实现行业突破，比如对某人进行基因测序，对 DNA 特征进行分析，并用智能算法找到基因里的致病因素，然后通过生物技术和遗传技术来做一些改变。此外，通过人工智能来开发抗癌新药也是当前非常热门的一个新领域。

商业数据采集传感器的应用也很广泛。例如通过 RFID（一种非接触式的无源射频传感器），可以对商品进行标识和跟踪（图 5-19），这种技术被大量运用到了无人超市里。无人超市里的商品背后都贴上了这种 RFID 标签，它可以作为商品的唯一身份码，用于防盗和结账管理。用户在无人超市购物，只需要把这些带有 RFID 标签的商品选好并放到感应收银台上就可以自动完成结账了。通过

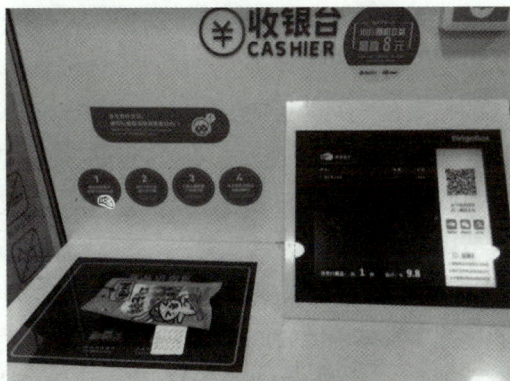

图 5-19　通过 RFID 对商品进行标识和跟踪

智能技术，无人售货超市实现了无人化管理，大大节约了成本，而且补货等超市管

理流程也变得非常容易。

在以上内容中，我们讨论了智能时代的 3 个认知升级，分别是数据思维（含逆向思维）、去中心思维和智能思维。智能算法是从数据中学习规律的科学，这种科学必然以数据为基础，另外我们谈到了数据思维从因果关系到相关关系的转变。万物互联是智能数据采集设备大量使用的结果，数据的计算方式也从中心逐步向边缘转移，这催生了去中心的物联网。而对数据的智能化处理最终把我们带到了智能时代。

智能技术带来的认知升级让我们更加深刻地认识到，当我们把智能技术应用到社会的各个行业时，智能技术是如何提高行业效率的，是如何再造各个行业生态的。通过讨论，我们更加深刻地理解了人工智能赋能，更加清晰地认识到智能时代作为第四次技术革命的核心对我们这个时代的深刻影响。在这个时代各个行业将会产生更深刻的变革，而那些希望走在时代前列的人必须把自己的认知升级到这个高度。

5.4.5　降维思维：从高维到低维

在之前的章节中我们讨论了一些训练心智模式的方法，那么如何在人工智能技术中运用这些心智模式呢？之前我们谈到在训练观察力时可以运用信息降维的方法，其实在机器学习领域我们同样也可以借鉴这种方式。

机器学习算法给对象建模时会抽象出对象的很多特征维度。一般认为，维度越多，对事物的刻画也就越准确。但是维度太多也可能带来麻烦，比如信息量过大、运算变得复杂，还有可能造成过拟合现象。在这种情况下，我们可以尝试降低特征值的维度，把关键特征提取出来，去掉那些不那么重要的特征。比如一个问题里有 1000 个特征维度，通过一些方法可以把维度降低到 120 个，这样做可以使模型更具有普遍性，从而解决过拟合的问题。关于过拟合的细节，我们会在机器学习相关章节中再做进一步讨论。

机器学习中有一种对样本的处理技术叫低维嵌入技术（图 5-20）。这种技术通过把多维数据映射成维度较少的数据集大大减少了数据的处理密度。例如，把一个有 100 万个维度的商业数据映射为 50 个与用户有关的数据，这种技术也运用了降维的思路。例如，在图 5-20 中，当样本空间在三维上时，由于样本太多，往往会造成计算量过大、样本之间过于松散的问题。所以我们通过低维嵌入技术，把三维的样本空间映射到二维空间，通过这种方式可以让数据量变小，样本之间更紧密，更利于计算。

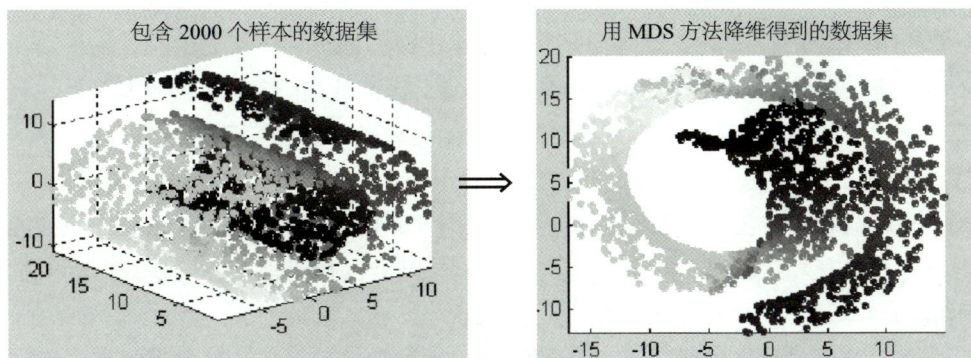

图 5-20　用 MDS 方法实现降维示意图[①]

总结本节的内容，我们发现创新是一种心智模式，通过训练好奇心、观察力和思考力，能够提高自己的创新能力。把这种能力运用到不同的领域，或将不同领域的问题联系起来，探究问题背后的问题，我们的创新心智模式也就得到了训练和培养。

5.5　延伸阅读与思考

人工智能的三大悖论

近年来人工智能的兴起，特别是 AlphaGo Zero 无须知晓人类围棋经验，自我博弈 40 天就"称霸围棋世界"的事件，又一次引起了人们对计算与智能的反思与追问。中国工程院院士、著名的计算机科学家李国杰曾经在一篇文章中提到，人工智能领域至少有 3 个问题面临着相互矛盾的情况，这 3 个问题被称为人工智能的三大悖论。

第一个悖论是莫拉维克悖论。莫拉维克等学者研究发现：实现人类独有的高阶智慧只需要非常少的计算能力，但是实现无意识的技能和感知却需要极大的运算能力，也就是说，"困难的问题易解，简单的问题难解"。这个悖论可能反映了图灵机模型的局限性，人们需要提出更适合感知计算的新模型。实际上，图灵的奠基性论文中还定义了 C- 机（选择机）和 U- 机（无组织机）作为描述思维的模型。

---

① 注：此图来源于刘翠响的论文《人脸识别中高维数据特征分析》（河北工业大学，2008）。

但 20 世纪 60 年代以后，随着计算机性能的提高，图灵机从说明问题的不可计算性逐步演变成强调计算机对问题解决能力的提升，人们已逐渐忘记了图灵机模型的局限性。

目前流行的计算机的架构都是基于图灵机模型的冯·诺伊曼架构。冯·诺伊曼发现模仿神经网络设计计算机这条路走不通，因此从第一台电子计算机开始，计算机的发展就与模拟人脑分道扬镳，这使得用计算机实现人工智能的方式与人脑的思维机制几乎不沾边。另外，现在一分钱可以买到 10 000 个集成电路上的晶体管，集成电路与软件行业已积累难以估量的物质财富，形成巨大的惯性。发展人工智能既要考虑图灵机模型的局限，又要考虑计算机产业的巨大惯性，这是我们面对的困境。

第二个悖论是新知识悖论。人们常说大数据和机器学习是从数据中发现新知识，AlphaGo Zero "无师自通"也说明计算机通过统计学习可以学到人类还未掌握的围棋知识。但从事计算机科学研究的学者认为：计算机是机械的、可重复的智能机，本质上没有创造性。计算机的运行可以归结为已有符号的形式变换，结论已经蕴涵在前提中，本质上不产生新知识，不会增进人类对客观世界的认识。机器学习学到的知识都事先蕴涵在运算前的软件中吗？机械的、可重复的计算究竟如何产生新知识？这些知识都只能局限在"知其然不知其所以然"的水平吗？这也是个令人困扰的问题。

第三个悖论是启发式悖论。启发式搜索是人工智能最基本的技术，与互联网的"尽力而为"原则类似。启发式搜索不能保证找到解或保证解的精度，采用启发式算法创造出智慧幻觉的设备会带来一些我们无法接受的风险。丘成桐教授在中国计算机大会上也指出，人工智能的理论基础非常薄弱，它需要一个可以被证明的理论作为基础。我们必须高度重视启发式算法的风险，但用传统的工程科学来要求人工智能似乎不大妥当，需要另辟蹊径。

思考

人工智能虽然能够帮助人类，但是它确实无法替代我们，比如开篇案例中谈到的人工智能在药物开发领域取得了很大的进步，但是它们还无法取代人类的作用。人工智能在药物开发中的作用就像一个智能厨房，有智能微波炉、咖啡机和其他智能工具。它们只能够帮助你做得更快更好，但是没法为你做出一道晚餐，整合这些工具做出晚餐的关键是厨师。

　　结合上面的材料思考一下，如果让你来设计下一代人工智能，你觉得可以从哪些方面进行呢？

有的人对智能时代一直抱有比较矛盾的态度：一方面他们觉得人工智能能够把人类从简单的重复劳动中解放出来；另一方面他们也害怕随着这一技术发展，人工智能会在某些方面超过人类并大规模取代人类的工作，而这种担心甚至演变成了一种恐惧。我们知道恐惧往往源于无知和误解，而通过前面章节的讨论，相信大家现在对人工智能已经有了一个比较全面和正确的了解，我们有理由相信在智能时代人类是可以与智能机器和谐共存的。在这一章中，我们就将探讨智能时代人和智能机器的关系，学习人和智能机器的和谐相处之道。

6.1　开篇案例与概述

Neuralink 的新尝试——让人工智能服务人类

著名企业家、工程师埃隆·马斯克（Elon Musk）凭借其传奇的人生经历与创业过程被众多创业者视为偶像和楷模，熟悉他的人称他为硅谷"钢铁侠"。他一手操持的电动汽车公司特斯拉和太空探索技术公司 Space X 都曾以一个又一个革命性的突破颠覆着人们对于行业传统的认知。而这一次，马斯克的神经科学公司Neuralink 再度成为科技圈的焦点。

以脑机接口为主要研究方向的 Neuralink 创立于 2017 年，汇集了一批来自顶尖大学的神经科学家，公司的目标是实现人脑与人工智能软件的互联。2019 年 7 月16 日，在旧金山的一个公开活动中，马斯克带来了 Neuralink 在脑机科学领域的最新突破：一个可扩展的高带宽脑机接口系统（图 6-1）。脑机接口指的是将大脑以某种形式与外部设备连接，实现脑电波信号与相关指令信号间的转换，这种方式已

经被证明可以用来控制外部机械设备。Neuralink
这次发布的系统分为柔性电线和相应的植入机器
两部分。Neuralink 特制了一种与微小电极或传
感器连接的柔性电线，这种电线宽度仅为 4 ~ 6
微米，对大脑损害小且能传输更多数据。该脑机
接口系统共有 3072 个电极，就分布在大约 100
根这样的柔性电线上。为了把如此细微的电线精
准植入大脑，Neuralink 研制了一款配套的神经
外科机器人，我们可以把它想象成一个"缝纫机"，
它能够在高端光学设备的帮助下，"观察"头骨

图 6-1　Neuralink 的脑机对接装置

上通过钻孔方式制造的 4 个直径为 8 毫米的微小孔洞，把电线"精准"植入大脑。

此外，Neuralink 还定制了一款可以通过 USB-C 传输数据的微型芯片，该芯片
一次可以监测 1000 多个神经元的活动。这些元件足够坚固，能够通过大脑组织，
在镜片和计算机视觉软件的帮助下还可以避免撞击血管，减少大脑损伤和疤痕组织
的形成。目前该系统已经对老鼠进行了动物实验：研究人员完成了至少 19 次手术，
放置电线的成功率达到了 87%。马斯克还在问答环节中透露，Neuralink 与加州大
学戴维斯分校的科学家合作，对猴子进行了实验，基本证实了灵长类动物能够通过
大脑来控制计算机。据悉，Neuralink 将寻求美国食品药品监督管理局（FDA）的批准，
最早于 2020 年开始对人类进行临床试验。

在第 5 章中，我们已经看到，在某些领域中，智能机器在与人类竞争着工作
岗位，难道智能机器和人的关系只能是"你死我活"的竞争关系吗？如果人与智能
机器之间存在的只是极端的零和博弈，人类为什么还要大力发展人工智能呢？在人
工智能飞速发展的今天，人与机器的关系越来越密切，人类用智慧不断创造出愈加
智能的机器，而这些机器又反作用于人类，使人类的生活愈加便捷，效率得到提升。
在这样的循环之中，人与机器似乎可以合作双赢。但也有越来越多的人提出质疑，
不断发展着的人工智能是否最终会控制人类？

在这一章中，我们将探讨智能时代人和智能机器的关系及他们相处的和谐之
道，希望能引导读者对智能机器给人类带来的积极作用产生正确的认识。

6.2 人与机器的关系

6.2.1 人工智能正在全面超越人类

扫码看视频

大家对于 AlphaGo 战胜人类棋手这件事并不陌生，这标志着一个新的时代——智能时代的到来。新时代的到来，给人类带来新的机遇的同时也带来了新的挑战，那么在智能时代，人类面临的最大挑战是什么呢？

2017 年，京东在上海启动了它的第一个无人仓库系统（图 6-2）。从图片中可以看到仓库里的机器人在自动运转，整个厂房除了几个维护机器人的工程师，几乎没有任何其他工人参与。

图 6-2　京东在上海的无人仓库

京东宣称上海这家无人仓的特点就是全流程无人化。也就是说，仓库实现了货物从入库、存储、包装、分拣的全流程、全系统的智能化和无人化。现在，智能机器正把人从某些以前熟悉的工作场景中赶出去，比如特斯拉的汽车智能装配厂是无人化的；再比如，淘宝以前庞大的人工客服中心也正在被智能问答机器人代替。这样的例子还有很多，这都表明在越来越多的行业里人类正在被智能机器取代。

回顾人类历史，一共发生过三次工业革命：第一次是 18 世纪的蒸汽机革命，第二次是 19 世纪的电力革命，第三次是 20 世纪的信息革命，现在正在发生的是以智能技术为引领的第四次工业革命。一个新时代的到来有着明显的特点，就是这个时代因为技术革新，生产效率明显高于原来的时代：例如工业革命时期，因为蒸汽机的出现，工厂的工作效率比纯手工要高上百倍；电力出现以后，电能驱动的电机和电灯也让人类的生产效率大大提高；到了信息技术革命时代，人们用计算机获得了更强的生产能力。

现在出现的第四次工业革命是以 IoT(Internet of Things，物联网技术，图 6-3) 技术、大数据

图 6-3　物联网技术

和智能算法驱动的革命。

智能算法，尤其是与人工智能、机器学习相关的算法是这次革命的核心驱动力，把这些技术应用在各个行业中，能极大地提高这些行业的生产效率。比如在语音识别领域、图像识别领域，机器识别的正确率已经接近或超过了人类，这让智能机器代替人类工作成为可能。

每一次技术革命在提高生产率的同时都会淘汰落后的产业，智能时代的到来更是摧枯拉朽般地淘汰了大量的产业工人。通过智能技术，机器在语音识别、影像诊疗，甚至智能驾驶上都比人类做得要好。耶鲁大学和牛津大学的研究人员对 352 位人工智能专家进行了采访，他们预测 2024 年人工智能将会在翻译领域超过人类，在 2026 年人工智能将具有中高水平的写作能力，在 2027 年会出现完全自动驾驶的卡车，人工智能到 2060 年前后会有 50% 的概率在几乎所有工作领域完全超过人类。

世界经济论坛创始人克劳斯·施瓦布（图 6-4）称第四次工业革命在速度、广度和深度上都独具特点。他说："智能革命以指数而不是线性速度发展，而且几乎冲击所有国家的每一个工业部门。变化的广度和深度预示着生产、管理、治理体系的彻底转变。"

2016 年世界银行的一个报告预测第四次工业革命，也就是智能技术革命

图 6-4　世界经济论坛创始人克劳斯·施瓦布

将在今后 5 年内改变商业模式和劳动力市场，导致包括中国在内的 15 个主要经济体的约 500 万民众失去工作。《智能时代》的作者吴军博士在他的书中预言，智能技术将会淘汰 98% 的产业工人。智能时代可能是我们人生最重大的机遇，也可能是最重大的挑战。虽然我们不用担心人会被机器控制，**但是人类的部分工作却正在被机器取代，这才是我们在智能时代遇到的最大挑战。**

因此，我们必须跟上时代的脚步，否则就会被淘汰。每个人都应该思考如何才能成为那 2% 不被淘汰的人，站在时代的浪潮上。

6.2.2　人工智能：竞争者还是帮助者

图灵奖获得者、中国工程院外籍院士雷伊·雷蒂（Raj Reddy）在 2018 年人工

智能大会上发表了题为《人工智能：未来的机遇》的主题演讲，他表示："很多人看到人工智能，看到的都是悲观的景象，但我看到的是光明的未来。人工智能技术会让使用互联网的人数至少翻一番，整个经济效益就可以增加3倍。我们会越来越多地看到全球GDP的增长，现在是100万亿，20年后可能会是现在的10倍。"他还表示，未来人类如果拥有了"人工智能守护天使"，就能及时应对和度过台风、海啸等无法预测的灾难。

雷伊·雷蒂的演讲充分展现了他对人工智能发展的友好态度，在他看来，人工智能的发展有利于更好地辅助人类的生活。那么，智能时代人类和智能机器的关系究竟是怎样的？如果仅仅从一望而知的表面现象来看，尽管社会普遍承认人工智能在辅助人类工作方面的积极作用，但智能机器对人类工作岗位的威胁依然是大众目光聚集的焦点。诚然，就当前智能技术的发展阶段而言，其和人类工种的竞争关系确实是客观存在的，但如果我们透过表面现象去思考人与智能机器关系的底层逻辑，就不难发现智能机器在本质上依然是人类的服务者。

以大家熟知的人工智能AlphaGo为例，AlphaGo设计者的初衷是什么？谷歌公司的团队为什么要动用大量资源来做这款围棋AI智能（图6-5）？ AlphaGo的设计者们当然不是为了羞辱人类棋手，更不是试图彰显人工智能可以凌驾于人类之上。事实上，谷歌公司团队顶尖的计算机科学家们有着高远的抱负，他们的终极目标是做出性能强大的通用人工智能，以智能的力量帮助人类走向更好的未来。通用人工智能这一概念是相对于狭义人工智能来界定的：狭义人工智能指仅在某一领域发挥特

图6-5　AlphaGo大战围棋高手柯洁

长的智能，而通用人工智能指能把某个领域的算法迁移到其他领域的智能。现阶段的人工智能都是所谓的狭义人工智能，因为目前的人工智能还仅仅只能在某一个领域发挥作用。

人和智能机器明显的差别在于，人是很容易做迁移学习的。我们可以把我们的智力用在学习打乒乓球上，也可以把这种能力迁移到学习打网球上，甚至可以把这种能力用在爬树和跳街舞上。当我们学会了使用Windows操作系统，相应的就可以触类旁通地摸索出苹果计算机的大概使用方法。但这件在人类身上顺理成章的

事情在机器上却不行，因为机器学习仅仅是在单个具体问题上建立模型，例如，AlphaGo 就是针对围棋游戏建立模型。当这个特定的模型建好以后，就只能在用在这个特定领域或问题非常相近的领域，当迁移到另一个差别较大的领域时，例如从下围棋迁移到医学诊疗时，智能机器的设计者就需要重新建立模型和算法，并且要从新的领域采集数据，然后才能进行训练。通用智能能够较好地克服以上弊端，但开发难度却直线上升，到目前为止没有任何个人或学术团队做出了真正的通用智能。

虽然 AlphaGo 目前已经可以运用到游戏上做人机博弈，但这离真正意义上的通用智能依旧相去甚远。从人机博弈的角度讲，围棋本身就是一种博弈游戏：围棋是对手出棋，我们来预判并给出解决策略；而电子游戏也是根据对手释放的技能，玩家依靠经验和技巧来做出合理的决策加以应对，这同样是一种博弈。AlphaGo 将它的算法模型进行简单调整，将数据集从围棋棋谱换成游戏攻略，就可以进行游戏博弈。在 AlphaGo 一鸣惊人后不久，谷歌公司旗下的 DeepMind 团队又推出了迭代版本 AlphaGo Zero，一台能够在完全不依赖人类的先验知识的情况下完成自主学习的机器，这标志着人类向着通用智能道路又迈进了一步。

6.2.3　智能机器：敌人还是朋友

人和智能机器在未来的关系会是什么样的呢？它会是我们的敌人还是朋友？我们以电影《钢铁侠》中的超级助手贾维斯和扎克伯格的智能家具系统为例来探讨这个话题。

在电影《钢铁侠》中，钢铁侠有一个智能管家贾维斯。钢铁侠的日常生活、衣食住行的方方面面都是由贾维斯负责打理的，这让钢铁侠能空出大量的时间来进行思考和创新，比如制造他的智能装备。贾维斯还搭建出一个智能虚拟工作平台，让钢铁侠的工作效率大大提高，钢铁侠的超级战衣就是用这个虚拟工作平台建模来完成设计的。贾维斯还可以对犯罪现场进行虚拟建模分析，电影中有一个情节是钢铁侠需要在爆炸现场找出真凶，而大范围的爆炸毁掉了犯罪现场。为了找出凶手，钢铁侠利用贾维斯的计算能力，为犯罪现场建立了模型，还原并分析出了当时现场的所有细节，发现了爆破点，最终将罪犯抓获。其实这一电影情节离我们的现实生活并没有那么遥远，许多国家已经开始使用虚拟建模技术来辅助刑侦工作了。

贾维斯还拥有一个战斗辅助模式（图 6-6）。钢铁侠把贾维斯集成在战甲的智能头盔里，通过它控制战斗系统、监控自己的生理指标，还可以检测系统损坏状态、自动导航和计算弹道。

图 6-6　电影《钢铁侠》中钢铁侠操纵的智能战斗系统

贾维斯是一个集智能管家、智能工作平台、智能战斗系统为一身的超级人工智能系统。贾维斯翻译成中文的意思是"只比人类稍微聪明一点的智能系统"，它的定位是清楚的：它永远是人的助手，辅助人并提高人的工作和学习效率，而绝不会替代人。换句话说，它是人类的朋友，而非敌人。这正是人和智能机器的和谐之道，从某种意义上说，也是人工智能的发展方向。

在钢铁侠的案例中我们着重讨论的是未来人类与人工智能的相处模式，而在现实生活中人类和智能机器和谐相处的例子也是存在的。扎克伯格也开发了一个属于他自己的"贾维斯"：一个可以用手机操控智能电器的智能家居系统，比如用手机或语音操控打开窗帘、操控衣柜的发射装置将衣服弹射出来等。扎克伯格的智能家居系统还可以做人脸识别。当家门外有人到来时，智能家居系统会自动识别来访者的身份，如果是已经录入系统的扎克伯格的朋友和家人，大门就会自动打开。

这些设计只实现了智能生活助手的功能，与电影中的贾维斯还有很大差距。从科幻电影和现实生活的对比中可以看到，当前人工智能发展还十分有限，在这一领域我们还有很长的路要走。

钢铁侠的贾维斯和扎克伯格的智能家居系统都是充分利用人工智能技术为人类服务的典范，我们有理由相信，这样的场景会随着人类对人工智能技术运用越来越熟练而普遍化。只要人类在伦理层面对人工智能的应用更规范，在经济与法律层面对人工智能的考虑更全面，人工智能对人类的帮助就会更大、更安全。

6.3　人与智能机器的和谐之道——增强智能

人工智能的发展方向是利用智能科技来增强人的能力，也就是所谓的

IA(Intelligence Augmenting, 增强智能)。在未来，我们可以把人工智能看成人类的助手，看成人类的增强智能。那么增强智能可以帮助人类增强什么能力呢? 主要可以包括以下 3 个方面：感知能力、认知能力和生存能力。下面，我们分别从这 3 个方面入手，深刻了解人工智能的优势，探索人和智能机器的和谐之道。

6.3.1　感知能力

增强智能是如何增强人的感知能力的? 我们通过以下 3 个案例来进一步说明。

案例一：特斯拉电动车的自动驾驶技术

特斯拉电动车上布满了感知传感器（图 6-7），比如车前有一个毫米波雷达，车身周围有 12 个超声波雷达，挡风玻璃上还有一个视觉感知模块。这些传感器让车身到处都长满了"眼睛"，能够看到我们看不到的东西，比如在夜视环境下，它的红外线感知器能够"看到"暗处的物体，这实际上就增强了我们的视觉感知能力。另外，特斯拉可以通过做深度学习来自动驾驶，即通过深度学习来适应道路情况。

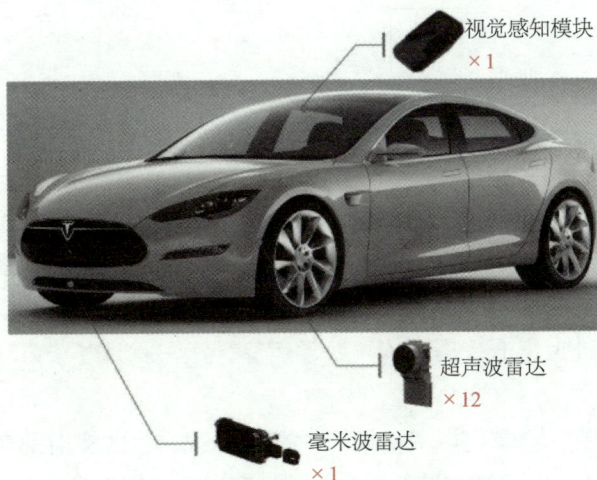

视觉感知模块
×1

超声波雷达
×12

毫米波雷达
×1

图 6-7　特斯拉电动车感知传感器分布示意图

在本书之后的章节，我们会就深度学习这一知识进行深入探讨，在这里仅简单介绍深度学习和人工智能的关系。人工智能这门学科兴起于 1956 年，大约在 20 世纪 80 年代出现了一个热门分支——机器学习。这个流派主张大量使用神经网络，在数据中学习，而深度学习（Deep Learning）需要多层神经网络（图 6-8），需要更大量的数据。深度学习在 2006 年左右才慢慢热了起来，其原因就是有了数据支撑——只有在算法层面提供大量的数据支撑深度学习算法进行训练，才能产生比较好的数学模型。不过值得一提的是，目前人们对于深度学习算法的内部运作原理还没有足够深入的了解，计算机科学家们在需要用到深度学习算法时也只是把它当作黑箱算法来使用。深度学习的内部机制究竟是怎样发挥作用的，未来还需要更进一步的研究来确定。

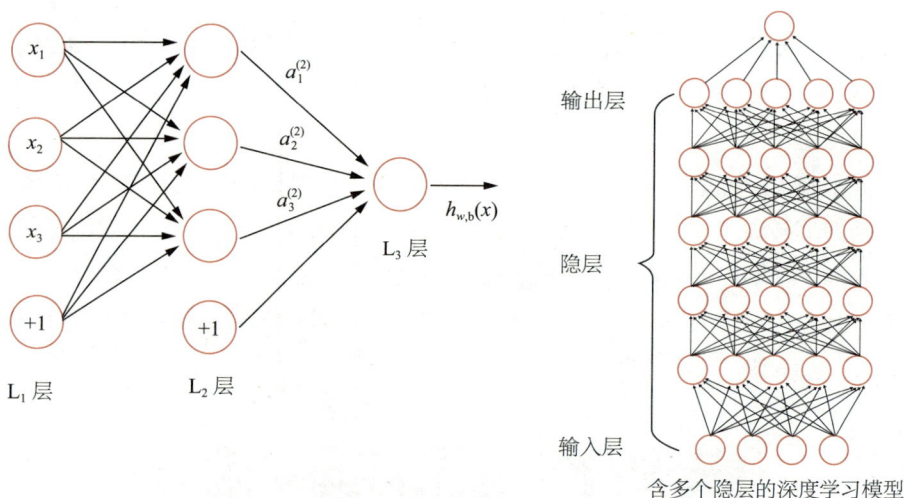

图 6-8 **深度学习算法模型**

建模是实现自动驾驶技术的第一步。当然，自动驾驶技术模型的建立并非只能依靠一种雷达，比如特斯拉的自动驾驶技术的模型是通过毫米波雷达建立的，而现在市面上也不乏通过三维雷达建立的模型。模型就是所谓的深度神经网络，完成了建模之后，通过大量的数据训练和数学运算，汽车就具备了自动识别障碍物的能力。

通过深度学习，汽车可以灵活地应对路面状况，生成实时的驾驶策略，什么时候换道超车，什么时候等待慢行，这些都是可以通过深入学习完成判断的。深度学习的一大特点就是可以根据复杂的路面情况实时地学习，如此一来，汽车在路面上驾驶的时间越长，它的学习数据样本就越多，做出来的判断就会越来越准确。

无人驾驶技术的成熟，使人们的幸福感愈加浓厚：驾驶员不再需要紧绷着神经、全神贯注地盯着前方路况；残疾人和老年人也能踏上旅途。无人驾驶技术的成熟，使人们的生活品质进一步提升：它降低了车祸发生的概率，大大缓解了交通压力；

它生产的最优化的加速、制动、减速方式，能有效地提高燃油利用率，减少温室气体与有害尾气的排放量，更加环保节能。

案例二：利用智能算法帮助红绿色盲者识别物体的技术

该案例是笔者所在的科研团队的学生做的真实创新项目。众所周知，红绿色盲无法分辨红色与绿色，如红绿灯。并且，通过观察我们还发现，如果有红色和绿色的物体混杂在一起，红绿色盲会分不清物体的边界。图 6-9 所示的两幅图分别是正常人和红绿色盲看到的图像。我们可以看到，左图中的樱桃与绿叶界限分明，而在右图中，也就是在红绿色盲眼里，这两种物体的边界是不清晰的。

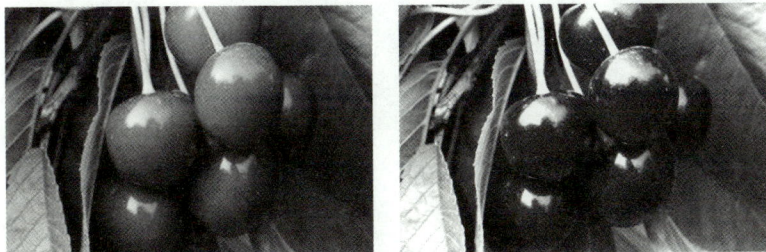

扫码看彩色
对比图

图 6-9　正常人看到的图像（左）红绿色盲看到的图像（右）

那怎么帮助红绿色盲识别物体边界呢？我们研究了色谱（图 6-10）、三色叠加原理以及红绿色盲对颜色的敏感度。通过在色谱图中挑选出他们比较好区分的色谱区间，然后找到对应的映射办法——通过深度神经网络，就可以把原来不清晰的色谱区间映射成为相对好区分的色谱区间。

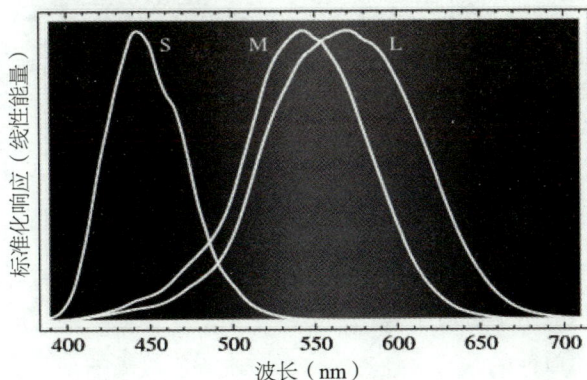

扫码看色谱图

图 6-10　色谱

最终，我们通过深度神经网络完成色的谱映效果（图 6-11）。原来的红色映射成了偏绿的颜色，原来的绿色映射成了紫色，至此，红绿色盲至少可以把两个物体分辨开来。色盲有许多类型，根据不同的色盲对光谱敏感程度的不同，在理论层面，我们都可以做出适合他们的模型帮助他们分辨物体边界。

通过深度学习这种典型的人工智能技术，颜色认知缺陷人士对物体边界的识别能力得到了提高，生活质量也得到了改善。

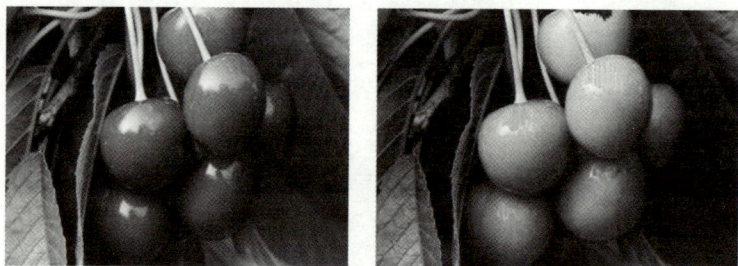

扫码看彩色
对比图

图 6-11　通过深度神经网络完成色的谱映效果

案例三：通过隐形眼镜判断血糖指标的技术

图 6-12 所示的隐形眼镜可以对人体血糖进行随时跟踪报告，你能想到这是如何实现的吗？

人体细胞活动所需的能量大部分来自葡萄糖，而血糖必须保持在一定水平才能维持正常的生命活动，因此空腹血糖状况就成为判断人体是否健康的重要指标之一。传统的血糖测量方式一般通过抽血来完成，但现在已经可以通过佩戴隐形眼镜来完成了。

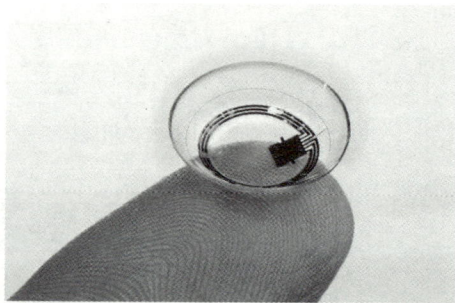

这项技术使用了葡萄糖传感器，葡萄糖传感器的电极包含无线电调频天线和计

图 6-12　带有葡萄糖传感器的隐形眼镜

算芯片，它们都嵌在聚酯纤维制成的一个衬底上，放在隐形眼镜里面。葡萄糖传感器使用电极让微电流通过泪液，当人们的泪液里含的糖浓度不一样时，对电流形成的电阻也就不一样。通过测量电流强度，我们就能探测泪液中葡萄糖的浓度，这个浓度可以直接反映一个人的血糖的浓度。当然，这个技术需要极高的工艺能力、材

料工程能力以及微电路设计能力的支持。

我们看到，智能隐形眼镜正是利用了嵌入式技术与智能算法实现了血糖的识别与监控，人工智能技术增强了人类对生理指标的感知能力，提高了人类生活的健康指数。

以上 3 个例子都体现了人类可以借助智能机器的力量获得更好的感知能力，这样的能力让我们更加便捷地获取身体相关数据，也让我们的生活更安全、更丰富多彩。

6.3.2　认知能力

在智能技术增强认知能力方面，有一个有趣的例子，就是用人工智能技术识别西夏文字。那么，我们为什么要识别西夏文字？识别过程的困难又在哪里呢？

西夏曾经统治河西地区近 200 年，创造了惊人的文化、艺术与宗教文明，当然也包括文字。但随着 1227 年西夏灭亡，关于西夏的记录也逐渐消亡，这种参考汉字创立的奇特文字也渐渐失传，最终成了一种死文字。直到清代学者张澍在武威大云寺发现了著名的感通塔碑，西夏文才重现人世。

起初，研究人员通过手工翻阅查找来完成西夏文的认读工作，这种方法不仅费时费力，而且由于西夏文各个单字间存在高度相似性，人工识别还可能存在很大的错误率，这让研究人员产生了用计算机辅助识别的想法。在 20 世纪 80 年代，人们已经开始较普遍地使用计算机进行图像中文字的扫描识别工作，效果显著。但当研究人员试图用计算机依据文字列表来识别大量的西夏文献时，这种在别的地方屡试不爽的计算机识别法却失灵了，这是为什么呢？

在大量识别西夏文字的过程中研究人员遇到两个难题：一是西夏文字的笔画繁多，平均每个字有 25 笔；二是从碑上拓下来的这些文字易有字形缺失、印迹模糊的现象。这样一来，用原来的计算机扫描方式得到的识别结果正确率很低。

现在研究人员使用机器学习的方式大大提升了识别结果的正确率。具体讲，就是用了一种名为 Mean Shift 的聚类算法，这种算法用均值统计的方式，把均值统计向中心聚类，从而实现了分类识别。实际上这是一种无监督的机器学习方法，这种方法对文字的缺角及边缘识别更加有效。

图 6-13 是具体过程的示意图，我们看到整个过程要经过建模、特征提取、降维、学习，然后用数据训练来建立一个比较好的模型。最后，把要识别的文字与模型相

比较来完成整个识别工作。这样一来不仅大大提高了识别的准确率，也降低了人们的工作强度。

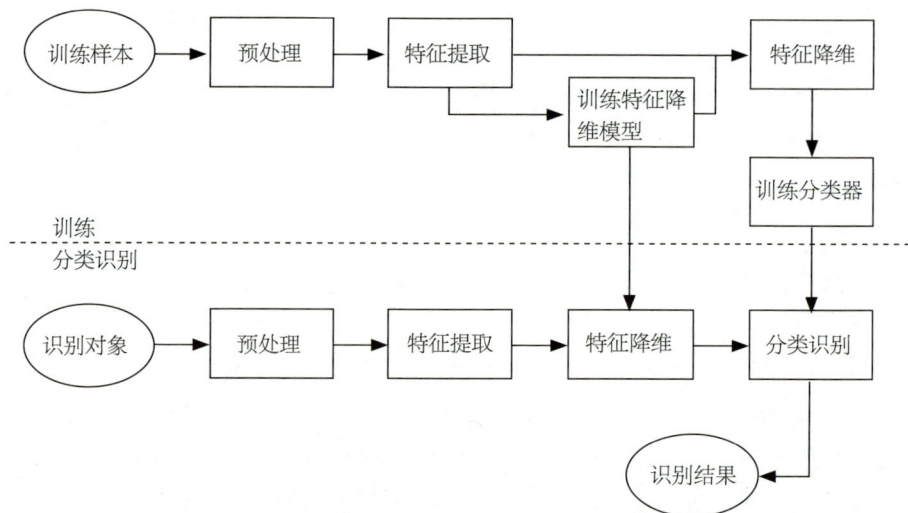

图 6-13 Mean Shift 技术识别过程

这个过程通过聚类算法，运用统计和概率等数学工具对数据进行处理，将本来毫无头绪的古代文字一一破解。这正是人工智能的威力所在，也是典型的运用智能技术提高人类认知能力的例子。

6.3.3 生存能力

最后，我们再来谈一谈人工智能技术如何增强人的生存能力。下面介绍两个通过深度学习的方式来识别皮肤癌的案例，希望能拓宽你的思维，帮助你更好地理解。

案例一

在现实生活中，经验丰富的医生分辨皮肤癌的准确率接近 90%。经过不断的技术探索，机器学习的准确率已达到了优秀医生的水平。这个技术成果已经发表在了 *Nature* 上，通过这一技术，人们有望制造出家用便携式皮肤癌扫描仪。

众所周知，图像识别是机器学习的拿手好戏，那么识别皮肤癌样本和识别普通物体的区别在哪里呢？和识别猫狗的照片有什么不同呢？识别皮肤癌的难点又在哪里呢？

图 6-14 上有 6 块皮肤斑点的样本，上面 3 块是良性样本，下面 3 块是恶性肿瘤样本，我们可以看到良性和恶性的皮肤斑点样本的外观非常接近，识别只具有细微差别的图像对于计算机是个难题。

不同的诊断结果会对应完全不同的治疗方案：如果诊断是良性的，只是一般的脂溢性皮炎，我们的治疗方案可能只是买点皮肤外用药膏；如果是恶性的可能就要做化疗处理。因此，皮肤癌的识别算法需要具有极高的准确率与可靠性。一旦识别错误，便会出现极其严重的后果，比如某个病人只是得了一般的皮炎，机器居然判断为癌症，这会激增病人的心理压力；如果本来是癌症的病患，机器给出的诊断是一般皮炎，那就要贻误治疗时间了。

扫码看皮肤样本图

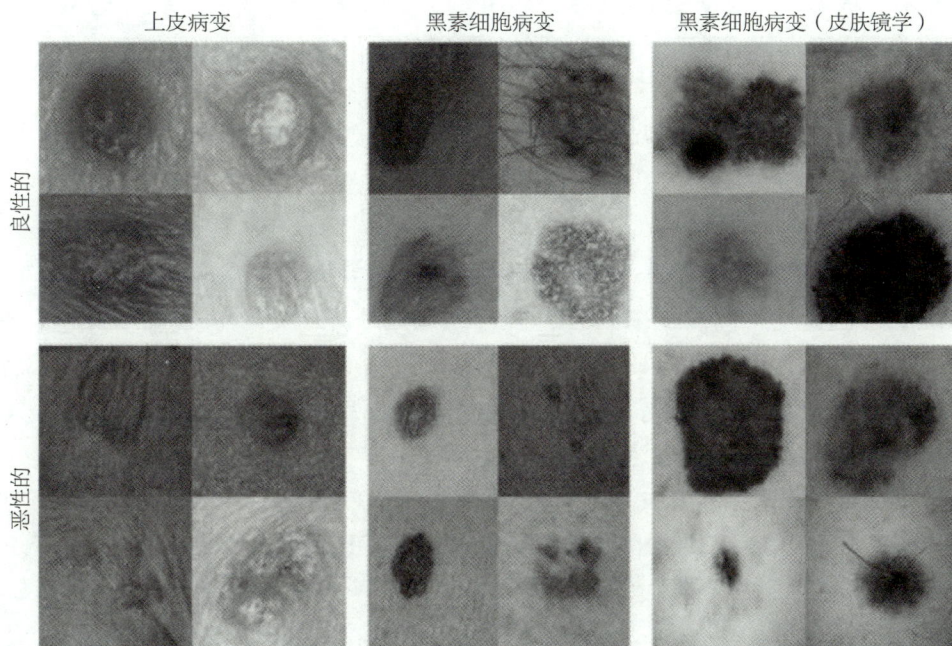

图 6-14 皮肤斑点样本

为此，斯坦福的科学家搜集了 13 万个皮肤斑点样本，对它们首先进行了数据的清洗。所谓"清洗"，是要把拍摄取样的环境、分辨率和光线不同的样本整齐化。完成数据清洗以后，再分类做标签，图 6-14 中样本被分成了 6 类。当然，分类和标注过程要足够准确。接着把样本放到深度学习的神经网络里面，进行参数的调整，经过多次训练以后，选择一个准确的模型，再去做临床应用。样本越多，形成的模型越准确，对每一种病情状况的判断才会越准确。准确的诊断能为病人提供正确的治疗方案，提高病人的生活水平甚至提高生存率。

案例二

IBM 公司的沃森（图6-15）是一个强大的人工智能肿瘤诊疗机器人。要注意，沃森只是一个助手系统，辅助医生的治疗工作，治疗方案的最终决定权还是在医生手中。

沃森的工作方式是这样的：首先，沃森要按数据格式的要求，把病人的化验数据输入到系统中；然后沃森会通过深度学习找到合适的诊疗方案，并把方案推荐给医生，最终由医生决定采取何种方案。

图 6-15　沃森标志

沃森的诊断过程是典型的人工智能应用的过程，因为它是一个专家系统，这个专家系统需要通过对比病人的化验样本和之前那些治疗案例来对病人的病情进行判断，并给出诊疗建议。

沃森还有人类医生不具备的优势，就是通过智能技术大幅降低诊疗成本。原来的诊疗过程，可能非常复杂，也非常昂贵。特别是在医疗资源不足的国家，优秀医生的预约时间长，化验过程花费的时间长，可能贻误治疗的最佳时期。而通过沃森，10 分钟就可以拿到结果，对肿瘤的诊疗费用也会大大降低。因此，不管是从提高诊疗效率，还是从降低诊疗成本的角度来说，智能诊疗都是一个巨大的突破。

智能机器在医疗领域中的应用，为更多病人提供了一线生机。借助智能技术的力量，我们可能拥有更佳的治疗方案、更短的治疗时间、更低的治疗费用，这些都让人类的生存能力获得巨大提升。

6.4　人工智能赋能

把智能技术嵌入其他行业，尤其是工业领域，会对行业进行重塑，我们称这个过程为人工智能赋能或智能嵌入。

比如将智能技术嵌入制造领域产生了工业 4.0，智能技术嵌入驾驶领域产生了无人驾驶，智能技术嵌入教育领域产生了自适应学习，这一嵌入过程会极大地改变该行业的规模和生态，这也是智能革命跟以前几次技术革命不一样的地方。相比较而言，在互联网时代，互联网技术虽然把信息沟通的效率提高了，但是互联网技术本身并没有进入工业生产或行业的核心领域来构建新的行业生态。

用人工智能赋能的视角去看待其他领域，其实可以对这个行业进行再造。比如，在之前，小企业的贷款是个难题，因为银行不知道怎么判断小企业的还款能力，为了规避风险，往往对小企业采取谨慎贷款的策略。从 AI 赋能的角度看，这个问题就很好解决了，因为银行现在可以得到这个企业主的大量商业交易数据和消费记录，根据记录结合智能算法就可以判断能不能给小企业发放贷款，甚至发放多少贷款。这种从不同视角得到解决方案的方式，其实本身就是一种创新思维。

在人工智能快速发展的时代，人类借助科技的力量增强了自己的感知能力、认知能力以及生存能力，实际上是整体提高了人的能力。我们创造了人工智能，赋予了他们深度学习的能力。在时而我们跟随它们、时而它们追随我们的飞速发展过程中，人类终于探索出了智能机器和人相处的和谐之道——智能机器作为助手辅助人类的发展。

霍金说，人工智能时代的到来是人类历史上最重要的时刻。因为它会引起重大的变革，而机会总是在变革中产生的。对于我们每一个人来说，智能时代的到来也是我们人生中重大的机遇。我们不断探索智能机器和人的和谐相处之道，最终发现，人工智能是通过增强智能提高了人类的能力，人工智能赋能行业也使行业效率得到提升。正如狄更斯所说"这是最好的时代，也是最糟的时代"，在这样的时代背景下，我们更应该思考怎样面对新的机遇和挑战。

6.5　延伸阅读与思考

2018 年人工智能大会上的精彩发言

2018 年 9 月 17 日上午，世界人工智能大会在上海拉开帷幕。大会共有 30 多场主题论坛，有 150 多家前沿企业、200 多位重量级嘉宾参与，全球人工智能领域最具影响力的科学家、企业家以及政府重要领导人，以"人工智能赋能新时代"为主题进行高端对话。

阿里巴巴董事会主席马云在大会现场谈论新制造："未来成功的制造业一定是用好智能技术的企业，因为不会用智能技术的企业都会进入失败领域。"他认为，未来 30 年智能技术将深入社会的方方面面，彻底重塑传统制造业。

"工业时代和信息时代让制造业自动化、规模化、标准化，而数据时代，制造业应该个性化、智能化、按需定制。"马云说，未来制造业不仅仅是制造业，而是制造业和服务业的完美结合。未来制造业依靠的不是资源和产业配套，而是数据、服务业，服务业发达的地方，新制造会起来。未来制造业的重点不是引进资金，而是引进知识和人才。

腾讯董事会主席兼首席执行官马化腾在发表演讲时表示，人工智能技术的研究是一场跨国、跨学科的科学探索工程，对于任何一个企业、城市和国家来说，既不能拒绝人工智能领域的"奥林匹克"，更不能"闭门造车"。

马化腾认为，人工智能技术的发展，正在通往"大社交"时代。腾讯今年微信的月活跃用户达到 10 亿，成为中国首个用户突破 10 亿量级的互联网产品。目前连接人与人的极限就是几十亿个节点，但是，如果连接人与物，也就是把我们与常用设备实时有效地连接起来，那么我们的节点规模将会增长到几百亿的量级。腾讯提出的目标就是做各行各业的数字化助手。

小米集团创始人、董事长兼首席执行官雷军发表了题为《AIoT 引爆新时代》的主题演讲，其中重点谈到了人类进入了人工智能新时代，人工智能（AI）与物联网（IoT）结合将形成 AIoT，也就是万物智慧互联，这个领域有着巨大的发展空间。他强调，眼下 5G 时代马上就要到来，5G 技术将为 IoT 插上腾飞的翅膀，5G 是未来发展的强劲驱动力。5G 带来的新机会就是 IoT，而且 IoT 设备之间的连接问题就是 5G 要解决的核心问题。

科大讯飞创始人、董事长刘庆峰在会上表明，按照目前的发展速度，科大讯飞的产品会在 2019 年上半年达到专业八级的水平，为业界首家。他强调，人机的未来必定是协同发展的，即人机耦合，机器将帮助顶尖的同传更好地发展他们的能力。最后他提到了人工智能下一步 3 个关键技术的突破口：第一是在算法上，要实现不用大量的数据训练就能自主学习，走向通用人工智能；第二是把脑科学和数学建模的方法结合起来；第三是确保人机相互协作，机器能帮助人类提高效率。

商汤科技创始人、香港中文大学教授汤晓鸥在大会上表示，所谓"大爱（AI）无疆"有两层含义：第一人工智能（AI）的发展将实现赋能百业；第二人工智能（AI）与传统产业没有边界。汤晓鸥表示："并不存在人工智能这个行业，只有人工智能＋这个行业。人工智能需要与传统产业合作，这种关系是结合、赋能，而绝不是颠覆。人工智能的价值是帮助传统产业提高生产效率，解放生产力。"关于"大爱（AI）无疆"的另一层含义，汤晓鸥表示，人工智能的发展需要全世界的智慧，全球企业、机构应该加强合作，打通人工智能学术研究的国界。

2013 年诺贝尔化学奖得主、斯坦福大学结构生物学教授迈克尔·莱维特在会上说："生命进化的过程非常像机器学习，只是进行了上亿年。"他还分享了自己对生物智能和人工智能的感悟。生物智能来源于不停的学习，莱维特认为，在自然界，学习的本质有 3 个要素：信息、结构和功能。虽然难以复制生物智能，但人工智能还是可以从自然界得到启发，机器学习中的重要工具——神经网络，就是一个很好的例子。莱维特了解到，复旦大学最近正在进行一项研究，用人工智能去观察大脑的内部结构，识别不同的脑部疾病。这最终将帮助人类创造更好的世界。

英国皇家工程院院士、帝国理工学院教授陆永青在接受媒体群访时介绍："我想说的是，人工智能现在就像一个新生的婴儿，出生了几小时还没有看到特别多的突破。虽然听起来不可思议，但它已经应用在图像识别、安全等方面，帮助人类生产力做了很大的提升。现在，我们的想法是，让专家使用人工智能时能更简单一点。未来，我们希望在各个领域建立平台，借助人工智能在硬件和芯片方面的进展，释放它的潜能以服务于各个领域的发展。"

斯坦福大学李飞飞教授首先阐述了人工智能对于整个人类社会的影响。她说："人工智能将是第四次工业革命的一部分，这使我这个人工智能科学家诚惶诚恐，因为我们从未创造过一种技术对社会的影响如此之大，但是我们对它的未来又知之甚少。但是我相信人类能够很好地应对人工智能带来的挑战，只要我们坚持以人为本的人工智能。"李飞飞说道，发展人工智能我们应该坚持 3 个原则：第一，人工智能必须更深层次地反映人的思维；第二，我们有责任引导和监测人工智能给人类发展带来的影响，虽然工程化是我们的第一个挑战，但我们更要关注人工智能带来的社会伦理挑战；第三，人工智能应该增强人类而不是取代人类，人工智能可以替代人类做危险的工作，但人类的素质会因为人工智能有不断的发展。

思考

在 2018 年举办的人工智能大会上，斯坦福大学的李飞飞、香港中文大学的汤晓鸥等数据科学家们纷纷表达了对人工智能与人类和谐相处的乐观态度。你能够在自己的生活中找到人类运用智能技术提升生活质量和提升自身对世界的认知和感知能力的例子吗？请大家按小组的方式分享自己身边的例子。

第 7 章
专创融合创新项目指南

在本书之前的章节中，我们从时代背景赋予创业者的大环境，以及创业者的自身素质与能力等方面出发，探讨了在智能时代下应该怎样做好创新创业这件事。设置项目指南的目的第一是帮助大家思考项目的来源，进而找到有实践价值的好项目；第二是讲解如何把所学到的创新知识运用到项目中，如何在实战中训练"创新创业能力模型"中的各项能力。在本章，我们将零距离贴近创业"实战"，指导读者一步步找到适合自己的创新项目并推进下去。我们将指导读者利用"项目驱动"的方式进行专创融合训练，并利用 3 个画布来引导项目的深入，进一步提升读者创新项目的实现能力以及团队协作能力。同时，我们还会给出具体案例来讨论整个创新创业项目的实践过程，深入讨论创新思维在这些项目中的应用。希望通过这些实际项目的展示与分析，读者能够对寻找和推进创新项目有更多领悟。

7.1 "项目驱动式"的专创融合训练

"项目驱动式"的专创融合训练建议以项目导向（project-based）的方式开展，具体的原因有以下几点。

1. 以创新创业项目推动"专创融合"，能够激发学生的专业学习热情。 课程的学生来自各个专业，而这些项目都是学生自发产生的，往往与他们所学的专业有紧密的联系。这样，学生在解决项目中的问题时会更加主动地把专业知识融入创新项目中，促进专创融合。在项目进行中，他们也会不断地发现自己所学的知识对于解决实际问题是远远不够的，这会极大地激发学生对自己专业的学习热情，也让学生能更加明确自己的学习方向，为下阶段的专业学习打下基础。

2．来自真实世界的项目可以更好地培养学生们解决实际问题的能力。 常规的学习形式一般以授课和讲座为主，这种形式下学生学习专业知识往往是被动的，很多学到的知识都成了沉睡的"惰性知识"。而在创新创业项目实践中学生学习的是一种"问题驱动式"的学习方式，"问题驱动"学习方式能让学生改变对专业的思考思路。这个过程会激发学生把自己的"惰性知识"转化成解决实际问题的知识，从而更好地培养解决实际问题的能力。

3．训练以项目导向的形式展开，可以模拟整个创业过程。 学生通过创新创业项目可以参与和体验创新创业流程，从产生创新创业愿望，到建立创新创业团队，最后到寻找项目的核心创新，整个过程完整模拟了创业的酝酿阶段，培养和训练了学生们的创业能力。

4．"自我驱动式"的项目锻炼可以让学生产生更多创新想法。 创新项目来自学生自己的真实想法，是他们本身想完成的创新，这些来自他们内心的想法往往会激励他们更主动地去完成项目。在这个过程中学生会审视并寻找核心创新，更积极地思考创新的含义，从而大大提高创新能力。

7.2　项目指南一：从无到有进行创新项目实践

为了体验创新创业的整个过程，我们把项目实践分为激发创新创业项目、宣讲并组建项目团队、审视项目核心创新 3 个步骤，根据这 3 个步骤循序渐进地引导学生完成创新创业项目前期模拟。

7.2.1　激发创新创业热情

项目开始的方式与路径没有所谓的"定式"，也没有所谓的"好坏"。但从创业心理学的模型来说，项目开始的路径一般有两种：**从内心生发或从环境开始**，图 7-1 展示了这两个路径。

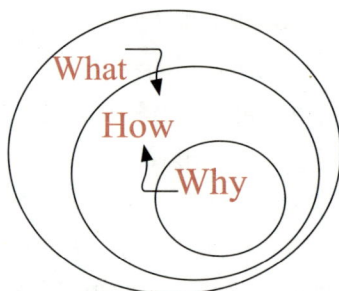

图 7-1　创新创业项目产生的可能路径

　　有大量的创业案例是从外部环境开始的，也就是从 What（做什么）开始，最典型的就是 UBER 创始人卡兰尼克的创业经历。因为一次不愉快的等出租车经历，卡兰尼克发誓要打造一个能让出租车在 5 分钟内出现的商务系统，这开创了共享出行的新模式。但是，创业欲望往往来自像卡兰尼克一样阅历丰富的人，他们可以从与社会频繁的交互过程中捕捉机会。而学生的社会经历相对较少，接触社会的机会也不那么频繁，应该如何激发他们创新创业的热情呢？

　　最好的激发方式之一就是从内心的愿望出发，也就是从图 7-1 中的 Why（为什么做）开始，因此我们需要帮助同学们找到那个理由。为此，我们设计了"创新创业项目构思画布"（图 7-2），以激发学生的创新创业热情。

谁可以帮助我？	我要做什么？	我对谁有什么价值？	如何让他知道？	我能帮助谁？
	核心资源（我是谁？我拥有什么知识能力？）		如何给他帮助？（个人价值实现渠道）	
我要付出什么？		我能得到什么？		

图 7-2　创新创业项目构思画布

该画布着重帮助学生群体厘清"自我价值"的定位，让大家能够从自我价值着手点燃心中创新创业的火种。不仅如此，学生通过画布还能分析出自己到底希望获得什么，以及与之对应地要付出什么，这也是对自己价值观的一次检验。另外，这张画布还能引导学生思考自己的"核心资源"，在之前的章节中我们曾经谈到要充分利用自己的内外部资源进行创业思考，并且告诉大家应该如何寻找自己的内外部资源。这正是创业最容易开始的地方，也可能是创业项目的入口。建议学生群体可以结合自己所在的专业思考这个问题，这有助于项目的产生。最后，该画布还提示学生开始思考如何进行价值传递，以促使他们进一步思考创新创业项目落地的方式方法。

7.2.2　宣讲并组建项目团队

"创新创业项目构思画布"可以帮助大家找到自己的内在价值方向，并对创新创业项目形成初步构思。在第 4 章对创业行为的分析中我们曾经讲过，创新创业是不可能由一个人完成的，它一定是由一个团队合作完成的。因此，如何组建创新创业团队就非常重要了。

虽然在上一个阶段同学们能找到自己的创新创业项目，但是并非人人都喜欢做项目的领导。此时，可以由希望自己的项目实现并且愿意担当项目组长的学生进行项目宣讲，让其他有意愿的同学自行加入。这可以激发有"领袖潜质"的同学的出现，并且快速形成项目组。一旦项目组形成，就需要进行团队建设，形成有战斗力的组织。为了帮助团队进一步凝聚力量，推进项目实施，我们设计了"创新创业团队生成画布"（图 7-3）。

通过对团队命名以及共同探讨项目的初衷，可以统一团队目标并使成员形成一个整体。对团队成员资源的盘点可以让大家分享资源，并为团队目标的达成确定方向。同时，这个过程也能让不同专业的同学发挥优势，例如可以让有计算机或电子信息背景的成员开发项目网站以及设计信息系统；让有设计背景的同学负责网页的 UI 设计以及项目答辩的 PPT；让有文字功底的同学负责查找项目报告的资料和组织文字等。这样做的另一个好处是同时建立起了角色分工，完成了组员之间的定位。当然，在团队里规则是非常重要的，因此需要大家坐在一起制定相关的沟通、决策以及奖惩规则，这有利于项目的执行。

团队名称：_____

团队初衷（为什么做）：_____

资源（知识、能力、人脉）	目标（团队共同目标）：我们真正想要实现什么？目标是可行、可测量、有时限的吗？
分工（每个人在团队中的角色、任务）	规则（如何沟通、决策、奖惩？）

图 7-3　创新创业团队生成画布

7.2.3　审视项目核心创新

利用"创新创业团队生成画布"完成团队组建以后，我们必须从"核心创新"角度对创新创业项目进行梳理，这一步非常关键。我们在第 2 章中专门讨论了核心创新，明确了寻找核心创新的重要意义。寻找项目的核心创新不仅能厘清项目的核心竞争力，也能够帮助团队找到项目的工作重点。在项目的推进工作中，思考项目的核心创新就是整个创新创业项目的核心工作，为此我们设计了"核心创新探索画布"（图 7-4）。

核心创新探索画布可以帮助项目团队从"场景"出发找到项目的"痛点"。一旦学生细化出要解决问题的场景（谁需要，什么时候需要，在哪里需要），就要开始着手思考问题的解决方案了！通过寻找痛点来明确需要解决的核心问题，这可以让学生明确把握问题的本质。画布引导团队通过"头脑风暴"的方式把能够解决问题的所有可能创新方法罗列出来，然后经过讨论过滤出有用的办法。该画布的关键是用"问题追问"的方式（见第 2 章中的创新思维能力提升训练）帮项目团队找到项目的核心创新，具体的做法可以参考 1.4.2 小节中关于寻找核心创新的讨论。

需要说明的是，整个项目的核心创新一般只能有一项，最多不超过两项。团队成员在不断追问项目的核心创新过程中应把握项目的核心重点与着力点，直到整个创新创业项目完成为止。

场景（谁需要？什么时候需要？在哪里需要？）	痛点（真正的麻烦）	新方法（罗列所有可能的方案）	挑战（技术、团队、市场、竞争、政策）	创新效果（是否更好、更快、更便宜？）
	目标（方案解决的核心问题）		方案有哪些创新？（所有的）	
改进方向（市场上已有方案有什么问题？）			核心创新	

图 7-4　核心创新探索画布

在这个阶段，团队还需要持续关注项目在市场、技术、政策上可能面临的挑战，及时对项目做出调整。最后，团队还需要对进行创新后能够取得的效果进行预测和评估，给出创新创业项目的最后目标。

在以上 3 个环节中，项目团队还需要进行相应的市场调查并多次讨论，形成创新创业项目报告。如果团队的执行力强，一般可以做出产品的原型，为下一步的市场探索进行技术和市场方面的准备。

扫码看资料

7.2.4　专项融合项目案例

用即时消息实现一套智能家居系统项目

一、3个项目画布

1. 项目构思画布

谁可以帮助我？

四川大学国家双创示范基地互联网+机器人实验室、四川大学国家级工程训练国家级实验教学示范中心、社团国创设计工坊、工程训练中心、电子科技园、制造学院自动化系统研究所及设备研究所及指导老师

我要做什么？

(1) 团队组建：汇集多位专业人员，并安排专门的团队进行合理高效的工作分工和前景规划。安排专门的人员进行市场调研。在团队按照计划完成既定成员并监督和指导团队成员们循着既定目标高效完成任务。

(2) 初步探索和小样制作：制作PPT和项目简历，进行路演取得融资投入后投入第一代产品的试制，并根据据数据进一步优化。

(3) 项目总结和后期规划：总结归纳项目过程中的经验教训，以期对项目的后期设计过程进一步向前发展规划，以期对项目的后期发展成为更加优化的产品。

我对谁有什么价值？

优化用户生活中的即时通信。缩减用户平时投入到即时通信中的占用时间。其中主要的用户是"00后"中喜欢以拍照、录像、打卡等方式记录生活并且用QQ、微信、电话、短信等通信手段分享给别人的一批人。主要应用网络直播平台，智能家居系统等

核心资源（我是谁？我拥有什么知识能力？）

我和我的团队是来自四川大学具有一定专业知识的本科在读生，拥有电子技术、机械制造、3D打印、互联网通信等相关专业知识和能力。我们拥有互联网+实验室四川大学国家双创示范基地互联网+机器人实验教学示范国家级实验教学示范中心等学校资源

如何让他知道？

通过互联网建立自己的网络平台，并在自己的网络平台上对产品进行定制度的宣传推广，通过这样的方法让更多的用户了解我们的产品，并在此基础上直接向用户施加影响

如何给他帮助？（个人价值实现渠道）

通过我们的产品，用户可以实现对智能家居的直接控制，也可以利用智能家居对环境消息进行汇总，并与之进行通信，还可以实现一键紧急功能

我能帮助谁？

该项目的目标用户包括的范围实际上是极其广泛的，其中主要是"00后"中喜欢以拍照、录像、打卡等方式记录生活并且用QQ、微信、电话、短信等通信手段分享给别人的一批人。主要应用网络直播、主流媒体运营平台，通过这些用户又会带动一批来接触这些客户。这些用户有着不同的职业和爱好，但都广泛使用社交媒体，积极加入各种QQ群，认识更多的网友，用户通过裂变，长此以往，越来越多，最终覆盖所有年龄段的用户

续表

我能得到什么?

(1) 在项目申报、团队组建、项目设计、市场调研、优化创新等一系列的过程中，我们可以学到项目申报的经验、小组合作的经验，学会如何与他人共事。同时，我们在设计的过程中也会增加相关电子技术的知识。

(2) 结识几个一起努力过的伙伴，有助于在以后的项目中寻找人脉资源，我们也能更加熟悉学校等相关资源。

(3) 一定的收入来源：面向个体用户主要有定制个性化方案的收入；实体产品交易产生的收入。面向供应公司的收入主要有按合同规定的收益比例分红；从订单中获取的收入。

我要付出什么?

(1) 为了使我们的项目能顺利开展并最终有所成果，我们需要加强自己对专业知识的学习，同时也要对所需开发产品研发的技术进行整理，在此基础上进行合理高效的小组分工，共同完成项目设计。众人合理化，分工明确，协调有序，实现产品概念的清晰化，各司其职。

(2) 为了使我们的产品能被更好地推广出去，我们还需要与合作伙伴和目标用户进行长期有效的沟通，在用户的体验与感受的基础上进一步优化产品各方面的性能，不断完善，从而推进项目的再改进。此外我们指出了任何不满意的地方，我们都要参考自己产品实际情况做出相应的调整。

2. 团队生成画布

团队名称：智能家居系统队

团队初衷（为什么做）：实现即时通信和第三方电子产品的交互

资源（知识、能力、人脉）

（1）硬件支撑主要来源于社团的设计工坊、工程训练中心、电子科技园和制造学院工业设备及自动化系统研究所。四川大学江安校区的工程训练中心拥有完备的实验设备和仪器，是国内一流的训练中心，为项目的实施提供了良好的硬件保证，也能为项目实施节约不少资金和时间，提高项目的运行效率

（2）软件支撑主要来自学校拥有的优秀导师、指导老师、博士以及硕士，他们能为团队提供咨询对象和建议，为项目技术上的支持及难点上的支持突破提供了技术上的支持

分工（每个人在团队中的角色、任务）

马××：原型制作与实践

荣××：团队统筹及管理

吴××：后期产品优化

赵××：市场调研及分析

刘××：项目任务规划及监督

黄××：技术实现及原型机制作

目标（团队共同目标）：我们真正想要实现什么？

目标是可行、可测量、有时限的吗？

我们想把这种基于互联网的分享、通信变得更加便利，通信变得更加即时通信一家居用品这个链接

（1）顺向链接：我们可以通过即时通信控制用品，例如机器人可以利用QQ将家里热水器的情况、灯光情况、温度、用电情况，从网络上爬取的天气情况等汇报出来，用户可以直接通过QQ对家里的生活用品进行操作

（2）逆向链接：我们可以通过生活用品来即时通信，例如通过一个按钮紧急报警，在活动室加装摄像头一键自拍自发送卡消息，通过电视直接参与公司与客户的交流

（3）本项目的目标是实现顺向的用QQ消息控制舵机的旋转，及逆向向目标发送QQ消息，预计在学期结束前完成

规则（如何沟通、决策、奖惩）

（1）每周举行沟通讨论会，并根据当前进展调整下一周的工作计划

（2）奖励大家喝奶茶

3. 核心创新探索画布

场景（谁需要？什么时候需要？在哪里需要？）

目标用户主要是 "00 后" 中喜欢以拍照、录像、打卡等方式来记录生活，并且用 QQ、微信、电话、短信等通信手段分享给别人的一批人。包括但不限于网络直播平台、主流媒体运营平台、智能家居系统等

痛点（真正的麻烦）

用户下载的 App 太多，导致手机内存不足且使用不方便；即时通信占用生活中大量碎片时间

新方法（罗列所有可能的方案）

（1）将智能家居通过家里的路由器与我们制作的中小即时通信平台（例如 Twilio、QQ、微信等），连接，实现即时通信和与智能家居的交互

（2）将智能家居接入云平台实现远距离无线交互（例如阿里云、腾讯云、华为云等）

目标（方案解决的核心问题）

代替功能重复的调用信息类 App，减少用户对即时信息的过度关注，减少用户在通信上消耗的时间，同时简化人们在互联网平台分享自己生活的需求

挑战（技术、团队、市场、竞争、政策）

（1）技术：需要对应产品的厂商支持调用，实现对应平台的搭建

（2）团队：因团队成员少，相关专业技术能力有限

（3）市场：运用了第三方产品导致项目最后不容易市场化

（4）竞争：市面上已有大量智能助手、智能家居等同类产品

创新效果（是否更好、更快、更便宜？）

（1）减少人们在即时通信及互联网平台分享信息的时间

（2）方便人们远程操作智能家居

（3）减少用手机内存

方案有哪些创新？（所有的）

（1）即时通信远程调用电子设备，实现智能化操作

（2）通过一些常用生活用品便捷地快速发送即时消息

核心创新

即时通信远程调用家居生活设备，实现智能化，简单化操作

改进方向（市场上已有方案有什么问题？）

（1）实现即时通信与家居生活用品的直接交互，减少中介资源的占用，提高用户群体广度

（2）将产品划分为高、中、低档，对应不同用户群体，提高了用户群体的占用，降低了成本

（3）即时通信与家居生活用品的直接交互，对用户来说更容易上手，提高了用户的体验

二、3个项目画布相关描述

（一）项目生成画布描述

1. 谁可以帮助我？

四川大学国家双创示范基地互联网＋机器人实验室、四川大学工程训练国家级实验教学示范中心、社团的设计工坊、工程训练中心、电子科技园、制造学院工业设备及自动化系统研究所、指导老师。

2. 我要做什么？

（1）团队组建：汇集多位专业人员，并安排专门的团队管理人员进行合理高效的工作分工和前景规划。安排专门的人员进行市场调研。在团队成员们按照计划完成任务时，及时监督并指导团队成员们循着既定目标高效完成任务。

（2）初步探索和小样制作：制作PPT和项目简历，进行路演拉取赞助后投入第一代产品的试制，并根据产品效果进一步优化。

（3）项目总结和后期规划：总结项目过程和结项，归纳项目设计过程中的经验教训，对项目的后期发展进一步商讨规划，以期成为更加优化的产品。

3. 我对谁有什么价值？

优化用户生活中的即时通信，缩减用户平时投入到即时通信中的时间。其中主要的用户是"00后"中喜欢以拍照、录像、打卡等方式记录生活并且用QQ、微信、电话、短信等通信手段分享给别人的一批人。主要应用场景包括但不限于网络直播、主流媒体运营平台、智能家居系统等。

4. 如何让他知道？

通过互联网建立自己的网络平台，并在自己的网络平台上对产品进行一定程度的宣传推广，通过这样的方法让更多的用户了解我们的产品，并在此基础上直接向用户施加影响。

5. 我能帮助谁？

该项目的目标用户包括的范围实际上是极其广泛的，其中主要的用户是"00后"中喜欢以拍照、录像、打卡等方式记录生活并且用QQ、微信、电话、短信等通信手段分享给别人的一批人。主要应用场景包括但不限于网络直播、主流媒体运营平台、智能家居系统等。通过这些用户的分享，他们又会带动一批接着一批的客户。这些客户有着不同的职业和爱好，但都广泛使用社交媒体，积极加入各种 QQ 群，认识更多的网友，长此以往，用户通过裂变越来越多，最终覆盖所有年龄段的用户。

6. **核心资源（我是谁？我拥有什么知识能力？）**

我和我的团队是来自四川大学具有一定专业知识的本科在读生，拥有电子技术、机械制造、3D 打印、互联网通信等相关专业知识和能力。我们拥有四川大学国家双创示范基地互联网＋机器人实验室、四川大学工程训练国家级实验教学示范中心等学校资源。

7. **如何给他帮助？（个人价值实现渠道）**

通过我们的产品，用户可以利用即时通信对智能家居直接控制，也可以用智能家居对环境消息进行汇总并与之进行通信，还可以实现一键报警等紧急功能。

8. **我要付出什么？**

（1）为了使我们的项目能顺利开展并最终有所成果，我们需要加强自己对于专业知识的学习了解，同时也要对产品研发所需的技术进行整理，在此基础上进行合理高效的小组分工，共同完成项目设计。众人各司其职，协调有序，分工明确，实现产品概念的清晰化、合理化。

（2）为了使我们的产品能被更好地推广出去，我们还需要与合作伙伴和目标用户进行长期有效的沟通，在用户的体验与感受的基础上进一步优化产品各方面的性能，不断完善，从而推进项目。此外，我们还要对用户进行跟踪调研以实现产品的再改进。如果用户指出了任何不满意的地方，我们都要参考自己产品的实际情况做出相应的调整。

9. **我能得到什么？**

（1）在项目申报、团队组建、项目设计、市场调研、优化创新等一系列的过程中，我们可以积累项目申报的经验、小组合作的经验，学会如何与人共事。同时，我们在设计的过程中也会增加互联网通信和相关电子技术的知识。

（2）结识几个一起努力过的伙伴，有助于在以后的项目中寻找人脉资源，我们也能更加熟悉学校等相关资源。

（3）一定的收入来源：面向个体用户的收入主要有定制个性化方案的收入；实体产品交易产生的收入。面向供应公司的收入主要有按合同规定的收益比例分红；从订单中获取的收入。

（二）团队生成画布描述

1. 资源（知识、能力、人脉）

（1）硬件支撑主要来源于社团的设计工坊、学校工程训练中心、电子科技园和制造学院工业设备及自动化系统研究所。四川大学江安校区的工程训练中心拥有完备的实验设备和仪器，是国内一流的训练中心，为项目的实施提供了良好的硬件保证，也能为项目节约大量资金。技术支持和硬件保障为项目研发节省了时间，提高了效率。

（2）软件支撑主要来源于学校拥有的优秀导师、指导老师、博士以及硕士，他们能为团队提供咨询服务和提出建议，为项目技术难点的突破提供了技术上的支持。通过学习相关课程，项目团队初步掌握项目开展的必要条件与核心要素，能够从总体布局把握项目。

另外专业课老师细致的指导，确保了项目开展方向正确。

2. 目标（团队共同目标）：我们真正想要实现什么？目标是可行、可测量、有时限的吗？

我们的主要目标在于将通信—家居生活用品这个应用拓宽，使得基于互联网的分享、通信变得更加便利。随着 5G 时代的来临，物联网正逐渐渗透到我们的日常生活中，智能家居系统已经在生活中随处可见，如国内的"小度在家""天猫精灵"等，国际上如新加坡有近 30 个社区（住宅小区）的近 5000 户家庭采用了"家庭智能化系统"，美国也有近 40 000 户家庭安装了类似的设备。本项目中我们希望可以实现双向控制，使智能家居更加便捷。

顺向：我们可以通过即时通信来控制用品，例如机器人可以用 QQ 将家里热水器的情况、灯光情况、湿度、温度、用电情况、与从网络上爬取的天气情况、用电情况等汇报出来，用户可以直接通过 QQ 对家里的生活用品进行操作。出门在外，用户可以通过手机、计算机远程遥控家居智能系统，例如在回家的路上提前打开家中的空调和热水器。回到家里，用户可以使用 QQ 指令遥控器方便地控制房间内各种电器设备：可以通过智能化照明系统选择预设的灯光场景，读书时就营造书房舒适、安静的环境；在卧室里就营造温馨浪漫的环境。

逆向：我们可以通过生活用品来即时通信，例如通过一个按钮紧急报警、在运动室加装摄像头一键自拍并附带发送打卡信息、通过电视直接参与公司与客户的交流。在公司上班时，家里的情况还可以显示在办公室的计算机或手机上，随时查看。

本项目的初级目标是实现顺向的 QQ 消息操控舵机的旋转，以及逆向的通过摇杆发送 QQ 消息，预计在学期结束前完成。

3. 分工（每个人在团队中的角色、任务）

马 ××：原型机制作与实战

荣 ××：团队统筹及管理

吴 ××：后期产品优化

赵 ××：市场调研及分析

刘 ××：项目任务规划及监督

4. 规则（如何沟通、决策、奖惩？）

每周举行沟通讨论会，并根据当前进展调整下一周的工作计划。通过电话、微信等与团队成员及时沟通。在每周例会中，每个成员需要反馈当前进度，并提出相应建议，团队成员在此基础上进行修正，对表现突出的成员给予适当表扬。若成员参与度低，且讨论效率低下则进行团队游戏，调节团队氛围，对不积极成员私下沟通，会上提点。开学后奖励大家喝奶茶。

（三）核心创新画布描述

1. 场景（谁需要？什么时候需要？在哪里需要？）

（1）目标用户主要是"00 后"中喜欢通过拍照、录像、打卡等方式来记录生活，并且用 QQ、微信、电话、短信等通信手段分享给别人的一批人。

（2）个人层面：可以居家使用，如室内需要打开灯光时。社会层面：可以当作社交媒体平台，在平台上交流兴趣爱好等。

（3）技术方面：包括但不限于网络直播平台、主流媒体运营平台、智能家居系统等。

2. 痛点（真正的麻烦）

主要是大部分用户下载的 App 太多，由此带来极大的麻烦。

（1）占用手机内存，影响手机运行的流畅度，影响手机用户的使用感和使用效率。

（2）大量 App 降低用户使用舒适度，使用不方便。不同的 App 对应不完全相同的功能，导致为了完成某一项任务，用户需要调用不同 App 以完成该任务的数个子任务，即时通信 App 的使用占用生活中太多碎片时间，降低用户工作效率。

（3）大量 App 的下载、安装和注册等一系列操作流程存在用户信息泄露的风险。

3. 新方法（罗列所有可能的方案）

（1）将智能家居通过家里的路由器与我们制作的中介即时通信平台（例如 Twilio、QQ、微信等）连接，实现即时通信和与智能家居的交互。

（2）将智能家居接入云平台实现远距离无线交互（例如阿里云、腾讯云、华为云等）。

（3）在以上方案完备的基础上，可以考虑将产品推广到大型公司、企业，因为他们有广泛的资源，能带来更多更有力的合作，比如互联网公司和智能制造公司等，促进产品完善和改进。

（4）继续推进，可以将产品与公共场所进行远程交互，比如学校、机场、电影院等。

4. 挑战（技术、团队、市场、竞争、政策）

（1）技术：需要对应产品的厂商支持调用，实现对应平台的搭建。

（2）团队：团队的组成成员目前全都是本科在读学生，存在以下几个问题。首先，专业知识欠缺，团队成员中有几个文科专业的学生，平时不涉及计算机互联网领域，而即使有一定工科基础的学生也只拥有两年的大学知识，专业能力非常有限。其次，实践经验不足。团队成员经过两年理论知识的学习，加上自己的日常思考，对于产品的方案有初步的想法和认知，但是在相关领域几乎没有过实践，项目推进起来存在很多未知因素。最后，团队和项目处于起步阶段，在社会的影响力微弱，在取得外界帮助或合作时存在阻碍。

（3）市场：项目处于初级阶段，能否打开市场存在较大不确定性。本项目运用了第三方产品，这个过程存在大量人力、物力、财力的联动，涉及大量主客观条件，导致产品不容易市场化。另外，此款产品是一款创新产品，目前在智能家居领域还没有达到普及的程度，公众认知度、接受度普遍偏低。

（4）竞争：虽然该产品在即时消息方面做到了创新，但是市面上已有大量智能助手、智能家居等同类产品，其他产品在功能、价格、品牌价值等方面已经做得很完善，甚至部分产品已经占据压倒性的市场份额，对本产品的推广造成极大挑战。

5. 创新效果（是否更好、更快、更便宜？）

（1）通过调用即时消息，减少了人们在切换平台分享信息上浪费的时间。

（2）运用互联网技术方便人们远程操作智能家居，减少实地操作带来的成本、时间。

（3）不用下载大量 App，减少占用手机内存，有利于提高手机运行流畅度，改善手机用户的使用感，提高用户工作效率。

（4）由于部分 App 是收费性质的，减少用户的 App 下载量，可以在一定程度上节约用户资金。

6. 目标（方案解决的核心问题）

代替功能重复的调用信息类 App。减少用户对即时信息的过度关注，减少用户在通信上消耗的时间，同时简化人们在互联网平台分享自己生活的需求。

7. 方案有哪些创新？（所有的）

（1）即时通信远程调用电子设备，实现智能化操作。

（2）通过一些常用生活用品便利快速地发送即时消息。

8. 改进方向（市场上已有方案有什么问题？）

市场上已有方案问题如下。

（1）成本偏高，包括产品采购成本、研发成本等，后期维护费用高。

（2）用户群体不够广泛，由于目前智能家居行业的产品价格偏高，因此主要用户是高收入群体。

（3）智能家居系统操作复杂，产品人性化程度不高。比如用户在阅读用户手册时，无法掌握全部功能的使用技巧，尤其对于老人和小孩操作更加困难。

改进方向如下。

（1）实现即时通信与家居生活用品的直接交互，减少中介资源的占用，降低了成本。

（2）将产品划分为高、中、低档，对应不同用户群体，提高用户群体广度。

（3）即时通信与家居生活用品的直接交互，对用户来说更容易上手，提高了用户的体验。

9. 核心创新

即时通信远程调用家居生活设备，实现智能化、简单化操作。

三、项目进展情况

现阶段项目已经分别实现了用 Twilio 和 Nexmo 发送短信的功能，实现"QQ机器人"的搭建和即时信息的收发，实现用即时消息控制舵机、用摇杆控制发送即时消息。项目团队正在学习 ROS 以便下一步开发（图 7-5）。项目团队还用学生身份的优惠租了一台阿里云云服务器，并正在尝试将相关程序转移到云服务器上（图 7-6）。

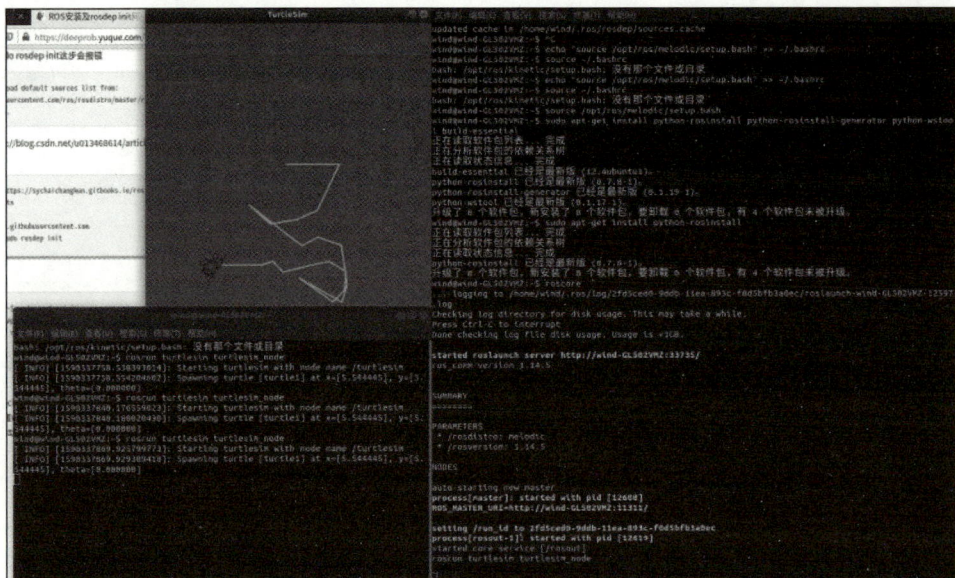

图 7-5　ROS 编程界面

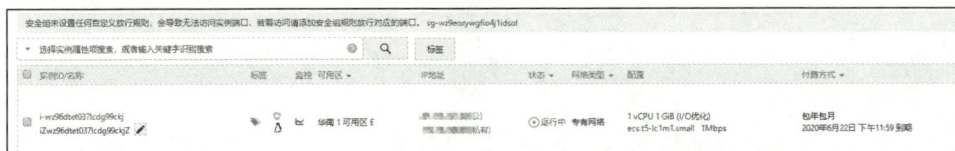

图 7-6　阿里云的云服务器

7.3　项目指南二：如何找到好的项目

在学习了丰富的创新创业相关知识后，相信依然有大量读者并不清楚到底应该如何选择适合自己的创新项目，以及项目到底应当如何开始。这一节的内容将会聚焦在以下 3 个方面来启发读者：项目从哪里来、想法从哪里来以及选择项目有哪些方法和原则。

扫码看视频

笔者会对教学实践中的真实项目做出分析，帮助读者梳理出明确的思路和方向，迈出创新创业的第一步。在学习他人做法的过程中，也请读者用心思考 3 个问题：项目的核心是什么？他们的项目是通过怎样的观察和思考得来的？项目的核心是要解决什么问题？

7.3.1　项目的价值在创新

下面我们来看一个项目案例。该案例是四川大学一个创新小组构思的项目，名叫川大故事（图 7-7）。

图 7-7　川大故事 Logo

项目出发点

该小组的成员们发现，在川大校园里有很多人会在比较偏僻的校园角落写一段话来记录自己当时的心情（图 7-8）。比如，在池塘边的石凳上把自己谈恋爱时的感受记录下来；在小路的台阶上写下备考一天的紧张心情。总之有人会在校园的某个角落记录下他们认为很有意义的事件或感受。但问题在于，这样的记录方式不仅不文明、不美观，而且也难以做到长期保存，一场大雨就可能会让记录消失。当若干年后这些记录者们故地重游的时候，就难以再找到这些记忆的踪迹。这给了小组成员们灵感，为什么不能用一种结合地点和博客的方式，把整个记录的过程通过手机用电子化的方式呈现出来呢？这样一来，不仅不会破坏校园环境，而且可以在任何时候实现"故地重游"的感觉。

图 7-8　川大校园内的随手记录

实施方案

　　小组成员在手机上利用小程序做出了原型：让用户通过扫描二维码的方式在川大校园内的纪念地记录自己的心情并分享。

　　在项目的技术方面，该小组使用了可识别二维码来做地点标识，在一些他们认为有可能产生记忆的地方，张贴二维码作为"川大记忆"的入口。当用户在某个地方想表达和分享自己的感受时，可以通过扫描二维码进入川大记忆小程序，然后以博客的形式来分享自己的回忆和故事。比如，在图书馆，用户可以把自己自习的心情记录下来，并发布出去。通过这种方式，在特定的记忆地点，用户的心情记录会被永久保存。以后任何一名用户在特定的记忆地点扫描二维码，就能够看到在此处记录并分享过的全部回忆与心情故事，并且还能对故事被记录的时间区间进行选择。更有意义的是，当心情故事的记录者们若干年以后再次回到川大校园，可以扫描特定地点的二维码，回忆起在那个地点的某个时间发生过什么事情，这样就巧妙地把故事的地点和回忆用互联网的方式结合在了一起。

　　除此之外，"川大记忆"小程序还有一些其他功能。比如用户在某个地点扫描二维码以后，除了可以分享自己的故事给大家，也可以和已有记忆的主人进行交流，如果用户想认识某个分享故事的人，可以给他留言评论，通过这样的方式也实现了社交功能。

　　在学习了这个案例之后，请你认真思考：这个项目的核心是什么？答案就是创新精神，一个项目最大的价值就在于它的创新性。本书前几章中曾经详细讲解过创新包括的 3 个要素：**新颖性、有价值和可行性**，一个好的项目必须要满足这 3 个条件。

　　首先是新颖性。川大故事的新颖之处在于思维方式，这个项目巧妙地把发生故事的时间维度和地理维度结合起来，这是该项目最核心的新颖性。**第二是有价值。**这个项目的价值是什么？也就是我们的项目要能够让世界变得更美好，哪怕对世界的改变只有一点，也是有价值的。川大故事的价值在哪里呢？这个项目用分享的方式把个人记忆变成共同回忆。在用户毕业 10 年后回到四川大学，通过在特定地点扫码，就可以将已经日渐模糊的记忆再次鲜活地呈现。它的价值就是共同记忆的保存和分享。**第三是可行性。**这个项目在技术上可行吗？当然是可行的。项目组首先构想了应用场景，分析了用户的需求。在技术上，用二维码识别技术以及留言板功能实现整个系统。读者在选择项目并立项的时候也可以从新颖性、有价值和可行性这 3 个方面来衡量自己的项目。

那么，构思一个创新项目需要考虑盈利吗？一般来说，在产品的开发过程中是必须强调盈利的，一个没有盈利能力的产品不可能在残酷的市场竞争中长期存活。但是我们进行创新项目训练的目标是提高自己的创新能力和技术能力，因此可以暂时不考虑市场化。在选择创新项目的时候，我们首先需要考虑的是项目从哪里来，创新点在哪里，而非项目是否能赚钱。

7.3.2 马斯洛心理需求模型的启示——痛点

这一节我们分享寻找项目的另一个思路，就是从生活或行业的痛点中寻找。有句话大家都听说过，叫"艺术源自生活"，在我们寻找适合自己的创新项目时，这样的道理也适用，即"创新项目源自生活经验"。以 UBER 为例，这家全球最大的出行公司是怎么出现的呢？他们的项目灵感又是从何而来呢？答案是生活。

UBER 的创始人卡兰尼克对纽约市打车慢、打车难的状况深有体会，在多次体会到打车的不便之后，他希望构建一个系统，能够让打车变得像拧开水龙头得到自来水那么容易。几经思索之后，他产生了共享出行的主意。其实在日常生活中，相当多的人都有过打车难的困扰，一般人往往只是抱怨一下就算了，但卡兰尼克并没有就此停下，他想到现在美国有些家庭有闲置的私家车，那么能不能利用这些闲置的私家车资源，将其充实到出租车市场呢？再深入地想一想，用现有的 LBS 技术加上路径规划技术，能解决这个问题吗？在不增加整个社会资源的情况下，能不能做一个让大家打车出行更方便的系统呢？卡兰尼克将这个问题继续深入下去：需要组建一个什么样的团队才能解决这个问题并保证这个服务？就这样，通过层层递进、不断深入对项目的构想和思考，并将其付诸实践、不断改进，UBER 就诞生了。

生活是艺术家丰沛的创造灵感的来源，同样也是我们寻找创新项目时最直接的灵感源泉。细致用心去观察生活，我们就不难发现生活中让我们头痛的问题、让我们感动的时刻，这些都可能是我们创新项目的灵感来源。

我们谈到的**痛点有两个来源，即生活和行业**。对于大学生而言，他们大都还没有进入某一个具体的行业，当然也就不大可能观察到某个行业存在的具体痛点，那么校园的日常生活也是大学生寻找灵感的不错选择。

下面我们来探讨第二个实际案例。在 2014 年的时候，四川大学还没有给寝室配备独立的浴室，学生洗澡需要到学校的公共洗浴中心，而女生浴室排队等候的时间往往很长。当时有个项目组的女同学就从洗澡排队的问题中得到了灵感：排队花费的时间这么长，怎样才能将同学们等待的时间尽可能降到最低呢？通过仔细分析，该组同学发现问题出在资源和需求的信息不对称，因为大家不知道什么时候浴室资源是空闲的，经常挤在一个时间段去洗澡。那么能不能用信息技术解决这个问题呢？他们开始分析这个问题，洗澡最需要的资源是什么呢？应该是洗澡的淋浴头，因为一个淋浴头在某一段时间只能被一个人占用。只有当一个人洗完澡以后，才会释放这个资源使其能够被下一个人使用。因此，淋浴头才是关键资源，我们需要知道淋浴头的使用情况，然后就可以利用信息技术预约和分配这种关键资源了。

那么，如何知道淋浴头这一资源是正在使用还是处于空闲状态呢？她们想到了如果在淋浴头上加上水流探测传感器就能知道它是否处于空闲状态了。最后这个小组想到了做一款预约洗澡的 App 来解决这个问题，通过这个 App，所有川大的师生都可以预约沐浴头资源、节省排队时间。这和电影院的座位预订系统很相似。电影院的座位只有两种状态，一种是被占用，另一种是未被占用，淋浴头也是如此。有了初步的构思以后，技术上需要建立一个数据库来展示淋浴头实时的状态，这样就解决了信息不对称的问题，大家可以通过下单来预约洗澡了。

时至今日，四川大学的每个寝室都已经配备独立的浴室，不再需要这个解决方案了。但这一案例带给我们的思考依旧适用，确实是生活中的痛点逼着我们去想办法，甚至可以说，世界上大部分的创造都来自痛苦！道理很简单，因为痛，所以要解决，因此要创新。

总结一下，上面这些例子都是**用智能技术满足人的生理和心理需求**。心理学家马斯洛用心理需求模型做了总结，他在心理需求模型里把人的需求分为 5 个层次（图 7-9）：最基本的层次是生理需求；就是生存层面的需求，如温饱的需求；其次是安全需求，生命不被威胁的需求；然后是爱和归属感的需求，也就是社交需求；再接着是被尊重的需求；最后是自我实现的需求。这些需求是从下至上依次出现的。他认为，当人们满足了较低层次的生存基本需求后，才有可能产生对较高层次的心理需求的渴望。刚才大家看到的"川大

图 7-9 **马斯洛心理需求模型**

故事"这一例子，实际上就是满足人们对爱和归属感的追求，记忆实际上是一种爱和归属感的表达。那么洗澡预约满足了人们的哪些需求呢？排队不会被骚扰，可以放心地去洗澡，不用等待太多时间，这些至少是生理、安全层面的东西，当然也存在一定的被尊重的需求。

本书的主题是智能时代与创新创业，因此我们在马斯洛心理需求模型的最下方加入一层智能技术层（图 7-10），即这些需求要通过智能技术来达成。智能产品是如何满足人们的需求的？下面通过一些例子来帮助大家理解这个问题。

我们通过思考可以发现，外卖满足的是人们生理和安全需求。打车软件满足的是人们的安全需求，当然，深入思考后还可以发现它也满足了人们的社交需求，因为许多司机除了赚钱的需求，还有与人沟通的需求，他们渴望有人一起聊聊天。此外，打车软件也能够满足人们被尊重的需求：司机可以灵活决定自己的工作时间，使个人时间得到了尊重；作为乘客，专车出行的良好体验也能带给他受尊敬的感觉。很多专车司机通过工作实现了他们为他人提供帮助的想法，这也满足了自我实现的需要。由此我们可以看到，打车软件公司整合技术和资源满足了人们在多个层次的需求。当我们衡量一个项目的价值时，也可以从这一角度来看：**一个项目、一个产品，如果能满足人们越多的需求层次，就越有吸引力、越有价值。**

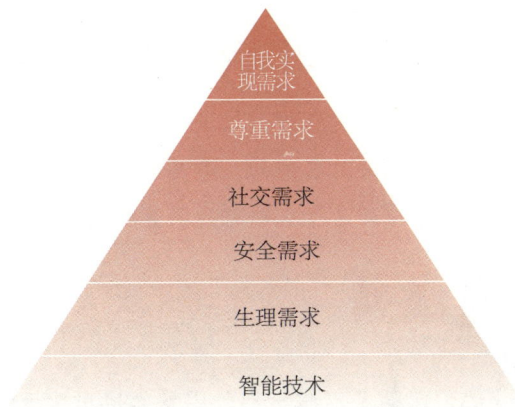

图 7-10　马斯洛心理需求模型加入智能技术层

7.3.3　马斯洛心理需求模型的启示——痒点

与痛点对应的另一个概念叫"痒点"。痒点对应马斯洛心理需求模型里上面的 3 个层次，也就是社交需求、被尊重的需求以及自我实现的需求。从这个模型出发，我们可以从两个方面来思考我们的项目来源：一是关注生活与行业中的需求"痛点"，二是看到其中存在的"痒点"。洗澡预约是从痛点思考，川大故事是满足爱和被尊重的需求，是从痒点出发得到的灵感。

我们再来看另一个创新项目的例子，该项目组想要做一款"云种植"App，他们的项目叫"半苗"。

项目出发点

小组成员们发现城市的人们生活久了会产生很强的压抑感，很多人都希望能够拥有一块自己的农田，通过种植花草或蔬菜水果来释放自己的紧张和压抑。但城市里面是没有大片农田的，不具备种植的条件。与此同时，他们发现郊外的农村却有大量的土地处于没人耕种的闲置状态，于是他们产生了这个项目的灵感。

实施方案

他们想到了以租借郊外闲置土地用于云种植的办法，思路是这样的：在郊外租一块土地，然后雇佣一些人来打理土地和种植植物，或把这些土地化整为零地租给需要的人。在城市里的人可以通过App租用一小块土地，但不用亲自打理。利用现代网络和信息技术，他们可以通过监控的方式看到植物生长的状态，而且可以随时告诉管理的人来施肥或浇水。这样操作，只需要很小的代价，就可以拥有一块虚拟土地来排解压抑，与此同时，农村的闲置土地资源也被盘活了。这一灵感类似曾经在网络上很火的开心农场游戏，不同的是大家可以通过虚拟养殖得到真实的农产品。人们可以种植自己喜爱的植物和瓜果蔬菜，也可以种植鲜花，把它们送给家家、朋友、爱人，满足了用户爱与被爱的需求。这样的想法不仅十分新颖，而且很有实用价值。

通过从痛点和痒点的角度来梳理思路可以发现，这一项目满足了爱的需求，被尊重的需求，还有自我实现的需求，满足了马斯洛心理需求模型的3个层次，是一个非常有意义的项目。

当我们观察生活需求的时候，可以从自己的感受出发，从微观的视角来考虑问题，也可以从人类整体的宏观视角出发来考虑。比如人的生老病死，这是每个人类个体早晚都会面对的问题。比如从"老"这个问题切入，现在我们面临的是一个老龄化社会，无论是在乡村还是在城市的社区，老年人的数量越来越多，怎样才能更好地照顾他们，是一个严峻的社会问题，其中蕴含着巨大的社会需求。当前大量的老年人处于一种孤独的生活状态，这种心理上的孤单难以排解，我们如何给他们更多的关爱呢？能不能想办法做一个关怀老年人的项目？能不能用智能技术去改善当前空巢老人的生活情况？比如利用传感器来获取并跟踪他们的生活数据，以这些数据为基础，实现用智能机器人照顾老人日常起居。曾经有一个小组想做一个名为"陪伴机器人"的项目，致力于设计一个能排解老人寂寞、陪老人聊天的智能问答机器人。当然，要做出这样的智能机器人是有难度的，以该小组当时的技术能力难以完全实现。但这样的思考肯定是有积极意义的，他们的努力在一定程度上来讲也是有价值的。

再来看，如何从"死"这个角度寻求项目灵感。前面我们谈到过的川大故事App，实际上牵扯到一个基本的心理需求：人为什么要怀念？其实，怀念在本质上源于一种对死亡的恐惧感。为了克服死亡恐惧，人会不断在创新中开拓未来。前些年有一个小组就做了一个网络虚拟墓地的项目，用建造虚拟墓地的方式缅怀自己逝去的亲人，这就是从死亡这个点得到的思路。

7.3.4　选择项目时的"陷阱"

接下来，我们要讲讲选择项目时可能会遇到的"陷阱"，大家在选择项目时要尽量避免这些陷阱。我们把这些陷阱总结为两种"眼"。

第一种叫"近视眼"。有很多创新创业者在选择项目时容易受到自己生活经验的局限。在历届的创新项目中，有大量做二手物品交易的相关项目，比如二手自行车，二手教材，二手生活用品等。这些项目大都是从创业者校园生活的角度出发，虽然是实际的需求，但是这些项目往往没有走出自己的生活圈子，或没有把自己的眼光放长远，没有从社会层面去考虑问题。这样的项目可能不具备普遍的推广意义，因此很难有生命力。还有的项目只从创业者的主观感受出发，不注重实际情况，不考虑项目的使用环境，也容易失败。曾有个小组想要做一个"酷跑"项目，这个项目是基于位置数据的跑酷游戏，但是主要的玩家在北京，在四川大学，甚至在成都，这个游戏的参与者都非常少。这种完全从自身小众爱好出发的项目，就非常容易犯"近视眼"的错误。

第二种叫"朝天眼"。"朝天眼"指设想的项目天马行空，但是开发小组却没有技术能力做出来，导致项目最终无法落地。比如，曾经有一个项目小组想做"3D楼宇导航系统"。我们知道，在建筑物内部导航是相当困难的，因为 GPS 信号可能并不支持这么精确的水平和垂直方向上的定位。另外，给建筑物建模也具有很大的难度，小组最终也因为这些实际原因止步。诸如这样的项目往往会因为技术难度过大导致难以落地，最终变成纸上谈兵。

经过以上的学习，我们可以产生这样两点关于项目的思考：第一，我们需要明白项目和产品的不同。在"半苗"这个项目里，我们注意到要实现他们项目组的想法，需要一个庞大的系统，不仅要解决一些比较难的技术问题，如用传感器来跟踪植物的生长过程，而且需要实时拍摄技术、实时通信技术的支持。此外，还需要雇佣一个庞大的农作物种植队伍和运营队伍，这就需要调度很多的资源，而这样的资源调配能力显然是项目组不具备的。这就是项目和产品很不一样的地方：产品要求我们一定要在符合现实的基础上把控资源，通俗来讲就是有多大力气做多大事。而项目因为不一定要市场化，所以并不要求我们将其完全实现，对于项目来说，有一个新鲜的想法是更重要的。第二，我们刚才所举的项目例子大部分都是跟互联网技术相关的，是基于互联网 2.0 时代的技术实现的，比如社交技术、基于地理位置的服务技术等。现有的项目中能够跟智能技术相结合的还不多，是因为人工智能刚刚走进我们的生活，大家对它的认知还不够，对技术的了解还不够。但我们非常希望看到大家从现在开始，思考用智能技术来做一些创新项目的尝试。

7.4 项目指南三：创新项目的开发

在上一节中，我们着重讨论了有价值的项目从何而来，介绍了一些从生活的各个方面寻找项目灵感的方法。在这一节，我们将讨论 3 个与项目开发有关的话题：第一是关于创新项目的开发流程，我们将以摩拜单车的产品开发为例来探讨如何开始一个创新项目；第二个是关于创新思维在项目中的应用，我们会展示一些以往学生做过的项目，引导读者思考应该如何把创新心智模式与创新思维方法运用到项目当中；第三则是关于项目开发的一些要点提示。

7.4.1 创新项目开发流程：如何开始一个创新项目

要开始一个创新项目，我们首先要关注的是创新产品的开发步骤。在本书的前几章中，我们已经了解了创新能力是一种可以培养的能力，并且探讨过培养创新能力的方法。那么，在我们做创新产品的开发时，是不是可以遵循框架性的步骤进行创新项目的流程管理呢？如果找到这样一个结构性的框架，能不能提高创新产品的开发效率呢？

　　回顾"创新心智模式"板块中以色列农夫发明滴灌技术的例子，可以发现创新的步骤是有框架的。首先，好奇心驱使农夫去观察是什么原因让一块干旱的土地上的植物长势喜人，即第一步是观察和发现问题的过程，我们称这个步骤为**问题观察**。之后，农夫经过认真的思考和反复的求证得到了问题的答案，并且初步构想出一个解决土地干旱问题的办法，这就是创新项目开发流程的第二个步骤——**解决方案构想**。接着，农夫希望把这种构想实现，他通过系统性思考和反复试验，在花园里做出了解决土地干旱问题的简单模型，然后把这个模型推广到大面积的农业种植，发明了解决大面积干旱土地种植问题的滴灌技术，这是第三步——**原型产品开发**，这个过程是通过反复实验验证得到的，是创新构想的产品化过程，也是创新项目流程里的核心关键步骤。最后，农夫组建团队，把滴灌技术推向市场，并且在用户的反馈过程中不断进行技术改进，这是**完善产品并再次创新**的过程，即产品迭代的过程，这个过程会反复进行，直到有更好的技术来取代滴灌技术。因此，创新项目是可以通过一定的框架步骤来实现的，**我们把整个创新项目的开发流程总结为 4 个步骤（图 7-11）：问题观察，解决方案构想，原型产品开发和产品迭代。**

图 7-11　创新项目的开发流程

　　怎样把这个步骤运用到我们的创新项目中呢？下面以摩拜单车项目为例，来详细说明技术创新项目的开发流程和步骤。

　　摩拜单车已进入全球 180 多个城市，运营着超过 700 万辆智能共享单车，全球用户超过 2 亿，每天提供超过 3000 万次的骑行。摩拜单车被海内外媒体评价为"新四大发明"之一。摩拜单车成功的秘诀是什么？

　　摩拜单车项目作为一个技术创新项目同样经历了上文讲的 4 个步骤，也就是**问题观察，解决方案构想，原型产品开发和迭代。**首先是问题观察，摩拜单车的创始人胡玮炜发现，不论是从地铁站到居住小区的尴尬距离，还是游玩时想"沉浸式"体验城市文化的愿望，人们的日常生活中存在着大量"最后一公里"的短距离出行问题，而解决这些问题最好的交通选择就是骑单车。

胡玮炜发现，其实政府早就有了"共享单车"这一解决问题的方案，但效果并不理想，主要有以下几个原因：首先，这些公共自行车一般设置在风景名胜处，远离了生活化的应用场景，造成了用户"找车难"的问题；第二，政府提供的是有桩自行车，有固定的借车和还车地点，用户需要花费大量的时间去租借和归还，造成了"用车难"的问题；第三，租借公共自行车往往需要通过该城市的通勤卡或公交充值卡进行支付，而且，使用自行车的押金和计费方式也较死板，造成了"支付难"的问题。

紧接着，她开始构想解决这些问题的方案。针对"找车难"的问题，可以利用现在的移动互联网，在自行车上安装 GPS 模块，这样就可以通过 LBS 技术随时找到自行车。同时，LBS 技术也可以解决"用车难"的问题，加上二维码扫码开锁技术（图 7-12），让用户能够随借随还。用户在扫码开锁以后产生费用，按照使用时长计费，通过手机端支付，这也解决了"支付难"的问题。这个过程就是摩拜单车解决方案构想的过程，完成了这个过程，问题已经有了初步的解决方案。

图 7-12　扫码开锁

构想完成后，就进入了产品的原型开发阶段。摩拜单车的原型产品开发分成硬件开发和软件开发两个部分。因为整个解决方案是基于地理位置服务的，所以位置定位成为整个项目的关键，因此为自行车加装 GPS 模块非常关键。自行车必须给用户好的骑行体验，而且要容易维护和保养，这就要求摩拜单车需要不同于一般的家用自行车。为此，他们专门组建了一个自行车硬件开发团队，立志打造一辆好用、耐用并且智慧的自行车。除了硬件，软件的开发也很关键。在 App 的开发过程中，需要完成功能模块的分解，并设计出前后台的逻辑框图、UI 设计以及数据库，最后，要针对每个模块进行程序开发和调试。经过这些步骤，他们最终做出了摩拜单车的第一款产品原型。

以上是产品的原型开发过程，接下来就是把产品推向市场，进行商业化。现实的市场运作已经证明这款产品是非常成功的，因为它的设计解决了用户的痛点。值得注意的是，商业化并不是创新产品开发的最后一步，因为还有产品的迭代过程，这需要根据市场和用户的要求不断进行。比如轻骑版"Mobike Lite"就是摩拜单车一次迭代的产物（图 7-13），在车辆升级的同时，摩拜单车的软件也在不断完善和升级，以给用户更好的体验。

在了解了摩拜单车从构想到开发产品的创新过程后，我们可以看出整个过程就是一个把想法变成创新产品，把创新产品变成商品的过程，这也印证了我们提出的创业能力模型。读者也可以通过这种模块化的方式来设计和开发自己的创新项目。

羽量级单车
整车减重，车重 16 公斤

图 7-13　轻骑版摩拜单车

7.4.2　创新心智模式与思维方式对项目的启发

首先是创新心智模式对项目的启发。**创新心智模式中有一个关键能力是思考力，也就是说人们需要通过认知升级来提升自己的创新能力。** 笔者有一位从事教育培训行业的朋友，最初进入行业时，他认为培训行业的关键就是规模效应，只要能够为更多的人提供培训服务就行了，也就是说接受培训的人足够多、培训规模足够大就算成功。他选择做英语培训，开设了大量的地面托福和雅思培训班，接下来又在各个城市扩展规模。但是在培训班扩展到一定规模后，他发现这样的扩展模式很难再进行下去了。因为只注重规模，而没有优秀的教学资源，所以导致培训的效果并不好。于是他开始思考：教育的本质究竟是什么？经过深入思考，他认识到教育的核心是让接受教育的人能更高效地获取知识，于是他开始观察孩子们的学习过程，他发现每个孩子的学习方式是不一样的，接受知识的能力也是不同且极具个性化的。于是他转向开发线上教学系统，让优秀的老师对学生进行一对一的线上辅导。这样既整合了优秀的教学资源，又提供了个性化教学。这一转变让教学效果得到了很大提升，这个提升是认知的升级，是创新心智模式带来的。

我们再来看看创新思维方式对项目的启发。首先是**组合思维**的运用。前文曾经谈到过的川大记忆这一项目，它是基于地理位置的记忆分享，该项目本身就是利用组合思维把 LBS 技术与记忆分享进行了组合。另一个项目小组在川大记忆项目的基础上做了技术升级，他们把记忆分享的过程用 AR 技术，也就是增强现实技术进行了升级。当人们在某个地点分享记忆的时候，通过手机调用 AR 模块，记忆就会以虚拟文本的方式出现在记录地点，用户通过手机可以看到写了文字的虚拟场景，而实际场景并没有被损坏，从而提升了用户的使用感受。这是运用组合思维把川大记忆和 AR 技术结合在一起的典型案例。

另一个组合思维的例子来自基于人工智能的花卉分享项目——小城花事。他们构想用人工智能把赏花、识花、谈花和买花结合起来。为此，他们开发了一个基于人工智能的花卉识别小程序，并把这个程序嵌入了一个具有交流和购买功能的平台（图 7-14）。用户可以在看到喜欢的花卉时打开这个 App，利用摄像头拍下花的图像，通过人工智能识别，这样，用户就能获得关于这种花的介绍和养殖知识。同时，用户也可以把花卉图像和自己的心情分享到花卉交流平台。该小组还开发了花卉交易的在线市场，爱花的用户可以通过这个平台购买自己喜欢的花卉品种。

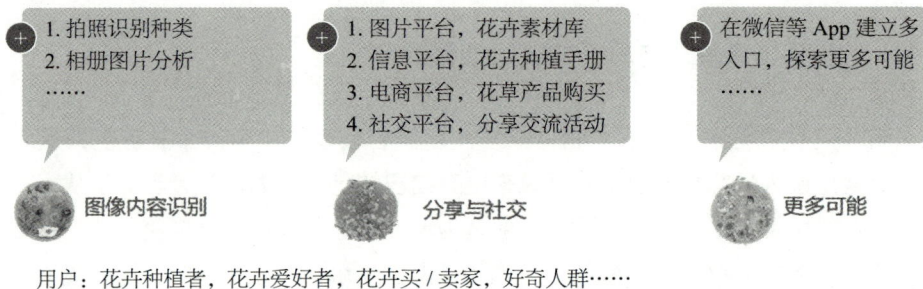

图 7-14　小城花事的研发思路

从以上两个案例中我们不难发现，运用组合思维进行创新是一种高效的创新方式，只要在原有项目的基础上加上新的要素，即把两种不同领域的要素结合在一起，就能够产生创新。

逆向思维和类比思维在项目中也能够带来很有价值的创新点。随着智能时代的到来和电子设备的普及，手机的使用越来越频繁。人们可以通过手机获取大量信息，越来越多的娱乐方式也开始通过手机进行，比如在线游戏、网络直播等。人们的日常生活越来越离不开手机，并逐渐开始对手机产生依赖，严重的甚至影响到了人们正常的工作和学习。

基于这种现状，一个项目小组做了一款名为"氧"的手机 App，目的就是让重度智能手机用户更有节制地使用手机（图 7-15）。这一思维方式是很特别的，

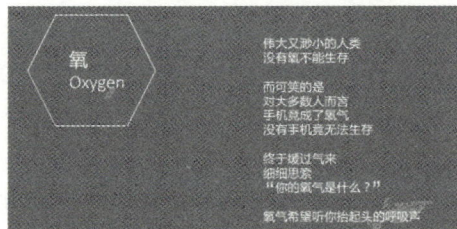

图 7-15　"氧" App 的理念图

该项目本身就是一款手机 App，是需要使用手机的，用一款手机 App 来限制手机的使用，这本身就是一个有趣的逆向思维，颇有"师夷长技以制夷"的意思。

那么限制使用手机的功能具体是怎样实现的呢？他们想到了运用氧气的概念，每个人的生存都离不开氧气，就像现代社会中每个人都离不开手机。如果将手机的使用时间看作一种有限的资源，就可以利用"被呼吸的氧气是有限的资源"这个类比概念来对手机的使用时间加以限制。沿着这个思路，用户可以自行设定一个每日使用手机时间的限额作为可以使用的"氧气"量，App 会以"氧气"使用量来计量用户可以使用手机的时间。这样，当"氧气"即将耗尽时，App 会自动提醒用户，如果超量使用就会对用户进行惩罚。

值得注意的是，这个项目到此还没有结束，小组成员们还开发了一个"氧气"交易市场，如果用户在每日的使用后还有剩余的氧气，就可以拿到市场上交易，卖给那些氧气不够的用户。这个项目通过逆向思维和类比思维，使用户不知不觉减少了手机的使用时间，确实是个巧妙的方法。

7.4.3　创新项目和产品开发的几点提示

在创新项目的产品开发环节中，创新创业者总是会面临一些问题，接下来我们给大家 3 点关于创新项目的产品开发提示，帮助大家化解问题。

提示一：从应用场景出发，找到用户真正的需求。

首先，我们需要理解什么叫真正的需求。以市面上的一款指纹锁为例，什么样的家庭需要指纹锁呢？买指纹锁的用户他们深层的内心需求是什么呢？通过调查可以发现，指纹锁面向的是那些极其注意财产安全和隐私的家庭，他们的真实内心需求是极高的安全感和隐私性，指纹锁不过是满足这种家庭深层需求的一种表现形式。也就是说，如果有其他产品能够满足这个深层需求也是可以的。同理，微信设计的点赞功能，是为了满足用户被别人认同和尊重的深层需求，点赞不过是实现的手段罢了。我们要善于从表面的功能看到用户真正的深层内心需求（图 7-16），只有这样才能真正解决用户的痛点。前面讲过的摩拜单车案例就是洞察了用户对短距离交通的深层需求，真正解决了用户痛点，因此才取得了成功。

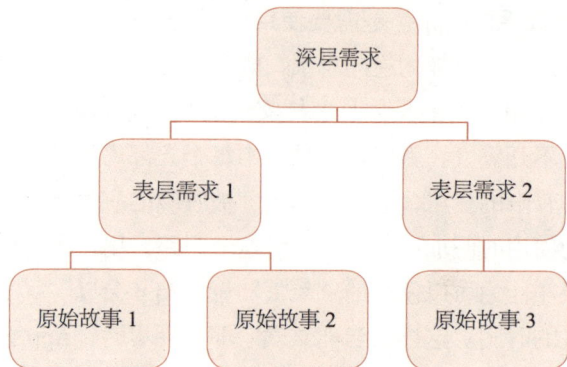

图 7-16　用户需求的不同层次

和真实需求相对的概念叫伪需求。伪需求往往是设计者臆想出来的，其实并不存在。比如现在有大量所谓的"共享经济"：共享马扎、共享篮球租赁柜等。这些项目表面上打着共享经济的幌子，似乎也颇有新意，但其中需求的切实存在性是根本经不起推敲的，就像在 "创新是什么"小节里举例的带风扇的帽子一样，中看不中用。曾经有个项目组做了一个帮在校大学生买早餐的 App，大家可以思考：有多少大学生早上起不来床，需要别人代买早餐呢？这样的项目是解决哪种深层需求呢？是帮助大家认真学习还是鼓励懒惰呢？这些都是该项目存在的问题。

那么怎么来发现用户的真实需求呢？一个有效的办法是从用户的应用场景出发，即开发者把自己放到使用者的角度，设身处地地从真实的使用场景来考虑具体应用。场景越具体，开发者就越能够从用户的角度得到真实需求。比如上文提到的"小城花事"项目，组员们设想自己是爱花的用户，当遇到自己喜欢的花卉，他们的第一反应是掏出手机，查阅资料，并分享自己的心情。通过这种方式，就能够找到用户的真实需求，同时也可以根据这些需求设计出产品的功能模块。

提示二：在把项目产品化时，应该从产品的核心功能开始，从简单原型出发，然后逐步优化迭代。

在开发产品时，项目团队要考虑清楚自己的产品主要是为了解决用户什么样的痛点，对应这个痛点的解决方案与核心功能是由哪个模块完成的，也就是从用户的核心问题入手进行产品设计。一般来说，如果一个功能能够满足用户最深层次的心理需求，这个功能就是系统的核心功能。例如，百度搜索引擎的用户的深层需求是找到自己想要的信息，而百度的核心功能就是纯粹的信息搜索和查找，这一点从百度简洁的首页就可以看出。

一个系统的构成往往是非常复杂的，有核心功能，还有许多其他的辅助功能，而项目团队要做的是先找出核心功能，并做出简单的原型。

比如上文讲到的利用 AR 技术增强川大故事的功能性，在这个项目里，用户需要看到在指定地点的虚拟形式得到记忆分享，因此用 AR 技术实现用户留言板的呈现就是该项目的核心功能。这个系统还有一些其他的辅助功能模块，比如注册模块、共享模块和导航模块，但这些模块实现的功能都不是这个产品的核心功能。核心功能的原型往往是粗糙的，在这里我们不妨把目光移到已经获得成功的公司上，即使是谷歌公司和亚马逊公司，在公司初创时的初代产品原型也都是非常粗糙、甚至是丑陋的。但这并不妨碍他们的成功，因为他们产品的核心功能靠这个最小的原型已经能够实现了。

在笔者往年带过的项目里，学生们最容易出现的误区就是给系统设计很多功能，并且追求非常精美。但这样的项目往往到最后一项功能都没能做出来，原因就在于最初设计的工程量过大，导致根本不知道从何做起。

这些案例给我们的启示就是一定要先关注核心功能的设计，甚至不妨从简陋的原型设计开始，原因如下：首先，一般初创项目团队往往没有足够的精力和技术能力来同时开发所有的功能模块；其次，简单的原型不需要太复杂的开发过程，因此项目开发小组可以很快出一个小样版本给用户使用，这样就能以最快的速度得到用户的反馈，为产品迭代做准备；另外，有许多起初为产品设计的功能其实可能是多余的，甚至是错误的，这就需要团队在开发过程中逐步将需要的功能模块清晰化，如果一开始就想做出全部功能大概率会浪费时间。所以，开发产品的正确思路应该是找到用户的深层需要，并确定相应的核心功能，做出最小化原型产品，将其迅速推向市场，并通过多次迭代来完善产品。

想要把一个想法产品化，背后是一个巨大的系统工程，绝不仅仅是一次开发那么简单。产品的更新和完善是一个不断迭代的过程，每一次的迭代可能只是增加一点看起来不那么起眼的功能。但是通过日积月累，就有可能做出方便、好用，甚至改变世界的产品。

提示三：多用可视化的方法来找到问题的解决方案（图 7-17）。可视化就是把问题具象化，用图形化的方式表达出来。

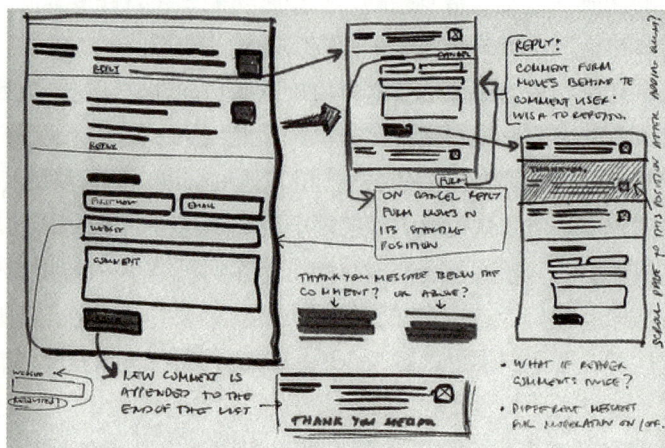

图 7-17　可视化产品设计

可视化是产品开发中一个非常有效的方法，这种方法有 3 个核心优势。

第一，可视化是探索用户应用场景非常好的方法。上文我们谈到要得到用户的真实需求，需要从用户的应用场景入手，可视化的方法能帮助我们了解用户们真实的需求。川大记忆项目组在做项目开发的时候，甚至专门拍摄了一个视频短片来呈现用户的使用场景，短片里的角色都是由项目组成员扮演的，他们通过这个可视化的过程深刻体验用户心理，得到用户的深层次需求。因此鼓励大家在做项目的时候多用可视化的方法呈现应用场景。

第二个好处是通过可视化方法可以验证市场的真实想法，这样做甚至可以降低创业的风险。这里有个有趣的例子，大概在 2000 年左右，人们还不大习惯在网上买鞋，那时在网上买鞋是个风险很高的事情。美国的网上鞋城 Zappos 公司最开始也并不清楚大家对在网上买鞋的接受程度。他们想到了什么办法呢？这个鞋城最开始根本没有制造出实物的鞋子，他们只是把鞋的设计方案和原型图片放到网站上，用这种方法来观察市场和用户的反应，没想到用户非常喜欢他们的设计，愿意为这种还在图纸上的鞋掏钱。这就是用可视化的方法验证市场反应，创业的成本也大大降低了。

第三个好处就是在做产品开发的时候，可以利用许多可视化工具进行初期的产品设计。在设计互联网类产品的时候，尤其需要许多用户交互界面的设计，此时就可以用原型设计软件，比如用于设计用户界面的 "墨刀"。也可以用一些有图形编辑功能的软件，比如 Photoshop、Word 和 PowerPoint。如果连办公软件也不大会用，甚至可以用笔和纸草绘出简单的界面设计。这个看似不起眼的过程对产品的开发其实是至关重要的。

另外还要注意的是，在我们的案例里，很多项目都开发了基于手机的 App，这是因为我们生活在一个移动互联网高度发达的时代，手机是大多数人获取信息的主要渠道，而且我们的日常生活有许多应用都围绕基于地理位置的服务展开，所以项目与手机 App 的开发有关是正常的。但是，这种情况容易让大家产生误解，甚至让大家产生一种错误的创业观，那就是"凡创业言必谈手机 App"，似乎不开发出手机软件就不是在创业。很多创业者在"互联网＋"时代都有这样的想法，非要把这种基于地理位置的技术应用到自己的创业项目里，哪怕这个过程是牵强的。这样的逻辑显然是不可取的，就像一个人去超市购物，为了 2 元钱的赠品却购买了 200元自己不喜欢的商品，显然是本末倒置、得不偿失的。

一个项目需不需要开发手机 App，关键是要看这个项目的核心功能是否是基于地理位置服务展开的。如果项目的核心功能离不开这种技术支持，比如摩拜单车、滴滴打车等，那就必须开发手机软件。但是很多项目也不一定需要这种技术的，比如谷歌公司的核心功能是信息查找，这一功能与地理位置是没有关系的。如果创业产品和地理位置关系不大，并不一定需要开发相应的手机 App。

通过对本书前 7 章的学习，相信各位读者已经对人工智能以及智能时代背景下的创新创业有了一定的认知和了解，对于大多数新手创业者，在进行创新创业的过程中总不免要走许多"弯路"，虽然创业者能从中得到大有裨益的经验，但这些弯路也会对他们的创新创业进程产生或多或少的影响。本章将会和读者分享投资者和创始人的心得经验，并总结初创者常见的一些问题，帮助新手创业者们尽可能绕过"陷阱"。希望读者在学习成功者的经验后有所领悟。

8.1　项目指南概述

当我们近距离观察投资者，体会他们对创新创业的感受，理解他们的投资行为时，可以获得一种来自第三方对创新创业的独立视角。这样的视角能够更客观地帮助我们理解创业行为，以及创业中会遇到的种种风险。

本节将以对话的方式呈现投资者在投资和创业领域的心得和经验。分享的嘉宾分别是投资公司的创始人李文龙先生，合伙人张雪琦女士，以及投资副总张杨涛先生和朱炫蓉女士。他们都在某个领域有丰富的行业经验，同时又极具创新精神。他们不仅是年轻的创业者，也是优秀的投资人。另外，他们还是成都官方双创平台菁蓉汇的创业导师，最可贵的是，他们愿意将自己的创业历程和心得经验分享给大家。下面就由笔者和他们进行一对一的访谈，听听来自创业投资一线的伙伴们的心声，希望他们的经验能够为大家带来创业启发，他们从投资角度对智能时代和智能技术的理解能够给大家带来创业思路。

8.2　创业者特质与创投风险

关于这个问题，我们有幸邀请李文龙先生，来为我们分享创业和投资方面的心得（为了使行文更加简洁，下文用 Q 代表笔者，A 代表李文龙先生）。

Q：创新和创业的特质在创业过程中是非常关键的组成部分，那么请问您作为投资公司的负责人，是怎么判断一个人是否具有创新特质的呢？

扫码看视频

A：**我个人觉得创新是"99% 的复制，加上 1% 的突破"。**创新本身从本质上来讲是需要有时间的沉淀的，任何人都不可能破天荒般地突然想到一个新的 idea（想法），或一个新的技术，这是很难实现的。对于一个人是否具有创新特质，我个人首先会判断他有没有极强的学习能力。其次，我认为创新者必须有极强的见识，并且他需要擅长将一个重要的观点、理论或技术进行有效的解构，同时根据自己的联想能力把它拼凑出来，成为一个新的概念，甚至是一种新的商业模式。这在我的眼里是一种创新。

Q：我们知道许多公司都青睐创新性人才，那么公司在招聘一个跟创意相关的岗位时，您是怎么判断那位求职者是否具有这方面的特质呢？

A：是的，我们不只要求创业者或创始人具有创新能力，还有许多岗位，尤其是策划类、营销类的岗位也需要有很强的创新能力。我们从另外一个角度把创新能力赋予了几个维度。首先，我们希望他有极强的**洞察能力**，能洞悉一些小的细节点。这里举个小例子。我在一次面试的过程中，在事先没有任何提醒的情况下，要求求职者说出他从各个位置到公司的路上有多少个广告牌、有多少家店铺。这其实考的就是他的洞察力。其二，他要有**思考能力**，他必须有自主的逻辑，能够把不同的有趣的东西拼凑在一起。其三，他得有**决策能力**，能够很快地选择哪些东西有用，哪些东西没用。其四，他必须得有**组织能力**，能组织好每个模块、每个元素、每个资源，甚至每一个物料应该如何组合、利用。其五，他必须要有极强的**影响能力**，能够影响他的领导采用他的决策，也能影响他的下属愿意跟他去做。最后就是毫不犹豫的**执行能力**了。综合以上几点，我就能大概判断出他是否有能力胜任创新性工作了。

Q：我们在创新心智模式中专门讨论过好奇心这一话题，刚才您提到的洞察能力和思考能力，是跟我们的内容非常贴近的特质。那我再来问一下文龙，作为一名投资人，您最欣赏创业者身上什么样的特质？

185

A：对创业者而言，首先我很关注他是否有一个**积极和乐观的心态**。我觉得积极对于一个人而言，是上进心的反映，是他对于不断变化的一种追求。他应当是一个愿意革新的人，愿意不断挑战的人。有了积极的品质，他才有机会成为一个非常棒的创业者。其二是**乐观**，因为创业往往是"九死一生"，创业者只有顶住巨大的压力才有可能突出重围。

Q：那么对于创业者，您有没有不欣赏他们身上的某些特质？

A：我认为这个不欣赏有两面性。我个人不太喜欢过于嚣张和自大的人。但从另外一个角度来讲，这种嚣张和自大有时反而会造就他们无畏的一面。但是我认为创业者首先需要衡量自己到底有多大的能力，需要懂得谦虚，不能没有学会走，就想学会跑，甚至叫嚣我能跑得比谁快。

Q：我非常赞同文龙的想法。我认为想要创业的人，首先要对自己有清晰的自我认知，也就是我们要能够回答，我想不想创业？我能不能创业？我能不能承受创业失败的后果？所以接下来我想问一下您对于创业风险的考量。比如对大学生创业而言，您认为首先应该考虑什么样的创业风险？

A：首先我其实是并不太鼓励大学生去创业的，因为毕竟现在创业的门槛比较高，偏向于精英化创业，需要有支持，有人脉，有经济基础。如果大学生选择创业，我会支持他，但他必须能承担创业的风险。我个人觉得最大的风险其一是他的**时间成本**，其二就是**机会成本**。时间成本不用多说，我一直觉得大学生在大学时代的本职工作应该是学好扎实的技能，建立自己独立完善的思维体系。也许有的大学生选择花大量的时间去打零工，甚至去兼职，这些工作看似可以在社会中得到锻炼，其实有时候反而会本末倒置买椟还珠。

但是从另外一个角度来讲，是否付出这一机会成本必须由大家自己选择，一旦选择创业，我希望大家是做一些有价值的事情，是能够把它在未来发展为企业的事情，即使失败了也不要后悔。我一直认为凡是创过业的人都值得被人敬佩。

大学生创业需要承担的最大的风险，其实来自于自己的内心，来自于对这件事最后能否获得东西的期待。我很担心大学生创业者明明花了很大力气，最后不仅事业没有做成，也没有得到有效的自我提升，没有将创业过程中自己锻炼的品质发扬为自己的优点。我觉得这些是他最大的成本。

Q：对，如果认定要做一件事，就要能够想到这件事最坏的结果，就要能够承受这件事对你带来的最大的影响。我还想请教一个创业团队方面的问题，文龙能不能谈一下，你们作为创业者和投资人是如何组建团队，找到自己的创业伙伴的？

A：其实我们投资公司和常规的创业公司不太一样，投资公司偏精英化、小众化，我们会要求每一个人成为多面手，这一点也许和创业初期比较相似，但是投资和创业这两者的思维还是有些不太一样。创业者在早期组建团队的时候，没有足够的资金和技术支撑，他们更多依靠的是自己作为创业领袖的个人魅力以及对于创业执着的热情，通过自身的这些品质来吸引人。而我们投资方更多是通过我们的专业能力、专业程度来吸引和影响人。

在此我给创业者们一点建议，你们在组建团队的时候，**首先一定要志趣相同，其二是有相同的目标**。我们有一句话叫作，"可以不同心协力，但一定要同目标协力"。大家愿意朝一个方向走，即使殊途同归也是可以的。我认为在创业的路上，伙伴之间其实是一个相互吸引的过程，并不是说我一定要去找哪些人，尤其是初级创业者或初次创业者，他们在有限的人脉圈里很难找到与自己相匹配的人才，那么这个时候就需要创业者通过各种方法把自己推销出去，比如参加路演，到一些大的平台去展示自己等，要想办法让别人看到自己的优秀，自然而然就能吸引到更优秀的人与自己接触。在这样一个信息爆炸的时代，一定要想办法把自己突出出来，吸引他人愿意与自己交流，从而降低寻找伙伴的时间成本。

Q：刚才您讲到，实际上寻找创业伙伴的过程和谈恋爱有些类似。我们找到某个人，然后看价值观等各方面是不是合适，最终看有没有可能走到一起。但是创业伙伴之间总归有吵吵闹闹意见不一致的时候，您对于这种情况有没有什么好的建议呢？

A：无论是创业者之间还是合伙人之间，出现矛盾和分歧是很正常的。原因可能是领袖和团队之间的矛盾，也可能是团队与团队之间的矛盾。我觉得还是那句话，先问问自己的初心，我们创业到底是为了什么？人从本性上来讲容易出现可以共苦但不能同甘的现象，一到分配利益的时候大家都开始吵闹起来了。因此首先需要提前把有效的规则立好，把怎么分钱商量清楚，怎么退出商量清楚，能做好这一步其实已经能规避一大半的问题。其二是公司内部的所有权和管理权分离的问题，这是管理层面上的概念，负责做决策、拍板的人永远只能是一个。

投资者和创业者之间，其实也会出现矛盾，比如我们可能认为某个方向应该怎样去走，或不要那样去走，我们即使告诫了创业者，但他们依然会按自己的想法去做。其实我觉得这无伤大雅，因为从某种意义上来说，项目既然是创业者去做，那么最主要的是尊重他的决策和他的意见，更多地给予他支持。但是有一些创业者我们也会给予他更多的引导，比如我们会带他去见一些他行业中的前辈专家，可以理解为是用更高层次的人或他崇拜的人来影响他，不一定要我们亲自出马。

Q：这一点就是创投公司，特别是风投公司，对现在初创者的帮助。那我们就接着您刚才谈的这个话题往下谈。作为风投公司，请问你们是如何判断一个项目是不是有投资潜力的？

A：我们做投资，尤其是做早期投资，其实一开始也是看这个行业的趋势。因为一个行业的趋势对了，方向也就对了。我觉得从某种意义上讲，只要同在这个赛道上，大家的机会就都非常相似。其二，我们会看"赛"手，也就是开车的人——团队领袖。**领袖是一个团队的灵魂，它也是这个团队的组织者，领袖的思想观念的高度直接影响这个团队的方向，以及未来能走多远、走多快。**其三，我们会重点关注这个项目的本源。我们经常会碰到很多的项目，它在初期的盈利模式和它最后被市场认可的模式并不相同，甚至已经被写进了商学院做成标准模型的公司也可能有这样前、后期的差别。也就是说从某种意义上来讲，给予团队和项目支持，其实就是给他们资金，给他们新资源，让他们去试错。人无完人，商业模式也没有哪一种是绝对正确的，最重要的是要让他们走出一条自己的路来。核心就是那句话，趋势对了，人对了，就可以投了。

Q：我对您提到的你们公司对创业者的包容印象非常深刻，对于创业者能够给他们空间去试错，当他们做错之后也给予一定的理解并给他们机会去改正和弥补，这是很好的一点，我想这也是你们公司发展得比较好的原因。接下来我想讨论一下创业心态的问题，因为您也是成都市双创平台菁蓉汇的创投老师，以您的目光来看，现在很多创业者的创业动机千差万别，比如有的人想快速致富，还有一些人是冲着掌声和鲜花去的，那么您作为创业导师是怎么评价这些动机的呢？

A：就创业动机而言，其实我们也见过太多的创业者和我们谈自己的伟大理想抱负甚至情怀，对于这样的创业者我们其实都会直截他一点：你到底如何盈利？就好像经常有人问我们慈善和公益的区别，公益其实并不是不挣钱，恰恰相反，你挣的钱越多，才能保障更多人的利益。那些大的企业家经常会说一句话，把公司经营好就是最大的慈善，因为你养活了很多员工。所以从我们资本的角度来讲，无论是基于我们要对投资人有交代，还是要对社会有交代，挣钱一定是商业的本质。但是商业的本质不仅仅是挣钱，还有重要的一点是什么？是社会责任。

社会责任有一个核心：如何创造让人类更幸福、工作更高效、使用更满意的东西。包括我们现在不再把买东西的人叫作消费者了，叫用户，这就是讲究体验。我认为做一家公司最重要的一定是满足用户的体验和需求。如果创业者能够做到这一点，我觉得即使是以赚钱为出发点，只要你为人类创造了价值，我依然会认同你。

Q：也就是说我们在做创业项目的时候，一定要对社会有正向的贡献，能够帮助其他人，这就是创业的一个核心点。下面一个问题，我想请问文龙，现在智能技术的发展可以说是日新月异，作为创投公司，你们认为在未来的 5 年内哪些行业会有比较好的发展前景？什么样的项目更容易受到你们公司的青睐？

A：在我们投资行业有一句非常知名的话，叫作**我们不看 5 年和 10 年的变化，我们只看未来**。这句话是什么意思？从某种意义上讲，当人们有资本去追逐一个行业的时候，其实并不是最适合这个行业的时代。近几年有各种各样创业的风口浪潮，互联网企业，传统企业转型，包括 2015 年左右的"互联网＋"，前两年的 VR，以及今年的人工智能，甚至包括娱乐行业等，这些所谓的"当下的潮流"如果以投资人的眼光来看可能已经是滞后的了，我们其实更愿意去关注这些技术未来所创造的可能的应用场景。

我们公司非常注重智能技术的实际应用场景，即如何让这些技术真正走到用户的日常生活中。就以当下热度很高的无人驾驶为例，其实早在 5 ～ 8 年前无人驾驶这一概念就已经被提出来了，有大量的科技公司，尤其是像谷歌、百度这样的"科技巨头"公司都在努力推进，他们尝试了各种手段将无人驾驶技术植入生活当中。然而即使在技术手段已经达到一定程度的成熟的情况下，现实生活中依然有很多法律、伦理道德方面的限制阻碍着无人驾驶技术的真正推广。比如从法律层面来看，如何判断车在无人驾驶的情况下出现交通意外由谁负责？这当然不是技术的问题，其实技术很早就可以实现无人驾驶车在公路上行驶了，最难解决的依然是社会如何接纳的问题。

所以从投资者的目光来看，凡是未来 5 ～ 10 年有可能被社会接纳的新技术，我们都认为是非常好的项目。比如经常被大众忽略的网络安全问题，在排名前 100 的人工智能公司中，有 50% 以上的公司都在往人工智能安全这个方向大力发展，这是不太了解这一行业的人很难想象的。人工智能以及无人驾驶、金融、教育，甚至是娱乐，这些都是我们近几年会着重关注的点。还有一个我们认为在未来势必会形成井喷的产业，即医养大健康相关方向，这也是随着中国老龄化以及世界老龄化越来越严重各个国家必须面对的一个问题。在这些大的社会议题面前，人工智能能够真正助力我们去帮助他人并提供有效的解决方案。

Q：说到人工智能，接下来我还会跟你们团队的成员来探讨人工智能和医疗技术结合的相关话题，非常期待。刚才我们对投资和创业方面做了一些梳理，我个人还很想了解一下，您作为投资人兼创业者，自己最大的焦虑来自哪里？您的心理历程又是怎样的？

A： 资本在很多人眼中有些高高在上、需要仰视的感觉，很多创业者会不自觉地抬高资本的地位。但实际上我们自身也是创业者，我们组建一家公司，用金融的概念去盈利并以此来反馈我们的投资者，其实和创业者的本质是一样的。但投资人和创业者确实天生地会在视角上有很大的差异：作为投资人，我们可以花费数月的时间去做一个决策，而创业者可能一天就要做 20 ~ 30 个决策。我自身在工作中需要在投资人和创业者两种身份之间不断地切换，内心产生焦虑是不可避免的。不过从某种意义上讲，如果能够找到合适的方法去习惯这种生活方式，其实是可以做到在这样紧张忙碌的生活中游刃有余的。在业内也有一些像雷军这样左手投资、右手创业的行业领袖，他们都是我的典范。

Q： 最后我想请文龙给想要创业以及正在创业的朋友讲一句您最想跟他们分享的话。

A： 既然我们探讨的是关于人工智能与智能时代的相关话题，那么我有一个观点很想分享给大家。我认为**在未来的智能时代人工智能唯一不能替代、只能由人类完成的，就是创造**。而创造的基础是知识，因此大家无论处于哪一个人生阶段，都一定要让读书、学习成为一种习惯，让终身学习的理念贯穿生命始终。

8.3 创新创业的年轻化趋势和人工智能在新零售中的应用

近年来，越来越多的年轻人扛起了创新创业的大旗。为了更深入地了解年轻人在创新创业中的表现，我们邀请另一位年轻的合伙人张雪琦，听听她对于这些问题的见解，同时她也会为我们介绍人工智能在新零售产业中的应用（为了使行文更加简洁，下文用 Q 代表笔者，A 代表张雪琦女士）。

扫码看视频

Q： 这位是张雪琦。据说您也是您公司最年轻的合伙人，那么如今投资圈是否都有这种年轻化的倾向呢？

A： 是这样的，从 1983 年政府主导的投资行业开荒，再到 20 世纪 90 年代初以熊晓鸽为代表创立的带有外资背景的 IDG 资本（中国），中国的整个投资行业也仅仅只发展了 30 多个年头，可以说是一个年轻到不能再年轻的行业了。在国外的投资行业中，有很多财阀和金融家族已经在业内实现了垄断和经济利益体。而中国的投资行业还处于起步阶段，有很多像我一样的年轻人看到了这个行业的希望和活力，大家都想把握住这次浪潮，渴望进入这个行业并改变它。

Q：我们看到现在有越来越多的优秀女性开始自主创业了。那么作为一位女性创业者，您认为女性创业者在创业领域具备什么样独特的优势吗？

A：我认为女性创业者有一个很大的特点，就是她们都充满了爱和正能量，并愿意将这一份爱与能量投入到自己的工作中去。她们会关注到创业与社会责任相关的各个方面，用细腻的心思留意到创业对周围人的影响，注重通过创业影响未来、改变人的生活方式，有较强的意愿去解决像环保、可持续发展这样的问题。另外女性创业者自身也会比较注重解决女性的创业、就业相关问题。我发现女性创业者选择的项目中比较容易成功的是大众消费行业，尤其是 2017 年开始的线下主导的新零售领域，更是成为了投资追逐的风口。

Q：我们也希望更多像您一样优秀的女性能够创业，让世界变得更美好。刚才您谈到了新零售，那么雪琦能给我们解释一下新零售的概念吗？

A：新零售在最近两年热度很高，在 2017 年更是成为了资本圈里的风口和宠儿。所谓新零售，就是个人、企业以互联网为依托，运用智能技术对商品的生产、流通与销售过程进行升级改造，重塑业态结构与生态圈，并将线上服务、线下体验以及现代物流进行深度融合的零售新模式。我认为新零售是消费升级下的必然产物，这种模式的核心竞争力在于它满足了人类对生活品质的追求。阿里巴巴研究院提出新零售是以用户体验为中心，以数据为驱动的泛零售形态，是以人为本的无限逼近用户内心的一个商业形态。企业内部和企业间的流通损耗也无限逼近于零，重塑了价值链。

Q：也就是说新零售实际上是一种与人工智能相结合的、以数据驱动的、更人性化的零售新模式，可以让世界变得更美好，这也符合你们的创业价值观。那么目前除了阿里巴巴是新零售的表率外，还有没有其他的企业在新零售这方面有布局？

A：阿里巴巴提出新零售之后，诸如京东、唯品会等传统行业的企业也开始纷纷入场，包括国外的亚马逊公司在国内也有相应的布局，还有传统物流行业中的"四通、一达、一顺丰"这些企业也是不遑多让。大量相关企业在不断地通过技术升级、产业投资等方式巩固自身在新零售行业中的战略位置。

Q：像新零售、无人零售这样的概念不仅十分新颖，而且引领了当前消费市场的一个新潮流，您认为是什么样的条件促成了这样一个现状呢？

A：做生意也需要天时地利人和。在早些年微信刚问世的时候，有一句评论微信的话非常考究、也很有趣：做早了是米聊，做晚了是来往，出现得恰如其分才是微信。现在我们谈到的这种人工智能＋零售的初级形态，也就是互联网＋零售的升级版，它也适应了天时地利人和里的"天时"这个概念。

Q：那您可以更深入地谈谈这个升级是一个怎样的概念吗？

A：我刚刚有提到，其实升级就是在互联网的大环境下把人工智能和零售行业相结合，然后变成新零售的概念，它跟传统行业的匹配度其实是非常高的，这也是我们自身消费升级的产物。虽然新零售作为一个新兴行业还有待进一步发展，但是现在这个初级形态是适应了天时、来得恰如其分，因此出现了井喷的状态。

Q：我很赞同你的想法。现在越来越多商业方面的大数据开始聚集起来，为新零售铺平了道路。目前新零售是你们公司的一个投资方向，那么在未来这一领域会不会成为你们的投资重点？

A：我想一定会是一个投资重点，并且我们公司会尽可能成为在应用领域的先驱。**衣食住行这些方面毫无疑问将会成为人工智能领域的高地。**就拿现在比较火的创新零售机器人小贩举例，这款机器人可以理解为一个行走的贩卖机，它可以在特定范围内活动，并且具有智能避障功能。它的人脸扫描和人工智能语音系统也是一大亮点，可以自动识别复购的买家，让用户拥有个性化、流畅的消费体验。这就能起到非常棒的营销作用。

Q：听起来是一个很棒的项目，通过算法和机器人，利用收录的大数据提供给用户个性化的选择，还能有复购的功能。那谢谢雪琦今天的分享。

A：最后我也送给各位想要创业的朋友一句话，**希望我们都能做一个积极、有爱心、充满正能量的创业者。**无论创业再苦再难，只要肯坚持、会思考，就一定会越做越好的。

8.4　医疗领域的创新创业和人工智能在医学创新中的应用

医疗一直也是我们十分关注的领域，这一领域中的创新创业现象和人工智能的应用又呈现出怎样的状态呢？我们邀请了来自医疗行业的专业人士张杨涛，请他来谈谈他的所见所闻所感（为了使行文更加简洁，下文用 Q 代表笔者，A 代表张杨涛先生）。

扫码看视频

Q：杨涛您好，您现在是公司的经理，也是四川大学医院管理专业的硕士，那么作为医疗行业的专业人士，您是如何看待人工智能对医疗行业产生的影响的呢？

A：目前医疗科技的进步已经使越来越多的疾病得到了有效的治疗，以互联网、大数据等为依托的一系列新技术正在逐步取代传统的治疗方式。我认为人工智能未来将会重新定义医疗行业。从资本市场来看，自 2012 年以来，智能医疗的融资总额每年在行业内都是最高的。在政策推动和改革的红利之下，人工智能医疗行业得到了快速发展，根据相关研究报告，2016 年中国智能医疗市场已经达到了 96 亿美元的规模，这一数字到 2017 年就超过了 130 亿美元，在 2018 年更是突破了 200 亿美元。与此同时，根据研究报告预估，到 2035 年人工智能 + 医疗将会为全球的经济额外带来 4600 亿美元的收益。行业巨头如 IBM、百度、腾讯和阿里巴巴等也正积极在人工智能 + 医疗领域进行投资和布局。可以说人工智能 + 医疗不只是噱头，更代表着未来。

Q：在智能时代，人工智能将对包括医疗行业在内的各个行业和领域进行赋能。那么作为公司中医疗行业投资项目的负责人，您能不能从自己的角度谈一谈人工智能和医疗行业结合的具体案例，以及这方面的一些新动态？

A：那我就来做一些相关的分享吧。可以说一切技术的研究都是为具体的应用场景来服务的，目前人工智能在医疗领域主要有五大应用场景，下面我来就这五大应用场景分别给大家举例。首先第一个场景是医疗机器人，这也是我们大众在常规的治疗过程中最有可能接触到的一种。机器人技术在医疗领域的应用并不少见，目前按功能可以大致分为两种。第一种是智能外骨骼，一般适用于下半身瘫痪的患者，患者只要上肢功能完整，智能外骨骼就能帮助患者完成基本的行走、爬楼梯等动作，甚至可以做出一系列特殊的动作。像我们在美国电影里看到的钢铁侠，其实就是一个理想化的升级版智能外骨骼。

另外一个场景是相对高端一点的手术机器人，这里就不得不提到目前世界上最先进的手术机器人——达·芬奇手术机器人系统。达·芬奇手术机器人系统主要由手术台和远程操控终端两个部分组成，手术台装配有 3 个机械手臂，每个机械手臂的灵活度和敏感度都远远超过人类，并且每个机械手臂都配有摄像机，可以到达人体内部。这样先进的技术使手术机器人进行治疗的过程中对患者身体造成的创口非常小，并且可以采用一些我们人类难以做到的手术技术。在达·芬奇手术机器人系统的操作终端上，计算机可以将几台摄像机拍摄的二维画面还原成人体内的三维场景，以监控整个手术过程。

目前全世界一共有 3000 多台达·芬奇机器人系统投入使用，累计完成了 300 多万例高难度的手术，包括就在我们身边的四川大学华西医院也拥有一台达·芬奇手术机器人系统。下面再来看国内的智能手术机器人市场。我国的威高集团开发了一款妙手微创手术机器人辅助系统，这个系统即将作为首批国产手术机器人系统登上舞台，让我们拭目以待。

人工智能在医疗领域的第二个应用场景是智能药物研发。我举一个例子，在2015年时，非洲多地爆发埃博拉病毒，导致了大量非洲人民死亡，美国的硅谷公司通过超级计算机以及配套的人工智能算法，基于现有的候选药物在分子结构数据库中筛选，在不到一天的时间内就成功筛选出了能够控制埃博拉病毒的两种候选药物。智能技术在医疗领域的合理应用能够拯救千万人的生命，这是非常伟大的一家公司，也是非常伟大的人工智能。

Q：您刚刚谈到了人工智能和整个医疗行业新药研发的结合，这个事业确实对人类的贡献特别大。

A：对，所以说这是一个很新而且很有潜力的发展方向。那么第三个应用场景是智能诊疗。对于智能诊疗的应用，我想提一个大家或多或少都有所了解的案例，那就是IBM公司的沃森机器人。沃森机器人可以在17秒内阅读2万余篇论文、6万余份临床实验数据和10万余份报告。在2012年沃森通过了美国执业医师资格考试，并且已经开始部署在美国多家医院体系内提供诊疗辅助服务。在中国，IBM公司与杭州认知网络科技和青岛白洋智能科技两家公司达成了战略合作。截至目前已经签约并且开始投入运营的沃森多功能会诊中心数量已达到两位数。

第四个场景是智能影像识别。看病难、看病贵的问题切实存在于我们每个普通百姓的日常生活中，这一点大家可能已经有所体会，尤其是到放射科去拍B超、CT等，更有可能面临排队拥挤的问题。而智能影像识别技术，在未来不仅可以极大地缓解这一部分的就医压力，而且能够给医生的诊疗提供相当大的帮助。这里我再举一个案例，美国的艾利特公司将人工智能深度学习的算法应用到了癌症恶性肿瘤的检测之中，该公司开发的诊断系统的癌症检出率超过了全球四位顶级的放射科医生，并且这一套系统还能诊断出人类医生无法诊断的7%的癌症，这又是一项伟大的发明。

Q：据我所知，四川大学也有一些医疗与人工智能结合的项目开始落地和推进了。利用人工智能辅助疾病的诊疗对人类的贡献的确很大，一方面诊疗的效率和效果得到了提升，另一方面患者看病治病的成本也降低了很多，让我们拭目以待智能技术在这一领域的进步。

A：我自己也是四川大学校友，在未来我也会长期重点关注四川大学以及华西医院相关的医疗大健康或人工智能的医疗项目。下面再来谈谈人工智能在医疗领域的第五个应用场景：智能健康管理。智能健康管理具体的应用方式就很多了，目前在我们的日常生活中比较常见的有风险识别、虚拟护士在线问诊和健康干预等方面，这里因为内容驳杂繁多，我就不做过多展开了，有兴趣的同学可以自己查找相关资料进一步了解。

Q：刚才您谈到智能诊疗的应用场景，实际上就是诊疗机器代替医生做决策并给出一个治疗方案。在这种情况下，您认为如果诊疗机器人按目前的速度发展下去，会不会出现机器人取代医生、传统的医生被淘汰的状况呢？

A：这个问题很有价值。在医疗行业体系之内，包括我们医疗行业的同行、医疗行业投资人，或临床科室的教授医生，都会经常探讨这个问题。在未来人工智能机器人真的有可能替代医生吗？这里我想提出我的个人观点，我认为正确的排序并不是人工智能＋医疗，而是医疗＋人工智能，也就是医疗人工智能（医疗 AI）。我认为医疗人工智能最主要的应用场景应该是做目前我们医生本来就必须做、却忙不过来的那些工作，也就是一些存量工作，从而实现用较低的成本实现高价值的服务，同时也可以解决当前医生人手不足的问题，尤其是现在国内面临的最严峻的儿科医生人手不足的问题。这样的应用方式也就是大家常常说的赋能，它不但不会降低医生的价值，反而能让医生从烦琐的低价值工作中解脱出来，从而大幅度扩展一部分顶尖医生的能力范围。因此我认为医疗人工智能的定位是工具，它是辅助医生进行诊疗行为和过程的，我们不必过于担心人工智能会抢走医生的工作。更何况人体是目前世界上最精密、最复杂的有机体，还有很多未知的生命科学有待医生和科学家们去发现和研究，这是人工智能做不到的。与此同时，医学治疗并不是冷冰冰的检验、诊断和开处方，作为人类的医生还会考虑病人的心理状况和经济能力等各种因素从而做出相应的诊疗调整。因此，做出一些看似不是疗效最好、但却是最适合病人的处置，也是人工智能做不到的。综上所述，我认为人工智能不会取代医生，医生同样也代替不了人工智能，他们会并存、共生，人工智能是医生最好的助手。

Q：所以说人工智能虽然能依靠强大的计算能力和算法来解决很多问题，但它始终是不具备感情的，而像医学诊断治疗这种有情绪参与的工作实际上还是需要人类来完成，**人和机器的关系**也就像我们前面讨论的，**一定是发展出相互协作的和谐之道**。

8.5　军工安全领域的创新创业和人工智能在军工安全领域中的应用

除了医学领域，还有很多领域的创新创业也得到越来越多的关注，比如网络安全领域和军工安全领域，这两个领域都与满足我们的安全需求息息相关。我们邀请朱炫蓉女士来分享一下她对于这两个领域创新创业的一些想法（为了使行文更加简洁，下文用 Q 代表笔者，A 代表朱炫蓉女士）。

扫码看视频

Q：炫蓉您好，您的专业是网络安全，那您能先跟我们谈一谈在人工智能时代网络安全的新动向吗？

A：好的。在讨论这个问题之前我们先普及一个概念，就是什么叫作网络安全？网络安全主要指网络系统中的硬件、软件以及系统数据受到保护，不会因为偶然或恶意的攻击以及其他原因而遭到破坏、更改或泄露，系统可以连续可靠地正常运行，相关的网络服务不会被迫中断。随着网络技术的不断发展，网络环境越来越复杂，网络黑客的攻击手段也越来越隐蔽，安全运维的难度随之不断提高。

在网络空间的攻防对抗当中，我们把防守方的防御模式分为被动防御和主动防御。其中主动防御就是通过人工智能算法模拟人的分析能力，而不再依靠特征值签名机制，也不再带有病毒库。主动防御并不使用对比扫描的检测方式，它的工作模式类似人体内的白细胞，会主动发现并吞噬可能存在的、对网络安全构成威胁的病毒。利用算法主动识别恶意程序、实现实时防护，是我们解决这种未知威胁攻击的一种行之有效的途径。所以在安全运维方面，需要利用人工智能技术提高我们对安全大数据的处理能力，同时提高对安全事件的应急响应速度。

现在市面上比较常见的一些网络安全产品，比如态势感知系统、网络靶场、大数据追踪系统等，这些系统实际上都是人工智能和网络安全结合在一起的产品。我们在大力推动人工智能发展的同时，也不能忽视它的安全问题有可能带来的隐患。毕竟千里之堤，溃于蚁穴。

Q：是的，网络安全问题不容忽视，它未来也可能成为人工智能发展的一大瓶颈。谈了网络安全下面我们再来谈谈人工智能在另一大领域——军工安全领域的应用。我们可以看到，在一些文学作品和影视作品中，智能技术在军事战场上也有所运用，可以有效减少人类的伤亡，对于这个情况，您怎么看呢？

A：是的，而且在未来，智能化战争的门槛会进一步降低，我想大家应该都看过一部讲机器人的电影《终结者》，在这部系列电影当中后来出现了一种新型的液态变形机器人，他可能是所有机器人里面战斗能力最强大的一个了。所以无论发明多少种机器人，一旦有国家研发出可变形的新型金属材料，其他的机器人都可以被淘汰掉了。因此我认为新材料是人工智能在国防领域的一个核心技术瓶颈。材料学是一门基础科学，而人工智能是应用科学，**基础科学是可以颠覆应用科学的**，所以我说人工智能和新材料两者之间是相辅相成的：**使用机器学习的算法可以大大提高新材料的发现速度和效率，而新材料回过头来又可以反哺人工智能的发展。**

Q：刚刚炫蓉的分享很精彩，她提到了一个学科交叉与融合的概念，也就是我们的基础学科跟人工智能的结合。从学科之间融合的角度来看，创新确实是充满趣味也是很有价值的事情。刚刚谈到了这么多科技，那么我们不妨再来畅想一下：随着科技的飞速发展，在二三十年以后会不会出现类似电影《星球大战》中的战争场景？整个部队里面没有人类，只有机器作战的场景会不会出现？会不会在未来的战争当中军队已经不需要人类参与了呢？

A：针对黄老师的这个问题，我发表一些个人的见解。我认为在未来机器代替人类在战场上战斗可能会是一个发展方向，但是短时间内战争还是会以人类为主导。战争本就是成本极为高昂的事情，一枚导弹的造价动辄上百万美元，更何况是组建一支大规模的高智能化机器军队。想要为军队大规模配备高智能化的装备，我们还有很长的路要走。前段时间出现了一种新型机器人，可以通过算法实现较高程度对人类肢体动作和步态的模拟，但即便是这种目前在肢体动作方面最接近人类的顶尖机器人，也不可能达到战争需要的诸如匍匐、滚动、灵活射击等动作要求。想要制造出能够代替人类战士的机器人士兵，需要的技术比制造无人机或无人坦克要高得多。因此想要实现全机器人化的军队作战，仍旧是需要很久的发展时间的。

不过鉴于国家现在对智能作战技术的大力推动，未来战争应该是高智能化作战指挥为主的智能装备战，我们的人工智能应该也会早日进入实战。因此我认为在未来的战争中，人类的作用可能更趋向于作为战斗指挥来参与作战。随着人工智能进入战争，可能有一些兵种的作用会弱化，也许有一天机器人军团会登上历史舞台。

Q：实际上我想发展人工智能最终也是希望人类能早日和平发展，和谐共生的。朱老师在军事和人工智能方面颇有研究，她的观点也很精彩，非常感谢朱老师的分享！

在智能时代，我们面临着许许多多的机遇，同时也面对着一个接一个的挑战。针对这些机遇和挑战，笔者从人工智能和大数据的角度思考并总结出了 7 个较为典型的问题，本章我们一起来关注和探讨这 7 个问题。

这 7 个问题分为两大部分，前半部分是关于人工智能与大数据的 4 个讨论话题，后半部分是读者在学习本书的过程中可能会出现的 3 个问题。4 个讨论话题分别是人工智能是不是人类社会进步的必然结果？人工智能的核心是什么？人工智能技术有哪些应用案例？数据的"天花板"会给人工智能带来什么影响？3 个问题分别是人工智能和人类的关系是怎么样的？什么样的数据叫作大数据？如何从人工智能的角度切入创业？

1. 人工智能是不是人类社会进步的必然结果？

"必然"这两个字的使用是需要十分谨慎的，人工智能究竟是人类发展的必然结果还是偶然现象，是我们要极力求证的问题。要想得到这个问题的答案需要我们从人类出现的那一刻开始考虑，甚至需要从进化论的角度、人类演进的角度或整个地球生物圈的角度来看。

地球在古生代开始出现软骨鱼类、爬行动物等低等生物；到中生代，最早的哺乳动物开始出现，恐龙这类大型动物也逐渐繁衍起来；到了新生代人类才开始出现，最近 200 万年才有了智人，这是一个一步一步演进的过程。可以发现，生物系统及整个地球的生物圈的演进是一个从简单到复杂，从低等到高等的过程。如果从能量利用的角度来看，生物进化总是往能量利用率更高的方向发展。也就是说，一个物种对能量的利用率越高，就越容易生存下去；反之，能量利用率低的就很容易在自然选择过程中被淘汰。

人类在进化过程中，脑容量在不断增加：从 100 万年前类人猿不到 100 毫升的脑容量，发展到现在人类大概 2000 毫升的脑容量。脑容量的增多使得人类对能量的利用、对信息的加工能力不断提高，至少现在地球上还没有发现比人类大脑能量利用率更高、信息处理能力更强的生物系统化存在。系统的信息处理能力是影响生物生存能力的决定性因素，一个生物体的信息处理能力越强，它就越容易生存下去。

一个系统要最大限度地利用能量，对信息的处理能力一定要非常强。AlphaGo虽然在围棋领域以压倒性的优势战胜了人类大脑，但从能量利用这个角度来看，AlphaGo 下一盘棋可能要耗费几千度的电，而李世石下一盘棋只需要大概 20 度的电，是 AlphaGo 的百分之一或更少。也就是说，人类的大脑仍然是比 AlphaGo 以及现在所有的处理器能力更强的一种信息处理工具，从信息处理的效率来看这个问题，人类是骄傲的。所以，从能量利用率的角度来讲，一些人认为的人类大脑被机器完全战胜的说法还无法成立。当然，机器在准确度这一方面是比人脑略胜一筹的。人脑之所以有这样强大的信息处理能力是因为它特殊的结构，上千亿个神经元联系在一起，可以拥有很强的并行处理能力，虽然到现在为止，没有任何一个科学实验室能够完全正确地解释人脑具有如此强大能力的原理。

图 9-1 是人脑容量和 CPU、集成电路的集成率发展的比较，我们可以看出，这两个变化的趋势是非常相似的。现在芯片的集成度已经达到了一颗芯片可以集成几十亿个晶体管的水平，而最开始的时候一颗芯片里只有几百、几千个晶体管，可以想象芯片在这两种水平下处理信息的能力差距是非常大的，这是不是跟人脑处理信息的系统变化很相似？人脑的发展必然会带来某一种工具处理能力的相应发展，两者是存在内在必然关系的。当然，现在芯片的集中度发展比人脑要快得多，24个月就可以翻一倍。

随着人类信息处理能力的提升，工业革命也就开始了。纵观前三次工业革命的变化，我们会发现它们跟信息的关系都不是很大：第一次的机械化，第二次的电气化，第三次的自动化。其中，第三次看起来似乎与信息有一些关系，但实际上自动化主要是运用一些很简单的、不做加工的传感信号来控制运行机器，并非对信息做了很多的处理。

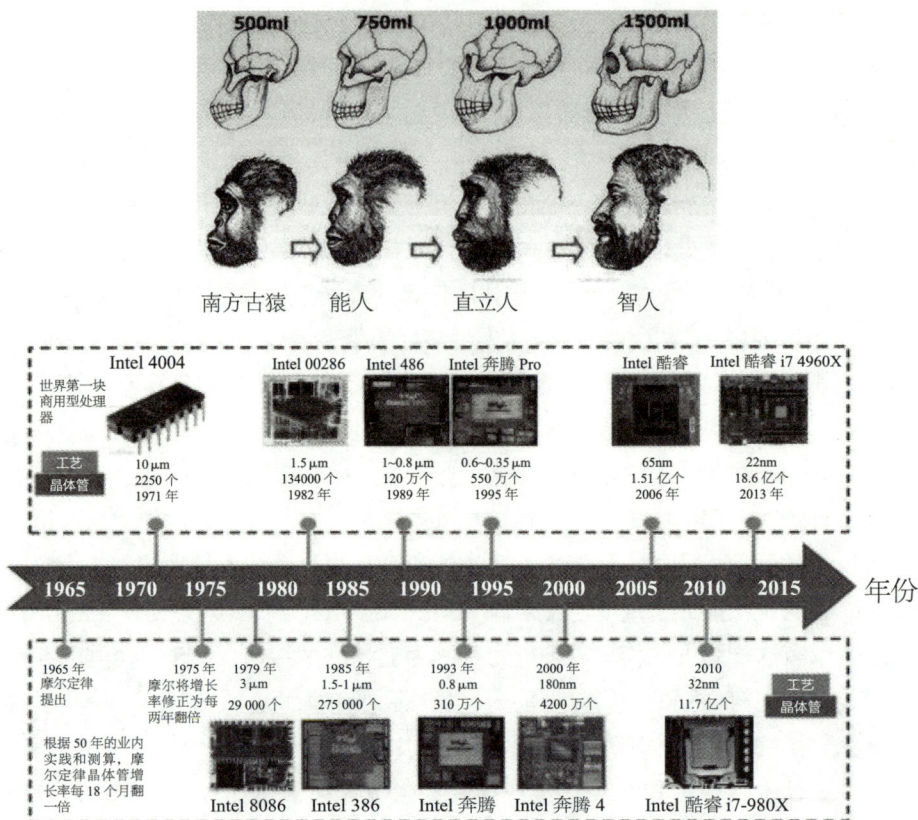

图 9-1　人脑容量的变化和 CPU、集成电路的集成率发展的比较

但第四次工业革命不一样，这次革命需要人们对信息进行加工、再造、挖掘，从信息中获取你想要的东西。这一次的工业革命之所以跟前三次有本质的区别，主要是在信息的加工和再造上。第四次工业革命为什么提高了能量利用率呢？以滴滴打车为例，在传统的打车方式中，乘客不知道自己需要花多少时间等到出租车，司机也容易在车来车往的交通状况中找不到乘客，造成了乘客的时间消耗和司机不必要的油耗。滴滴打车的出现使这样两个问题迎刃而解，乘客和司机可以通过 GPS 得知对方的信息和位置，使彼此很快找到目标，大大地提高了车辆的利用率。纵观人类的发展，可以说人类所有的创新都是朝着提高利用率这个目标努力的。结合之前的内容可以得出结论，智能时代的到来是进化的必然结果。因为信息的堆叠和信息的处理能力已经达到了一定的高度，智能时代的到来就是人类历史的必然，只是具体的发生时间早或晚而已。

第四次工业革命比前三次工业革命更重视对信息的深度加工，也就是找到数据之间的相关关系。在智能时代，不要当信息的搬运工，而要做信息的深加工。什么是信息的深加工？如果把信息从 A 地运到 B 地，没有给这个信息做任何处理，那么这个信息是不值钱的，效率的提高也很有限。但是如果用某种方式对这个信息的内容进行加工，这个信息就会升值，找到一种能使一个系统的能量利用率提高的方法是信息深加工中最关键的步骤。

比如前面提到的帮助应届生选择大学专业的匹配系统，这个系统会测试大学生的内在人格特质，也会测试大学生的职业倾向等数据，最终把这些指标和内在人格特质用某种算法连在一起，希望通过他的内在特质找到适合他的专业。这个过程用某种算法架构的数据找到了个人跟某一专业的匹配程度，实际上就是完成了一次信息的加工再造，创造出了有价值的信息。如果这个系统能帮助大学生找到真正适合自己的专业，那么实际上也是对大学生这一群体自身能量利用率的提高。为什么这么说呢？大学生如果选择与自己潜力和兴趣相差较大的专业，即使付出较大努力也有可能不会取得太好的结果；如果选择合适的专业，则会有针对性地去努力，达到事半功倍的效果。这就是一种能量的增值，在个体的能力发挥到了最大的同时，也能减少社会整体的能量损耗。其实我们衡量自己的创业项目是否有价值的时候，也可以以此为参考：如果此项目满足了提高能量利用率这一点，那么它就有一定的价值。

2. 人工智能的核心是什么？

数据、算力、算法和推理，你认为这其中的哪一个是人工智能的核心？

有人认为是算法。不得不承认，算法在人工智能中的确很重要，但如果站在整个人类的角度来看，目前，算法已经达到了一个相当成熟的水平，很难再继续发展了。比如，神经网络的算法在取得重大突破后，自 20 世纪五六十年代以来发展就非常缓慢了。

算法的演进是缓慢的，而数据的变化是巨大的，一本经典的算法书可能 15 年都不会变，而数据的变化发展却是一日千里的。所以笔者认为从对一个系统构造有效性的角度来讲，人工智能的核心应该是数据。有很多人好奇人工智能到底是什么东西，我们来打个比方：贝蒂阿姨要出去参加晚会，要从衣柜里众多的服装和配饰中挑选一些来打扮自己。贝蒂阿姨有 5 条绿色长裙、2 条黄色短裙和 1 条灰色牛仔裤，有 6 顶红色的帽子和 3 顶紫色的帽子，还有 8 串珍珠项链和 4 串玻璃项链，以及 1 条金属项链，那你能猜想出贝蒂阿姨这次晚会最可能穿的是什么吗？这个问题有许多人会很快回答：当然是绿色的长裙、红色的帽子和珍珠项链是贝蒂阿姨最有可能选择的。此处有一个关键词：最有可能。其实这就是人工智能的本质原理，即概率。根据原有的数据推断出某个人或事物现在或将来可能的行为方式和趋势，就是人工智能。

当然，实际应用中的人工智能远比上面举的例子更复杂，比如图 9-2 是人工智能根据用户现金回购方式做的用户行为判断，表格中操作一列记录了不同用户对于某些商品所做的操作，比如点击、收藏了这个商品或购买这个商品，表格右侧的 3 列则是人工智能统计了每个用户对于每个商品的操作后，整理出的相关数据。

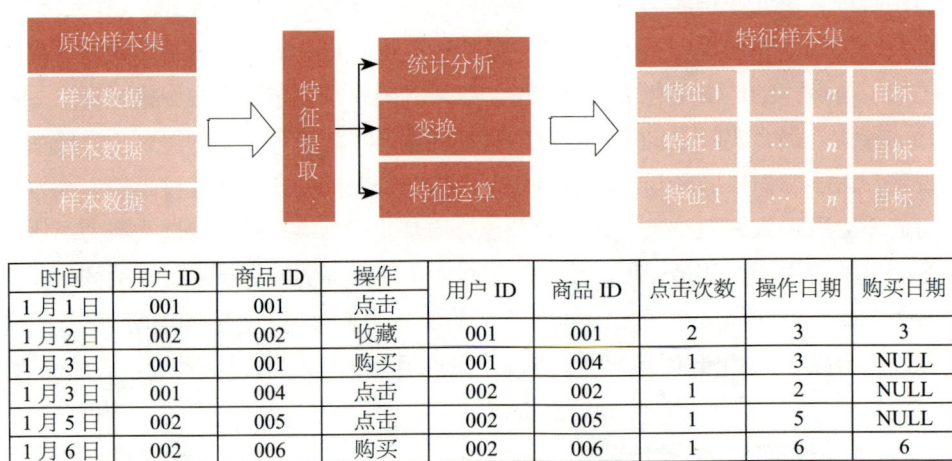

时间	用户 ID	商品 ID	操作	用户 ID	商品 ID	点击次数	操作日期	购买日期
1月1日	001	001	点击	用户 ID	商品 ID	点击次数	操作日期	购买日期
1月2日	002	002	收藏	001	001	2	3	3
1月3日	001	001	购买	001	004	1	3	NULL
1月3日	001	004	点击	002	002	1	2	NULL
1月5日	002	005	点击	002	005	1	5	NULL
1月6日	002	006	购买	002	006	1	6	6

图 9-2　用户行为分析数据

人工智能会基于这些数据进行接下来的工作，比如 001 号用户多次点击 001 号商品，并来回反复地比较，人工智能就可以推断出他大概率对这个产品特别感兴趣，便会向他推送此产品的相关信息，以促成他购买此商品。这个过程其实和"贝蒂去参加晚会"没有本质的区别，它们的底层机理是相近的，只不过用户分析中用了更科学的方式建立了一个更复杂、更准确的模型而已。

现在流行的人工智能换脸技术也是如此，人工智能换脸技术是利用神经网络和机器学习算法以及已有数据实现的。我们在此处只探讨人工智能换脸技术层面的内容，不涉及伦理道德方面的问题。人工智能换脸技术是把影像中已有的脸通过某种模型用别的脸加以替换，来预测影像中原有的那张脸应该变成什么样的技术。这个技术的实现仍然是依据已有的经验，采用复杂的模型，抽取、训练历史数据（图 9-3），然后把新的数据套到影像中某一个人的脸上，再用这个数学模型和算法不停地比较和反复筛选，得出最合适的效果。

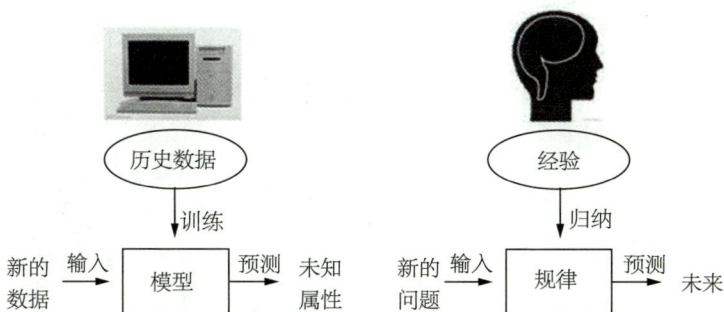

图 9-3　人工智能是基于"经验"的科学

目前，人们还并不清楚神经网络内部的具体工作方式，但是深度学习技术在具体应用中却取得了相当不错的效果。此处有必要说明，不是所有的问题都要用最复杂的方式来解决，也不是必须用深度学习技术来解决。深度学习只是神经网络的一个分支，只是目前看来，它在商业上的运用还不错，如果思维走进了一定要用深度学习来解决问题的死胡同，在数据上可能就会有很大麻烦。数据和算法的关系可谓是"巧妇难为无米之炊"，工具很多，但是买不到米、没有食材，也就没办法做菜。所以在解决一个具体问题时，数据是一个很难跨越的话题，至少从人工智能角度来讲是这样的。

3. 人工智能技术有哪些应用案例？

图 9-4 展示的是当前人工智能应用全景图的主要部分，其中很多内容已经被公众所熟知，它分为 5 个部分：大数据、感知、理解、机器人和自动驾驶。这 5 个部分虽然被划分开，但它们之间的联系是很紧密的，尤其是后面的 4 个部分。虽然大数据被单列了出来，但实际上后 4 个部分也是需要大量数据来参与的。之所以把大数据单列出来，是为了强调它在投资、保险、银行、教育等方面的重要作用。这张图基本涵盖了目前可以想到的所有与人工智能相关的创业方向，如果读者希望在人工智能领域切入创业，可以从图中寻找适合的方向。

接下来，我们重点讨论一下人工智能在人工智能芯片方面的应用。

当前人工智能芯片的研发是一个比较重要的赛道，有很多公司在做这方面的创新。当然，进入这个领域是有门槛的，研发人工智能芯片需要团队对芯片有充分的了解，有芯片的设想架构、有芯片的开发能力，这不是一般的创业团队能够做到的。人工智能芯片有两个开发方向，我们称之为传统道路和类脑道路，类脑道路也叫作颠覆性道路（图 9-5）。

	大数据		感知		理解	机器人	自动驾驶
现阶段	互联网应用	商业智能、商业流程自动化	红外传感器、深度摄像头、陀螺仪、激光探测器 ……	视觉、语音、语言、手势 ……	工业机器人	L1：人类驾驶，人工智能提供信息
3～5年	投资保险银行医疗健康 ……		量产传感器	AR/VR 和新自然界面	商业机器人	L2：人工智能辅助人类驾驶
5～10年			人工智能＋计算架构＋算法框架＋传感平台			L3：人类辅助人工智能驾驶
10年后			自然语言、跨领域"万能"助手		普及家庭机器人	L4：全天候全自动驾驶

图 9-4 人工智能全景图

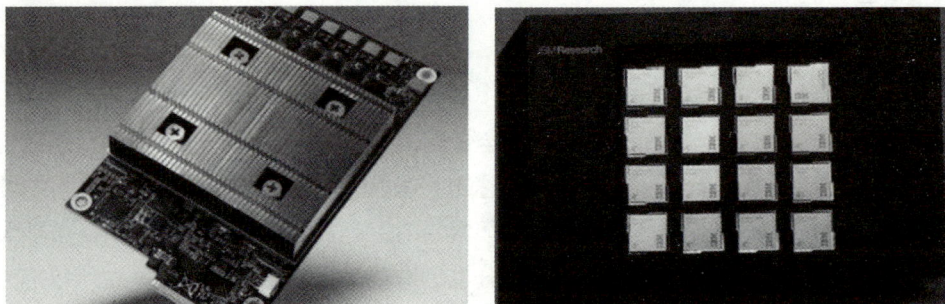

图 9-5 传统道路和颠覆性道路（类脑道路）开发方向研发的芯片

现在的计算机都是冯氏机，人工智能芯片的做法也是沿用冯氏机的架构、模型来做的，特别的是人工智能芯片可以把架构里的硬件指令单列出来，做成跟神经网络有关的指令。在这种情况下，芯片实际上就是一个专用的处理神经网络指令的系统。比如，GPU 有大量的处理卷集，这些卷集原本是用来处理图形的，但它的特性使它天然可以处理一些跟基本概念误差反向传播神经网络（BP 神经网络）相关的东西，于是，GPU 在神经网络领域就有了与生俱来的优势。目前，中国已经有很多科技公司进入这个领域了，像阿里巴巴网络技术有限公司、北京中科寒武纪科技有限公司、北京地平线机器人技术研发有限公司等一些新兴科技公司都已经得到了大量的融资，它们都是采用传统方式来做人工智能芯片的。

另一个方向是类脑道路，这种研发方向要求团队必须对大脑结构有非常深入的研究，用大脑的架构，也就是神经元架构来做计算机，这个方式是用与传统方式完全不一样的仿生学的技术。在 2014 年，就已经有用此方式研发出的较成熟的产品面世：IBM 公司做了一款名为 TrueNorth 的芯片，该芯片有 4000 多万个内核，100 万个神经元。这和我们之前提到的数千亿个神经元虽然不是一个数量级，但这一款芯片在性能方面已经超越了现在很多热门的 CPU，它的运算速度很快，功耗低、能量利用率高。当然，由于这种芯片本身应用的是全新的架构，所以与它相关的配套软件还有待开发。目前这种芯片的用处主要体现在高速采集实时数据，比如心跳数据、温度数据、气候数据、股票数据等。值得注意的是，它的能耗比冯氏机要低3 个能量级，这是它非常大的优势。这种芯片是比较具有发展前景的，但现在大部分的公司却没有走这条路，因为它是一种颠覆性的创新，是抛弃现有的东西完全另起炉灶，这种创新只有类似 IBM 公司这样体量庞大、资金雄厚、技术过硬的公司才有可能驾驭得了，一般的公司是难以企及的。而且，这类项目消耗资金的程度是常人难以想象的，因为这种前沿技术在研发前期的多年内是不太可能应用并投入市场的，很有可能出现开发的前二三十年都得不到一丝利润的情况，唯有始终面向未来的科技行业巨头才有能力和勇气承担这样的风险和责任。

为什么关于人工智能芯片我们要讨论这么多呢？因为几十年来，所有关系到计算机架构的技术和产品，中国都只能用国外的，我们一直没有机会在这种顶层的核心技术上做出一些突破和超越。所以在过去，我们必须得仰仗别人的东西、看别人眼色。如果我国的科技公司能在这方面取得重大突破，中国的发展将会突破瓶颈，所有关于智能技术的顶层设计才有机会大面积铺开。

除了人工智能芯片，人工智能医疗也是一个热门的人工智能应用方向，目前有一部分技术已经投入实践。四川大学计算机学院就有这方面的专家团队：2017 年，四川大学计算机学院建立了一个肺癌中心，还开发了一个婴儿眼底的筛查系统。该系统应用 CT 扫描、超声波扫描技术，运用神经网络从病症、病变方面跟样本进行对比，通过观察相似度来诊断病情。由于预先准备的样本量非常充足，现在该技术已经可以比较高效地投入工作了。有了这样的系统后，患者诊断病情将会省去很多步骤，既减轻了患者的痛苦，也节约了时间。

4. 数据的"天花板"会给人工智能带来什么影响？

数据成就了人工智能，但数据本身其实是有"天花板"的，正所谓"成也萧何，败也萧何"。数据本身有以下几个问题：第一个问题是数据有高度依赖性，数据的质量非常依赖样本的质量；第二是数据的特点决定了数据在某些方面的局限性；第三个问题是数据存在非法使用的问题，这可能会造成一些悲剧性的后果，也是很多人诟病人工智能的原因，但这是数据利用不恰当造成的，并不是人工智能的问题，追根究底还是人的问题。

（1）数据的高度依赖性带来的问题

什么是高度依赖样本呢？深度学习和神经网络这类技术，需要根据提供的样本得到最后的预测结果。这类技术用样本来建立数学模型，把数学模型进行改造和求精，再把这个模型进行调参以后拿到其他场合去利用。在这种情况下，最开始的样本就很重要。

比如要做一个识别猫的系统，首先就要给系统输入大量猫的图片作为训练样本。但如果样本中的猫碰巧全是白色的，即使这个系统经过了海量数据的训练，在实际使用的时候还是会把白色以外的猫当成别的动物，因为有一些猫的特征是训练样本里完全没有的。这种情况下就必须对系统进行调整或对样本本身进行调整。人工智能是高度依赖样本空间和数据的，因此深度学习实际上就是深度依赖。样本的重要性在人工智能医疗中更为明显，对病灶、病理切片的处理方式稍有不当就可能产生误判。因此在制作系统时对数据的处理要非常小心，不然得到的结果可能会与事实有较大差距。不过，这些技术本身是起辅助的作用，还是需要人类来做最终的决定。即使智能系统显示被测试样本与某一种病接近的概率超过95%，但具体的结果如何，还需要医生再进一步确认。

再举一个数据依赖的例子，某共享单车公司通过热力图来配置、摆放自己公司的单车，但在某一次配置过程中他们发现所有单车的位置都不对，后来发现原因是热力图形成的时候出现了一个参数错误，导致所有单车的位置都往右平移了200米，使得样本空间也完全错误，这为客户的使用带来巨大的不便，公司也需要花很大的精力重新调试。所以，一个数据的小差错就很有可能给一个公司带来巨大的损失。

（2）数据本身的特点带来的局限

大数据有以下4个特点：第一个是规模（Volume）；第二个是种类或类型（Variety）；第三个是速度（Velocity），也就是数据的流转速度；第四个就是价值密度（Value），它们统称为"4V"。下面分别介绍。

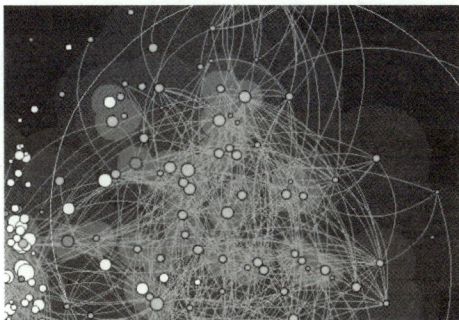

图 9-6　庞大的数据量

第一个特点是数据的规模大，也就是所谓的海量数据（图 9-6）。很多人都感兴趣一个问题：达到怎样数量级的数据才能够被称为大数据？实际上大数据具体的定义是因问题而异的，如果一定要给一个笼统的限定，一般大小超过 1000 太字节的数据可以被称为大数据，但其实大数据这一概念并不完全是由它的数量级来界定的。

第二个特点是需采集的数据种类繁多。当需要采集数据去解决问题的时候，我们往往需要采集多方面的信息和内容。比如采集一个学生的信息，就需要采集他的面部图像特征、学习特征、消费特征，甚至还有生病情况、生命体征等。这些数据可能有文本的、图像的、影音的，等等，数据源是多元且复杂的，因此要想做到对数据的加工和处理其实是很有难度的一件事。

第三个特点是速度快，简单说就是处理大数据的时候速度必须要跟上。区块链为什么在大热了两三年之后，到现在热度已经大不如前了呢？一个很重要的原因就是区块链技术本身的底层处理能力只有一秒十几单，这样的处理速度是远远跟不上当前的商业要求的。在金融行业中，对数据处理速度的要求可能要达到一秒上百万单，而且这样海量的数据还是实时演变的，如果区块链的处理速度达不到要求，它的商业价值显然是要大打折扣的。

第四个特点是价值密度，数据的价值密度高低与数据总量的大小成反比。比如要做一款自动识别危险分子的系统，此处"危险分子"指携带某种危险武器比如枪支弹药的人，要想做这个系统，就需要摄像头对人群进行大量的采样，并将样本与已有的危险分子样本进行对比。这样的方法看似可行，实则难以推进，因为在中国持有枪支是非法的，鲜有人会无视法律约束而拥有枪支。那么采集了几个太字节大小的视频资料可能只有几帧画面是有用的，这就容易造成数据的价值密度低以及大量资源被浪费的问题。

（3）数据的非法使用问题

数据的非法使用是最容易被人诟病的地方，现在公众对于人工智能的抵触和恐惧很大程度上来自这一问题。

数据的不规范使用会造成一些意想不到的问题，因为用户不知道获取数据的那一方的目的是什么。相信大家都有过在使用手机的过程中被 App 询问是否可以获取手机权限的经历，比如一个手电筒软件在打开时突然弹出界面要使用你的位置权限，如图 9-7 所示。问题就在这里，一个手电筒软件为什么要使用位置信息？使用手电筒和用户的位置有什么关系？获取这些信息的人又有什么目的？这都是我们要注意的。

在当下，智能化设备越来越普及，5G 网络也即将走进大众的生活，数据的使用应当越来越规范，不然可能会造成很大损失，这并不是耸人听闻。目前我国数据隐私方面的制度建设还不是特别完善，公众自身的隐私保护和维权意识也不够强，这就导致了有很

图 9-7　各种手机 App 都在试图获取个人信息

多空子可以钻。比如某些平台利用用户的消费数据推送商品，而它是怎么知道你喜欢这个东西的？很简单，因为它分析了你的数据。包括现在有一些金融平台利用用户的消费数据来诱导用户购买理财产品，也有某些平台通过算法推送低俗内容来增加用户黏度，这些都是和我们的生活息息相关的事情，是对数据的一种滥用。而最大的问题在于这种滥用在目前是缺乏有效监管的，哪些数据可以被公开使用，哪些机构有权利调用这些数据，用什么方式去调用，会不会损害用户的信息、用户的权益，这些问题不是个人、单位或某个部门能解决的，这是摆在我们整个社会面前的一个大议题。

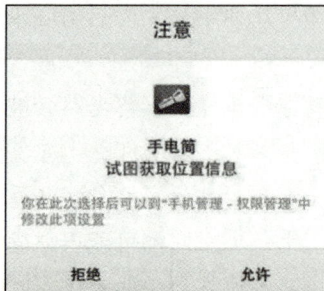

5. 人工智能和人类的关系是怎样的？

人工智能会不会超越人类？人类的智慧和机器的智慧哪个更强？类似这样的问题其实反映了当前很多人在面对人工智能技术时的一种焦虑心态。本书不是为了让大家焦虑，而是帮助大家真正地了解人工智能，并合理地加以利用。我们来看一个人工智能发展得很好的例子。在 2019 年，经教育部批准，四川大学、电子科技大学和西南交通大学这几所四川省的一流大学都开设了人工智能专业，这明显不是一种偶然。此外，中华人民共和国人力资源和社会保障部还发布了一些经过国家认可的新兴职业，比如大数据工程技术人员、云计算工程技术人员、数字化管理师等，都是和人工智能直接相关的职业，间接的职业就更多了。在此我们要明确一点：人工智能只是人类智慧的产物，是基于计算和数据来完成一个特定目标的超级工具。

它只是工具，是人类大脑智慧的延伸，和人类的智慧完全没有可比性。这一工具对某些从事简单、重复工作的行业可能会带来较大的打击，但从人类整体的角度看，绝对是大大提升人类社会的运转效率的，也就是从整体上提升了人类对于能量的利用率。如果从生物的角度来横向对比，人类比其他物种实际上是更有优势了。

人工智能的发展也在倒逼我们不断学习和进步，如果一个人只会做一些简单、机械的工作，最终当然会被机器取代。要想应对这种境况，关键是要拥有创新这一核心能力。如果你拥有创新能力，那么根本不用害怕人工智能，智能时代反而是你大展拳脚的最好舞台。相反，那些"当一天和尚撞一天钟"的人确实应该有危机感，因为在未来人不可能再靠简单的工作来获取收入了。想要更好地适应未来，就要理解人工智能是什么，它的核心是怎样的，并要对算法、建模这些数据科学的相关问题有一定的了解，各个专业、行业的人都是如此。

6. 什么样的数据叫作"大数据"？

要想理解大数据，首先要厘清一些概念，我们不妨从起源讲起。大数据这个概念的产生当然跟数据量的增加有着直接的关系，现在的移动互联网、各式各样的电子设备，包括当前热度很高的 5G 技术，都让数据量极大地膨胀。带宽的提高让采集信息能力越来越强，质量也越来越高。如果把人类诞生以来产生的所有信息进行汇总，那么有 90% 的信息都是过去几年产生的，这实际上就是因为大量高分辨率信息的采集。

人们往往容易被大数据中的"大"字所迷惑，其实大数据的核心绝不仅仅是"大"，而是要看采集的数据能否真正为解决一个具体的问题服务。数据量的庞大当然是有用的，海量数据可以为深度学习算法提供充足的学习样本。神经网络的建筑过程实际上就是一个调参的过程，这一过程跟数据量的相关性是极大的。很多算法只要数据量跟得上，就能得到一个相对更好的训练模型，准确率也会大大提高，从而使判断更准确、更高效。客观地说，只要模型偏离不大，数据确实对深度学习有很重要的意义。但话说回来，搜集数据的根本目的是解决问题，只要数据足够我们找到问题中各个要素的相关关系，并能够用数学公式描述或建立模型，那么数据量本身大不大并不重要。也不见得所有问题都要使用深度学习的方法，很多问题用线性模型也可以很好地解决。相反，如果空有庞大的数据量却没有从中挖掘出任何有用的信息，那么再大的数据量也是没有意义的。因此在探讨大数据的时候不要只追问数据量大不大，我们不应该只做数据的"搬运工"，而应该专注于做数据的深加工。

7. 如何从人工智能的角度切入创业？

人工智能算法正在慢慢普及，像人脸识别这种技术走入了我们的日常生活，不算稀奇。总的来说，人工智能还是要依赖样本和算法，无论在哪个领域，掌握了数据的公司永远是占先机的。因此那些又有数据、又懂算法的公司最有可能成为人工智能的先驱公司，像百度、阿里巴巴和腾讯，它们不仅拥有大量从产品中采集的用户数据，还拥有一大批顶尖的算法科学家，肯定能在人工智能领域大有作为。那么如果没有数据怎么办，难道我们就要放弃人工智能创业吗？也不见得。其实创业最核心的点依然是创新，而非数据。有了创新的心态和能力，即使不依赖数据也依然可以做出好的产品。更何况现在很多人还不懂得数据的重要性，不明白人工智能算法是什么，作为创业者在这个时期快速起步也是有机会占得先机的。

在下一阶段的人工智能发展中，人工智能与具体产业的结合可能会改变我们社会生活的方方面面，甚至会对原有的体系和规则产生颠覆性的影响。以无人驾驶技术为例，第一个阶段是人类驾驶、人工智能提供驾驶信息；第二个阶段是人工智能辅助人类驾驶；第三个阶段则演变为人工智能来驾驶、人类进行辅助；最终一个阶段无人驾驶将发展为全天候、全自动的人工智能驾驶。那么此时已经不仅仅是"不需要"人来驾驶了，而是完全禁止人类驾驶。乍一听或许有些难以理解，但其实原因并不复杂：机器驾驶的逻辑和原则是稳定、封闭的，而人类驾驶则会有情感、价值判断和道德判断掺杂其中，让人类驾驶员在全都是无人驾驶车的道路上行驶，显然是会出大问题的。这个例子是为了引起各位读者的思考，我们可以去想象当人工智能在各个领域发展到极致时可能会出现的状况。这已经不仅仅是技术层面的问题，更上升到了人和机器的关系层面。当技术发展到一定高度后，也会不可避免地出现人类生存本领下降的问题。夸张一点来讲，人类可能什么事都不用干、什么事也不会干、什么事都用不着干，只需要用大脑思考就可以了。

在未来是否会出现强人工智能呢？这里的强人工智能的概念是相对于弱人工智能而言的。现阶段我们谈到的，在现实中正在发展的都属于弱人工智能。而强人工智能指具有自我意识，能够进行逻辑推理和问题解决，在智慧上与人类高度相似的人工智能，即能够完全理解人、完全按和人类一样的方式工作的人工智能。就目前的发展情况来看，我们短期内还看不到强人工智能的出现。在笔者个人看来，强人工智能即使在未来也几乎是不可能被制造出来的。因为一旦涉及强智能，就必然绕不开人类的情绪、感知等问题，而对人类情感进行数学建模几乎是不可能完成的。另外，现阶段的算法一般都只适用于某个特定的领域，当迁移到另一领域时往往就无法发挥作用了。而强人工智能要实现一套算法应用到所有领域当中，这也是几乎不可能的。因此笔者认为不大可能实现所谓的真正意义上的强人工智能。

随着人工智能的发展，人工智能最终是否会成为无人能理解其内部机制的"黑匣子"技术呢？其实这个问题离我们并不遥远，像现阶段的深度学习、神经网络这样的非线性算法，它本身的特点就是"黑匣子"。对于这样的算法本质上是如何发挥作用的，我们现在还不是特别清楚，因为现在科学家还无法对这一类算法做出数学上的收敛的证明，因此人工智能只要牵涉深度神经网络，就避不开"黑匣子"问题。"黑匣子"系统都有潜在的错误概率问题，即使这个错误率非常低。比如对于一辆自动驾驶汽车，它可能在 1000 万次驾驶中会出一次错，尽管这是一个微乎其微的概率，但就是这一次错误，我们不知道为什么会出错。但其实我们大可不必过分担心这种"黑匣子"状态，因为我们只是拿人工智能来做一个助手，让人工智能给我们指引和帮助，并不是必须要百分之百地信任和依赖人工智能。此外，我们还可以通过用两个系统相互验证，用多个算法和模型、利用不同样本进行多次学习等方法来提高系统的容错率，进一步降低潜在的风险。

现在有很多大学生关心作为一名即将跨入智能时代的学生，在未来应该选择什么样的职业。实际上笔者认为选择哪个具体的职业并不是最重要的，任何职业都可以创新、都应当创新，任何职业都存在发生大变革的可能性。在智能时代，大学生最应该培养的是自己的学习能力和创新能力，没有任何人能保证现在选择的行业在未来会不会被人工智能替代。从人工智能的角度来讲，只有深入了解了一个行业，才能知道如何将人工智能运用到行业中，这才是问题的关键。任何个人、任何行业都逃不开人工智能，这是时代发展的必然结果，因此时代的脚步也督促着我们不断去学习和进步，不然就会有被淘汰的风险。作为大学生，在学好扎实的专业技能的同时，一定要善于挖掘和拓展自己的创新思维，并将这种思维带到自己感兴趣的行业当中，尽己所能去改变行业、提高效率。

创新创业能力模型对应知识点与能力提升训练表

知识点与能力	能力分解	对应章节	对应训练/画布
创新心智模式	好奇心	2.4.1 好奇心	好奇心训练：孩童视角
	洞察力	2.4.2 洞察力	洞察力训练：专注呼吸
	思考力	2.4.3 思考力	思考力训练：问题剖析
创新思维方法	组合思维	2.5.1 "跨界叠加"的组合思维	组合思维训练：16 个圆圈
	类比思维	2.5.2 "迁移学习"的类比思维	类比思维训练：用类比描述学科
	逆向思维	2.5.3 "反其道而行之"的逆向思维	逆向思维训练：用逆向思维切入创业浪潮
自我认知能力	自我价值观澄清	7.2.1 激发创新创业热情	创新创业项目构思画布
	内在资源寻找	3.4.1 充分利用内外部资源	创新创业项目构思画布
	外在资源寻找	第 7 章 专创融合创新项目指南	
团队合作能力	领袖能力	3.2 创业者素质能力模型	创新创业项目构思画布
	合作能力	3.3.1 为什么需要团队	创新创业团队生成画布
	组织能力	3.3.2 如何促进团队合作	
创业者能力素质	变革能力	3.2 创业者素质能力模型	创新创业项目构思画布 创新创业团队生成画布 核心创新探索画布
	领导能力		
	执着能力（精神）		
	正向现金流能力（赚钱能力）		
创新创业项目能力	创新创业愿望	7.2.1 激发创新创业热情	创新创业项目构思画布
	组建创新创业团队	7.2.2 宣讲并组建项目团队	创新创业团队生成画布
	核心创新	7.2.3 审视项目核心创新	核心创新探索画布
智能科学能力	对概率统计等数学工具的理解能力	4.2 机器有"智慧"吗 4.3 机器智能	
	数据思维能力	5.3 机器学习的本质 5.4.1 数据思维：从以计算为中心到以数据为中心 5.4.2 逆向思维：一定要"知其所以然"吗	
	问题分解与建立模型的能力	第 9 章 关于智能时代的 7 个问题	

[1] 崔翰林 . 从零开始学开公司 [M]. 北京：化学工业出版社，2019.

[2] 唐亘 . 精通数据科学：从线性回归到深度学习 [M]. 北京：人民邮电出版社，2018.

[3] 沙尔达，德伦，特班 . 商务智能：数据分析的管理视角 [M].4 版 . 北京：机械工业出版社，2018.

[4] 科特 . 批判性思维训练手册 [M]. 北京：北京大学出版社，2012.

[5] 赵卫东，董亮 . 机器学习 [M]. 北京：人民邮电出版社，2018.

[6] 瑞德 . 卓有成效的创业 [M]. 北京：北京师范大学出版社，2015.

[7] 里斯，特劳特 . 定位：争夺用户心智的战争 [M]. 顾均辉，苑爱冬，译 . 北京：机械工业出版社，2015.

[8] 胡飞雪 . 创新思维训练与方法：升级版 [M]. 北京：机械工业出版社，2019.

[9] 王中强，陈工孟 . 创新思维与创业教育 [M]. 北京：清华大学出版社，2017.

[10] 王亚东，赵亮，于海勇，等 . 创造性思维与创新方法 [M]. 北京：清华大学出版社，2018.

[11] 张志胜，周芝庭，焦伟 . 创新思维的培养与实践 [M]. 南京：东南大学出版社，2012.

[12] 萨蒂 . 创造性思维：问题处理与科学决策 [M]. 北京：机械工业出版社，2016.

[13] 库拉特科，莫里斯，科温 . 公司创新与创业 [M]. 李波，曹亮，邓汉慧，等译 . 北京：机械工业出版社，2013.

[14] 奈克，格林，布拉什 . 如何教创业：基于实践的百森教学法 [M]. 北京：机械工业出版社，2015.

[15] 拉施卡，麦加利利 .Python 机器学习 [M].2 版 . 南京：东南大学出版社，2018.

[16] 段小手 . 深入浅出 Python 机器学习 [M]. 北京：清华大学出版社，2018.

[17] 采铜 . 精进 2：解锁万物的心智进化法 [M]. 江苏：江苏凤凰文艺出版社，2019.

[18] 贾金斯 . 学会创新：创新思维的方法和技巧 [M]. 北京：中国人民大学出版社，2017.

[19] 约翰逊 . 伟大创意的诞生：创新自然史 [M]. 杭州：浙江人民出版社，2014.

[20] 莫里斯，马，吴葆之 . 敏捷创新：用革命的方式来实现共享、激发创新并加速成功 [M]. 北京：电子工业出版社，2016.

[21] 尼克著 . 人工智能简史 [M]. 北京：人民邮电出版社，2017.

213

[22] 格兰特 . 离经叛道：不按常理出牌的人如何改变世界 [M]. 王璐 , 译 . 杭州：浙江大学出版社，2016.

[23] 布兰森，屈艳梅，蓝莲 . 只有那些疯狂的人，才能真正改变世界 [M]. 上海：文汇出版社，2017.

[24] 季琦 . 创始人手记：一个企业家的思想工作与生活 [M]. 长沙：湖南人民出版社，2018.

[25] 王竹立 . 你没听过的创新思维课 [M]. 北京：电子工业出版社，2017.

[26] 陈工孟 . 创新思维训练与创造力开发 [M]. 北京：经济管理出版社，2016.

[27] 霍夫曼著 . 让大象飞，激进创新：让你一飞冲天的创业术 [M]. 北京：中信出版社，2017.

[28] 孙陶然 . 创业 36 条军规 [M]. 北京：中信出版社，2015.

[29] 布鲁克菲尔德 . 批判性思维教与学：帮助学生质疑假设的方法和工具 [M]. 北京：中国人民大学出版社，2017.

[30] 周志华 . 机器学习 [M]. 北京：清华大学出版社，2016.

[31] 唐培和，徐奕奕 . 计算思维：计算学科导论 [M]. 北京：电子工业出版社，2015.

[32] 利维坦 . 算法设计与分析基础 [M]. 潘彦 , 译 .3 版 . 北京：清华大学出版社，2015.

[33] 左飞 . 算法之美：隐匿在数据结构背后的原理 C++ 版 [M]. 北京：电子工业出版社，2016.

[34] 多梅尔 . 算法时代 [M]. 北京：中信出版社，2016.

[35] 刘凡平 . 大数据时代的算法：机器学习，人工智能及其典型实例 [M]. 北京：电子工业出版社，2017.

[36] 多明戈斯 . 终极算法 : 机器学习和人工智能如何重塑世界 [M] 黄芳萍 . 译 . 北京：中信出版社，2017.

[37] 赫拉利 . 人类简史：从动物到上帝 [M]. 北京：中信出版社，2014.

[38] 赫拉利 . 未来简史 [M]. 北京：中信出版社，2017.

[39] 吴军 . 数学之美 [M].2 版 . 北京：人民邮电出版社，2014.